大夏书系·新教育实验文丛

探路者

新教育实验流金岁月

傅东缨 傅淞巍 傅淞岩 著

华东师范大学出版社
全国百佳图书出版单位
·上海·

序

知行统一的新教育实验潮

一

渺渺人类长河，浩浩教育历史。人类思想的起承转合，社会进步的翻转拓进，思想文化的取精用宏，无不以教育为先导。

作为中国当代教育工作者，面对着三千年一遇的时代巨变：上承悠悠华夏的浩大文脉，下继中华民族复兴的壮阔命题，内担社会跃进的多重需求，外接与世界文化交融的恢宏大势。中国教育屡屡让人不满，引人诟病，并不在于我辈教育人的懈怠，而实在因为教育负荷的千年之重，蹈而不可失的当下之机。中国当代教育之光荣、之挑战、之沉重、之昂扬、之深刻之处尽在于此。

千年思潮剧变，世纪主题交响，中国教育自有百家争鸣之相，然而在这黄钟轰鸣的时代之中，总有一种现象让你无法回避，总有一群人让你油然尊敬，总有一股教育浪潮让人怦然心动，总有一场教育变革塑造未来。

这就是始于21世纪之初，朱永新先生倡导发起的新教育实验运动。它起于青萍之末，数年间成就汪洋之势；它命题于新教育，酝酿成中国最大规模的草根实验；它发端于书斋理想，演变为教育整条战线上的行动嬗变；它针对当代中国教育的种种积弊，主动接引欧美和民国时的新教育精华良方；它着重学生能力素养训练，旨在改造整个中国人的文化基因。

二

回首中国近代史，首开教育实验先河者非陶行知先生莫属，他于1927年创办了南京晓庄试验乡村师范学校，致力于大众化教育。可惜，学校被国民党政府查封，他本人遭到通缉，晓庄师范学校被迫停办。虽然这所学校仅存在了三年的时间，但仍然培养出了两百多名抗日战争的骨干分子，为中国抗日战争的胜利做出了贡献。

由朱永新先生所倡导的新教育实验，上承陶行知先生的理念智慧、笃行作风，是一个非常可喜的教育现象，给我国沉闷的教育改革吹入了一股清新之风。在我看来，朱永新先生是中国当代新教育实验的播火者，他要把新教育实验之火种播撒到大江南北，让星星之火燎原神州大地。

朱永新先生致力于推动一项被认为是草根性的教育改革，他的这个灵感是怎样产生的呢？他告诉我说："1999年，我在阅读《管理大师德鲁克》时，其中一段话震撼了我。熊彼特说：'我现在已经到了这样的年龄，知道仅仅凭借自己的书和理论而流芳百世是不够的。除非能改变人们的生活，否则就没有任何重大的意义。'"朱永新先生猛烈地感到，这些年自己虽然写了许多书，其实并没有走进教育生活，更谈不上影响和改变教师的生活。于是，他决定改变话语方式，改变行走的方式，真正地走近教师，走进我们的教育生活。一切创造都是源于灵感，而朱永新的这个灵感，不仅改变了他研究教育的方式，而且开启了一场规模浩大的新教育实验运动。

三

朱永新先生发起的新教育实验，目前更多地体现于中小学阶段，在实践中逐步明确了新教育实验的目的。他们的核心理念包括：过一种幸福完整的教育生活；给学生一生有用的东西；重视精神状态；倡导成功体验；强调个性的发展；注重特色教育；让师生与人类崇高的精神对话。目前，全国已经有5216所学校、560多万名师生参与新教育实验，分享新教育实验给他们带来的无穷乐趣。这场新教育实验，已然形成新浪潮，既是对中国应试教育的冲击，也是对现在的公立中小学教育缺失的弥补。新教育实验尚在如火如荼地进行中，其前景尚无法完全估量，但是其罂所向，已经形成破旧立新的改革新风，对我国的教育改革也一定会带来促进作用。

从有关新教育实验的报道得知，朱永新倡导的新教育实验，是目前中国规模最大、参与人数最多、效果最为显著的一次民间教育科研实验。新教育实验富有成效之处，在于极大程度上解决了教育职业倦怠、理论实践脱节、应试教育与素质教育矛盾等问题，形成了完美教室、卓越课程、理想课堂等一系列扎扎实实的成果。朱永新因此也成了自陶行知以后知行统一的著名教育家。

四

为什么朱永新倡导的新教育实验具有这么大的影响力？为什么新教育实验有如此蓬勃的生机？为什么新教育实验获得了如此多的成果？笔者带着这些问题，阅读了原辽宁铁岭市教委副主任、教育文学家傅东缨先生等人的新著《探路者——新教育实验流金岁月》，感动之余，发现对于笔者的上述提问，此书已经给出了较为完整的答案。

全书分为上中下卷三个篇章。

上卷，笔者可姑且命之为"历史篇"。作者观察新教育发展20年的来龙去脉，重返新教育爬坡过坎的重要历史现场，感受新教育人的汗水与笑声，观照他们在筚路蓝缕中砥砺前行，在争议困苦中昂扬出发，由此形成了且歌且行、有哲有思、如诗如画的20年奋斗史，可称为新教育的信史。

中卷，笔者可姑且命之为"圣园篇"。作者深入到新教育的学校中，细看何为新教育人"幸福完整的教育生活"，倾听琅琅书声，考察师生们的成长脉络，品味其校园魅力，提炼其校园文化，可称为新教育的实践书。

下卷，笔者可姑且命之为"行知篇"。作者以知行合一的角度鸟瞰新教育的宏观走向，深入新教育学派的思维路径，梳理其发展脉络，探究其精神、理念，阐扬其文化真髓，聚焦其精英人物，品研其成长理路，可称为新教育的哲思书。

此书名为《探路者——新教育实验流金岁月》，立题于教育发展的全球视野，观当代教育改革走势。此书或立于近现代教育的思维穹顶，纵览新教育20年的来龙去脉；或凝眸新教育的典型情境、代表性人物，捕捉细致微妙的变化。洋洋洒洒20多万字，极骋眼目，心骛八极，写出新教育轰轰烈烈的发展历史。

细观而视，书中描述了新教育的20年实践，在历史时空中细腻还原，精致雕塑出其崛起、壮大背后的精神实质；作品详细点评了新教育团队，捕捉其闪光点，进而形成了一幅波澜壮阔的奋斗画卷。

中观而视，书中采用了同步分析的方法，与民国新教育的对照，与欧美新教育的类比，表达出新教育方兴未艾的张力，展现出新教育实验的创新魅力，分析出新教育科研的雄壮之力。

远观而视，全书将朱永新的新教育团队置于中国教育史的历史时空之中，世界新教育发展史的链条之上，以详尽的思考、科学的分析、精细的鉴赏，对朱永新倡导的新教育实验进行了历史性的定性、定位，对新教育实验的"探路者"价值予以深入剖析。

观古鉴今，继往开来，画意绵绵，诗意汩汩，天眼慧眼，思义断然，理事无碍，事理交融，此书自有"新教育之史记"的风范。

五

东缨先生是我熟悉多年的好朋友，也是被称为中国大教育文学第一人的知名教育文学家。近半个世纪，他一直奋斗在教育文学的最前沿，曾经采访过数千位中国教育工作者，写出数百万字的教育专著，既有纸上得到的理论深度，更有事必躬身体验的细致调查，对中国教育有着深入肯綮的思考。

尤其是近20年来，东缨先生臻入学术佳境、写作艺境，对中国教育有着细致连贯的思考，出版中国教育三部曲《泛舟海海》《圣园之魂》《播种辉煌》，大教育三部曲《教育大境界》《教育大乾坤》《教育大求索》（待出）和教育览胜三部曲《中国教育的顿悟》《从教师到教育家》《极目新教育》等佳作，卷帙浩渺，箴言处处，成为中国教育文学的经典之作。尤其是东缨先生提出了理想课堂三力和谐论、教育十大境界论、名师成长"二三三素质"结构论、中国教育发展基因说等思想，与朱永新的新教育思想既有相互映照之处，又有相互砥砺之效，可见东缨写作此书，正有知音听音的妙处。

在《探路者——新教育实验流金岁月》成书过程中，东缨先生观察四年，查阅新教育各类资料；采访五年，纵行万里追踪新教育行踪；写作三载，反复字斟句酌增删五次，精益求精，以古稀之年，铁杵研磨，最终形成《探路者——新教育实验流金岁月》一书，方有跃然纸上的灵动，穿透历史的眼光，积蓄能量的突破，画龙点睛的经典。

实际上，傅东缨先生也是新教育实验的一位播火者。他为了写作《探路者——新教育实验流金岁月》一书，可以说达到了废寝忘食和皓首穷经的地步。他之所以不辞劳苦地写作此书，是希望把从新教育实验田中收获的果实再播撒到祖国大地，甚至远播到异国他乡，让新教育实验的做法、经验惠及更多的人，让广大青少年沿着成才的康庄大道顺利行进！

  我读过傅东缨先生不少教育文学著作，思想深邃，文字优美，情节生动，读来是一种享受。因而，我特写了以上赘言，谨将此书推荐给广大的教师、学生和家长们。兹忝为序。

刘道玉　谨识[①]

2020 年 4 月 20 日于珞珈山寒宬斋

[①] 刘道玉，1933 年 11 月生，湖北枣阳人，著名教育家、化学家、社会活动家。1977 年，出任教育部党组成员兼高教司司长，对高教战线上的拨乱反正和恢复统一高考起到了很大的作用。曾任武汉大学校长，被誉为"武大的蔡元培"。

目 录
Contents

上 卷

第一节　梦想花开，擦亮新教育的东方火种　　003

第二节　应机蜕变，香象渡河的拓进之旅　　023

第三节　网络破浪，插上未来教育的隐形双翼　　036

第四节　播火行动，教育田野上的星火燎原　　054

第五节　实验大区，拼出八方联动的崭新版图　　073

第六节　下学上达，"草根运动"的升扬气象　　097

中 卷

第七节　闻过则喜，七大矛盾体构成的"营养配餐"　117

第八节　书香校园，新教育交响的华彩乐章　132

第九节　克服倦怠，世界难题的中国药方　149

第十节　相信种子，耕耘岁月的十大行动　164

第十一节　海底深行，回归中华传统的基因修复　181

第十二节　点破迷津，涵养以文化人的圣园之魂　195

下 卷

第十三节　知行合一，呼之已出的新教育学派　213
第十四节　四大精神，守望教育生活的魅力家园　231
第十五节　年会钜献，群峰竞拔的无限风光　247
第十六节　穿越时空，筑就照亮未来的教育灯塔　273
第十七节　各领风骚，百年老店的中流砥柱　299
第十八节　探路领跑，新教育大历史的地平线　333

附录　新教育实验发展时间轴　345
后记　回首向来"新教育"　351

上巻

第一节
梦想花开，擦亮新教育的东方火种

把时间拨回到新教育实验的起点，正值世纪之交、千年更迭之际。回首一世纪、放眼新千年的宏阔视角、澎湃心潮，让人们思路深邃，心量放大，对未来寄予大向往、大瞩望。

此时，人们对中国教育的沉疴已然洞察，改进慢不得；教育改革如同香象渡河，风急浪大，不可草率贸然，改革急不得也是共识。既慢不得又急不得，顿悟与渐进的矛盾如何破解？时与势表明，亟待有先行者涌现，以典型范例的样本意义，为中国教育探路，掀起教育改革的新浪潮。

应答历史召唤，遂有新教育实验的诞生。

2000年夏，美丽的太湖之滨，云霞片片，烟波浩渺，群山隐现。

依枕着太湖的苏州望湖宾馆内，江苏省教育学会《新教育周刊》举办的教师笔会渐入佳境——面向与会者的报告会人气旺盛，由苏州市副市长、苏州大学教授朱永新发表演讲。

望着台下那些年轻而充满渴望的眼神，朱永新不觉精神一振，这些年的学术积累如波浪翻滚，这些天一直冲撞着心灵、席卷着大脑的思考刹那间似春水奔流——

站在世纪之初的门槛上，教育始终是一个沉重的话题……也不知从何时起，"分数第一"竟成了铁律，"人"呢？怎么变得"目中无人"了呢？人的发展才应该是"硬道理"！古人先贤一贯倡导的"德"，又放在了什么位置？

"我国的教育怎么了？教育的要义是'育心'，是'为了一切的人，为了人的一切！'应该是'把人放在第一位'。教育要让受教育者弄懂人是要讲人格的，人是需要理想的！一个没有理想的人，不可能走得很远。"

"一个教师不在于他教了多少年书,而在于他用心教了多少年书。学生的大脑不是空荡荡的容器,而是一口蕴藏着丰富水源的深井,教师的使命正是要引导学生挖掘这口井,让每一个学生都成为一口知识的泉水喷涌而出的'井'。教育没有情感,没有爱,就如同池塘没有水一样,没有水,就不能称其为池塘,没有情感,没有爱,也就没有教育。"

2000年,百年之首,人们或迷茫,或惊醒,或彻悟,这也许是特殊时段的特有现象。不——这不光是计时的节点,更是新纪事的始发点,新行动的基点。

朱永新定下心神,开启了题为"我心中的理想教师"的演讲。他先用诗意的引言开场,点燃人心中的火焰——

岁月里最深挚的,那是老师的目光,它穿越千古,洞悉宇宙;大地上最宽广的,那是老师的目光,它上彻天文,下察地理;人世间最无私的,那是老师的目光,它惊看鱼跃,喜随鸟飞……

教育家和教书匠的一个最大区别,就是教育家有一种追求卓越的精神和创新的精神。

我心中的理想教师应当是一个胸怀理想、充满激情和诗意的教师;我心中的理想教师应当是一个自信、自强,不断挑战自我的教师;我心中的理想教师应当是一个善于合作,具有人格魅力的教师……

一阵阵掌声经久不息,一声声会意的微笑写在脸上,一道道被理想点燃的光芒在人们的眼中闪烁,老师、记者、嘉宾,还有一直站着聆听的宾馆服务员,人人内心明亮,精神焕发,手握着笔的听者丢下了记录,服务员甚至忘了给客人倒水,搬了张椅子坐在过道里听讲。

没有讲稿,朱永新的演讲充满了激情与真情,激荡着梦想与思想。

他在剖析:我们所处的时代是知识经济的时代,是国际化与信息化的时代,是科学精神与人文精神相融合的时代。这又是充满各种诱惑、矛盾和机遇的时代。

他在破解:"其实在某种程度上可以说,教育是病态社会的根源,我们教师不要逃避责任。"

他在建言:教师要树立远大理想,不断挑战自我,积极地参与教育科研;鼓励教师创造与众不同的品牌,打出自己的旗帜,"风格即人","只有形成风格、体系,才能成为大家,成为教育家,教育家并不神秘,只要努力,人人都有可能当上的!"

他在呼唤:"教育是永恒的事业,一代教师的追求,两代教师的追求,全体教师的追求,会在校园里点燃理想的火花,从而使我们民族的理想火花成燎原之势。我们教师就是桥梁!从某种意义上来讲,亦是民族的脊梁!……"

他声情并茂,滔滔不绝,讲得群情激昂!陡然间,他似乎看到了众多的"桥梁"或"脊梁",根根挺立,济济一堂。

担任苏州市副市长时的朱永新

三个多小时的演讲,朱永新始终处于亢奋之中。那是一个教育行政官员对优秀教师的呼唤,是一名教育理论工作者对理想教师的构建。尽管演讲早已超出了预定时间,但是听众的热情仍然不断高涨。看着台下踊跃的气氛,演讲者侧身和主持人耳语了几句,主持人在长久的掌声落定之后,出人意料地宣布,再给出两个小时,让听众提问。

大音稀声,振聋发聩。朱永新的话音一落,全场沉默,没有人问出任何问题——大多数人在生活中都会遇到关键时刻,永远改变他一生的时刻,是觉悟的时刻,以至于忘记了发声!事后有人回忆,那个时刻清晰如画,大家在茅塞顿开中内心翻涌。

等待了五六分钟,朱永新等到了山洪般的问题。第一个问题是关于苏州市政府如何培养名优教师的,朱永新面带微笑地予以回答。接着有了第二个、第三个、第四个……问题五花八门,但是不管什么问题,朱永新都会去解答。每答复一个问题,总能赢来阵阵掌声。到最后,主持人宣布答疑结束的时候,朱永新手里还攥着一大把提问的纸条。

当朱永新走下讲坛,听众团团围住并向他索要名片甚至讲稿的时候,朱永新看到的,是他希望看到的一双双闪亮的眼睛。刹那间意味深长——那是理想充分燃烧时的情景,那是激情被充分点燃的热情,甚至可以说,那是大家向正在酝酿诞生的新教育行注目礼!

激情激发了激情,理想触动着理想。这次《我心中的理想教师》的演讲,不啻卷起一场新教育的风暴。那些激动的听众如同醍醐灌顶，神清气爽。那些似乎沉默的听众若有所悟，却已经颠覆了人生观、教育观。

听众们期望得到这篇讲演的稿件，以便把其中的内容作为人生信条、教育准则，但是他们很快发现，朱永新没有讲稿。他那激情四溢、妙语横生的演讲来自他智慧的头脑。于是他们请求他把演讲的内容发表在刊物上。

或许连朱永新本人也没有意识到，这是他人生中，或许也是中国教育的一个标志性事件。同一年，新教育实验在江苏省昆山市玉峰实验小学正式启动，后来波及全国，影响了560多万师生的民间教育实验拉开了序幕。

一

万古江河，千秋岁月，百年沧桑。

2000年，进入世纪之交、千年转换的中国，正值大开大阖、大变大化的时段。机遇与挑战同在，光明与黑暗并存，压力与动力齐现。

抚今忆昔，万事浩茫；瞻念前程，百业待兴。

此时，教育尤被寄予深切的瞩望。各国无不将目光聚焦教育改革，视之为残酷的国际竞争的关键一环。美国推出《2000年教育目标法》，把教师教育当作追求教育"全面卓越"的重要突破口；俄罗斯颁布《俄罗斯联邦教育法》，为发展国民教育奠定法律基础；法国在《为了全体学生成功》报告的基础上，颁布《学校未来的导向与纲要法》，确定知识、能力和行为全面发展的准则；德国大刀阔斧地推进高校扩张；英国推行的《根植于成功之上的学校》改革方案，则从教育根部——初等教育三大目标抓起；日本发布《21世纪教育重生计划》，提出提高基本学力等七个战略重点和心灵教育、发展个性等基本内容……

在我国，"两基"目标的完成为教育奠定更牢固的基石，素质教育上升为国家意志，《中华人民共和国教育法》颁发施行，高等教育大众化等新政出台，令国人眼前一亮。然而，教育观念相对陈旧，体制滞后，也造成了应试指挥棒驱使学子走高考"独木桥"、高水平的人才稀少、学生在重压下厌学、人格情操教育缺失等种种状况。

中国教育需要的太多，但是最渴求两种人：一种是"钱学森之问"中提出的"大成智慧学"的大思想家、运筹家、策略家，这是仰望星空的人——这种人以其超越时空的目光和睿智，能够提出高深的问题和宏大的设想，牵引着社会持续向前；一种是袁隆平那样孜孜矻矻、勤勤恳恳的践行家，这是脚踏实地的人——这种人能够把宏观的设想和亟待解决的问题付诸点点滴滴的行动中，并一步步取得进展，乃至实现重大突破。

仰望星空作为一种精神气质，是憧憬更是专注，只有拥有想象力的翅膀，方可鸟瞰大千世界的万事万物；而脚踏实地作为仰望星空的对称方，具有实实在在的践行内涵，只有与地气相接奋力笃行，才能走出梦的云山雾谷，奔向霞光万道的远方。

历史选择方方面面饶有准备的人。

现实圈定有胆有识敢为天下先的人。

事业认可梦想超拔、忠贞不贰、德才俱佳的人。

队伍愿随虚怀若谷、言行一致、身先士卒的人。

处于种种条件的"交集"，要担此教育大任的一群人之中，有一位叫朱永新。

朱永新，生于 1958 年 8 月，全国政协副秘书长、常委，中国民主促进会中央委员会副主席，叶圣陶研究会会长，中国教育政策研究院副院长，苏州大学教授、博士生导师。

他在中国发起新教育实验，绝非一时热血，更非异想天开。打开朱永新的行囊，既有知识、能力、智慧，也有梦想、心志、胸怀，更有爱心、毅力、情感……这些理论积累、舆论准备、心志磨砺和气魄酝酿，已经极为充分。

二

天将降大任于斯人也。

朱永新出生在江苏大丰县南阳镇一个充满书香气的教师之家。幼小时适逢"文革"，别家娃娃闲散玩耍，当小学校长的父亲却把他领向人文塑造之旅。每天清早，父亲都把他拖醒，起来读书，或临摹毛笔书法。如此长年累月的修炼，实为严苛的父亲送给他精神意志的厚礼。朱永新 17 岁高中毕业。已当镇文教助理的父亲没能让他做代课教师，他开始了三年重苦力的社会生涯——在建筑工地上，水一桶泥一锹地打下手；在乡镇小厂里，把红彤彤的铁水灌进刚做好的砂模；在忽闪忽闪的跳板上，肩挑背驮沉重的货物；在棉纺厂的厂区，他娴熟地检验棉花等级……如此沉重而艰苦的生命体验，为他以后承受追求精神理想之重荷做好了铺垫。

他的事业起步于苏州大学。自 1978 年始，他从来没有真正离开过这座心中的殿堂。自 1986 年始，他用近五年的业余时间，投入 80 万言的《中华教育思想研究——中国教育科学的成就与贡献》一书的写作中，大量阅读中外教育家的著作，系统研读西方新教育运动的著作，并对从远古到当代的中国教育思想源流精梳细理。与那些美好的教育理想相遇，激发了他创造美好教育的冲动。冥冥之中，一种全新的使命感悄然形成。

1988 年，他应约撰写《困境与超越——当代中国教育述评》的书稿，收集了大量的中国教育资料，并为越来越严重的中国教育问题焦虑。理想与现实的反差，驱使他产生改变中国教育的念想。

1990 年，他应邀去日本访学一年，抓紧所有时间考察日本教育。回国后，他主编了一套 10 余卷的"当代日本教育丛书"，系统介绍了日本学前教育、基础教育、高等教育、职业教育等发展状况，对近邻的研究，让他对中国教育改革有了思考的参照系。

1993 年，他出任苏州大学教务处处长，成了全国综合性大学最年轻的教务处处长。此后的五载光阴，他推出了必读书目制度、激励性主辅修制度、学分制、文科改革试点班、理科强化实验班等，此为书香校园建设的"前传"。

1997 年年底，他转任苏州市副市长，分管教育、文化等工作。此间他立足改革开放的前沿城市，开始系统思考理想教育的模样，先后推出了改造相对薄弱学校计划、名师名校长行动计划、农村村小现代化行动计划、教育信息化行动计划等主题策划，且在全国率先普及九年制义务教育。这些行动激发了他继续教育改革与实验的强烈意愿。

20 年里，他焚膏继晷，心无旁骛，在阅读古今中外经典著作中比较研究，对中国教育的既往传承深思细想，对中国教育的愿景加以系统的理性观照和全新视角的展望，渐而勾画出带有时代教育特征的"教育理想"的轮廓。

历史性的触机发生在 1999 年。朱永新读《管理大师德鲁克》一书时，被一则小故事的大能量震撼了——1950 年的元旦，管理学大师约瑟夫·熊彼特在弥留之际，对前来探望的彼得·德鲁克说了这样一番话："我现在已经到了这样的年龄，知道仅仅凭借自己的书和理论而流芳百世是不够的。除非能改变人们的生活，否则就没有任何重大的意义。"

　　一语道破天机，也道尽这位西方著名学者的未竟之憾。这个故事犹如一枚重磅炸弹，在朱永新的心灵深处爆炸。在他看来，熊彼特的临别赠言，足以追问自己多年来所做的一切，让他铭记一辈子，并成为自己人生转轨的定向仪。朱永新不由得想，自己多年从事心理学、教育学的研究，也出版了一部部著作，然而，写那么多书究竟为了什么？什么才是最有价值的学问？自己的这些理念、这些"理想"能变成现实吗？能不能做出影响今天教育的行动，而不仅仅构造明天教育的蓝图？他进而想到，自己的教育情结该在哪里寄托方可释怀？自己的教育人生该如何行走才不虚度？自己的治学终极目标该放在哪里更能体现出价值？

　　反思，痛楚的道路反思，拷问般的灵魂反思，让他寝食不安，坐卧不宁。

　　从一个学者过渡到一个行动者，不仅有理念上、情感上的转变，更有行动方式、方法的重大转换。在这条无形而实有的鸿沟上，必须架起连通的桥。

三

　　机缘不期而至。1999年夏天，江苏省教育报刊社在苏州举行了一次创新教育笔会，邀请朱永新为与会代表做演讲。就在此次讲演中，朱永新隐隐地找到了一条属于自己的教育话语方式，寻觅到走向教师与教育生活的全新路径。讲演结束后，他应邀去江苏省常州市武进区湖塘桥中心小学授课带徒，系统地把自己关于教育的理想与年轻教师们分享。

　　天时、地利的经丝纬线，在2000年的夏季编织成动人的章节。

　　当时，由江苏省教育学会《新教育周刊》举办的"首届树勋杯教师征文"获奖教师笔会在苏州望湖宾馆举行。笔会日程进行到一半，组委会安排朱永新作一次报告。

　　正如前文所述，朱永新题为"我心中的理想教师"的演讲点燃全场，此次演讲的后续效应，一发而不可收。那股磅礴之力驱动着他，在短短两个月内，连续写出《我心中的理想学校》《我心中的理想教师》《我心中的理想校长》《我心中的理想学生》《我心中的理想家长》五篇文章。2000年11月，朱永新将一系列教育理论文章结集为《我的教育理想》一书。

朱永新关于教育理想的呐喊，迅速在基础教育界引发巨大反响。众多老师读了此书，寻找到心中那个理想的自己，重新燃起了做教师的激情。

书店的存书不断告罄，热心读者的预订几乎每天都有；很多大宗的订单来自外省，一些地区的教育主管部门和学校把它作为中小学教师岗位培训的必读教材；山东的一位校长因为一时买不到书，竟然复印了一百本发给全校每一位老师；一位苏北的贫困小学校长给朱永新留言说，他们一直在攒钱，他们想给每个老师发一本《我的教育理想》，但攒了好长时间也未能凑足，他问能否先赊欠三分之一，先圆了每个老师的梦……短短一年内，这本书再版五次，并被评为2001年江苏省唯一的教育理论畅销书。

该书的巨大影响引来媒体关注，新华社、中央电视台、《人民日报》、《光明日报》、《中国教育报》等数十家新闻媒体纷纷采访报道。

媒体的关注又引来众人的评说，从著名教育家顾明远、朱小蔓、班华、袁振国、李吉林，到许多奋战在教育教学第一线的中小学教师，发表了热情洋溢的评论。

朱永新在《我的教育理想》的后记中说："这本小书不仅是我年末的'盘点'，也是我20年教育研究成果的'盘点'，而且可以说是我对中国教育思考的世纪末'盘点'。"

如果说《我的教育理想》是对20世纪中国教育的盘点，那么21世纪的中国教育需要的是什么？

2002年6月，朱永新写出《中国教育缺什么》一书。2002年7月，他出版了阐述新教育主张和相关实验设想的著作《新教育之梦》。这些新教育实验的奠基之作，酝酿了中国的新教育风暴，构想了当代新教育轨迹，呼唤了将要投身新教育实验的众多师生的心魂。

《中国教育缺什么》一书指出，中国教育"忽视了人本身的存在价值"，把人作为一个工具，而不是当作人。我们所倡导的"人文"，应具有更适合于现代人类共同利益的内涵，坚守道义和责任，向往真善美，尊重人、爱护人并爱护和关心人类的文化。一语道破中国教育的弊端，让人茅塞顿开。

《新教育之梦》，是朱永新将个人的体验、感悟、价值观融于对教育的观察、思索、解读中的个性化的教育哲学，具有独特的理想特色和雅俗共赏的品格。他有一个信念：没有理想的人，不可能走多远；没有理想的学校，也不可能走多远；没有理想的教育，更不可能走多远。

这三部著作在中国基础教育界掀起了"理想旋风"。一些学校自发地开展"理想教育实验"，不少老师开始摘抄《新教育之梦》中的内容，有的老师甚至能够大段地背诵。

立人立教的济世梦想，"理想浪潮"的理论支柱，成了朱永新行囊里最为宝贵的财富。朱永新在清晰地告诉人们，教育的改革与创新是教育发展之本，而教育科研是教育发展的第一生产力，也是教师成长的重要途径。新教育实验以师生为本、实践为本的路径也就蕴含其中。

特别值得一提的是《我的教育理想》的写作风格。时任民进中央主席的许嘉璐同志为该书所写的序言，堪为至评："论述、抒情、问答并举，逻辑严密的理性语言、老百姓习惯于说和听的大白话、思维跳跃富于激情的诗句兼有，依思之所至、情之所在、文之所需而施之。有的文章读时需正襟危坐，有的则不禁击节而赏，有的还需反复品味。可贵的是，这些并非他刻意为之而是本性如此，自然流露……"

风格即人，激情与理性并举，始终怀抱现实关怀，不仅是朱永新的风格，其实也奠定了新教育实验的实验品格。这类风格，以"直指人心"的智慧和魄力，揭示了现行教育的顽症，点醒许多教育者迷茫的心灵，绘制出理想教育的明媚春景。与一般性的教育著作迥然不同，这三部作品纯如夜露，鲜似晨风，是高远教育理想拥抱新世纪的第一缕阳光。

2000年出版的《我的教育理想》虽然好评如潮，却也有人批评说，朱永新的教育理想中看不中用，看上去很美，没法变成行动，没法在应试教育背景下运作。

新教育实验的发轫之作
——《新教育之梦》

这些带刺的蔷薇之于朱永新,无异于点燃他心中的又一簇火。如果说约瑟夫·熊彼特弥留时的箴言,是大师毕生智慧的浓缩启示,那么,当时一些教师读者对其著作无法落地实现的意见,令朱永新再度陷入沉思。

"'高山仰止,景行行止,虽不能至,心向往之。'让我们用远大的教育理想来拥抱新世纪的阳光吧!"朱永新如是表述。

联合国教科文组织"国际21世纪教育委员会"在它的报告中更是明确提出了"教育:必要的乌托邦"这一命题。朱永新正是沿着这条理想的道路思考下去,摸索下去。朱永新经过几个月的持续思索,彻悟了把理想变成现实的明晰答案——让理论走出书斋,身入教育,心入教育,凝聚教育同仁改造教育,优化教育,圆梦教育。

未经思想过滤的生活,不会创造价值。他从此走近一位位教师,走进一所所学校,走进教育纵深处,有意识地试图改变人们的生活。他从立言转向立行,从书写自己的人生,转换到要改变和影响人们的生活,一场改变思维模式与行走方式的自我革命即将开启,或者说新的使命将破题开篇。

这一选择不仅与个人相关,与一群教育人的命运相关,也在当代中国教育发展史上,留下了一个有浓重意味的惊叹号。

四

新教育实验上路了。

庄子说:"其作始也简,其将毕也必巨。"朱永新策划新教育课题和确定人选时,最初的左膀右臂就来自苏州,来自他的身边。正在读博士的李镇西是一个,经李镇西推荐,朱永新将昆山市教育局教研室副主任储昌楼招至麾下,负责新教育课题的规划与实施。

说起储昌楼,当初与朱永新互不认识。是时,中国教育思想百花齐放,储昌楼写了许多引发关注的文章,有些文章还参照了朱永新发表在江苏教育学会报纸《新教育》上的文章,但那时,储昌楼只知道朱永新是苏州大学的教授。后来储昌楼倾心名噪一时的K12班主任论坛,与李镇西一起任版主,两人结下了深厚情谊。2001年,朱永新谋划将自己的教育理想落地,进行教育实验,遂将储昌楼请过来,参与一系列行动,从松散的学校联盟着手实验,到新教育的定名、"十五"课题研究的确立，再到新教育实验总课题组秘书处正式挂牌成立。

这个秘书处，是全国教育科学"十五"（包括"十一五"）规划重点课题"新教育理论的实践及推广研究"的日常办事机构，由秘书长、副秘书长和干事等组成：储昌楼为秘书长，张荣伟、许新海、袁卫星、王胜、周建华为副秘书长，费秋林、高子阳、盛青为干事。"总课题组"在昆山市玉峰实验学校设秘书处工作室，储昌楼负责新教育实验学校审批及课题管理；苏州大学在读博士张荣伟负责理论研究；周建华主要做好玉峰实验学校这面新教育旗帜的相关工作；苏州市教育科学研究院的袁卫星负责出版、宣传事宜；2003年，苏州大学在读博士王胜进入，负责网站等公益事业；2005年9月，考取苏州大学博士生的许新海作为新增副秘书长负责"六大行动"项目。

新教育实验还成立了"项目组"，其中工业园区教研室卜延中等负责"营造书香校园"，工业园区胜浦金光小学张向阳等负责"师生共写随笔"，苏大附中高万祥等负责"聆听窗外声音"，工业园区新城花园小学吴云霞等负责"培养卓越口才"，苏州教育学院张欣等负责"建设数码社区"，苏州教育学院孟丽华等负责"构筑理想课堂"。

当时的课题组没有经费，大家都是义工，又都是苏州周边人，便于联系。苏南是教育工作者的沃土，通过储昌楼与李镇西主抓的"教育在线"网站招集，设在昆山市玉峰实验学校的课题组每周召开例会，迅速凝聚了一批有思想、有干劲、有理想的教育工作者。

新教育课题最初的提法为理想教育，但初创者们每每觉得不甚尽意。因理想是多义词，理想教育宽泛，无边无沿，何为理想，界限难于校准说清。大家对其他替代性概念与定义也曾反复推敲，一时拿捏不定。理想教育的称呼就用了5个多月，到2001年九十月间的一个晚上，朱永新招来储昌楼和心理学博士陶新华，告诉他们要将《我的教育理想》一书修订，由人民教育出版社出版，具体商量一下修订后的书叫什么名字为好。陶新华建议，鉴于书中的文章首先刊发在《新教育》上，书名应当就叫"新教育"。储昌楼查阅过教育史，了解欧洲的新教育，知道朱永新对杜威、陶行知等新教育人士有着深入研究和厚重情感，又感到他们倡导的理想教育与中外新教育一脉相承，多有契合之处，就赞成说："是的，叫新教育好。"朱永新欣然同意，当即打电话告知出版社，确定了那本书定名为"新教育之梦"。从那一天开始，新教育的冠名就敲定了。人民教育出版社2002年7月出版《新教育之梦》，标志着新教育的冠名正式诞生。

再说课题组，每周开一次例会，所有课题组的人都参加；每个月开一次常务会议，朱永新赶来参加，进而形成了比较完整的工作制度。此时，储昌楼为朱永新八小时外的实验助手，参加会议、做记录、处理文档、打字记录。储昌楼打字速度快，起初所有的文字、对外宣传等工作也是储昌楼负责。直到2006年1月，魏智渊作为新教育实验的第一个专职人员调到苏州，渐而成了朱永新的学术秘书，秘书组的会议也逐渐搬到苏州。

新教育在江苏省内的发展过程中，朱永新付出了极大心血。为推动实验的发展，使其更加科学、规范，朱永新带领早期课题组的一群人，经几个月紧锣密鼓的思想交锋、理论筹备、举措研讨，由储昌楼花费了数天时间，草拟了新教育课题的申请报告，摄取了初期探索的许多经验，又经袁卫星、卢志文等参与讨论，最终形成了课题申请报告，并于2002年3月28日，将课题"新教育理论的实践及推广研究"申请评审书填好上报。

这里，摘引课题申请表如下：

课题类别	A	重点课题	学科分类	H	基础教育	研究类型	B	应用研究
负责人姓名	朱永新		性别	男	民族	汉	出生日期	1958年8月13日
行政职务	苏州市副市长		专业职务	教授		研究专长		教育学
最后学历	博士后		最后学位	博士		担任导师	A	博士生导师
所在省（自治区、直辖市）		K	江苏省		所属系统	B		其他院校
苏州大学教育学院			电子信箱			zyx@eduol.com.cn		
江苏省苏州市十梓街1号					邮政编码		215004	
（区号）0512 （单位）686***09				（家庭）686***27			（手机）139****0878	

姓名	出生年月	专业职务	研究专长	学历	学位	工作单位
申建华	1954.8	兼职教授	教育管理	博士	博士	苏州市教育局
王炎斌	1955.4	中学特级	教育管理	本科	学士	南通市教育局
李镇西	1958.10	中学高级	班级管理	博士	博士	成都市教科所
张雪桥	1951.9	中学高级	教育管理	本科		昆山市教育局

续表

姓名	出生年月	专业职务	研究专长	学历	学位	工作单位
王建荣	1955.11	中学高级	教育管理	本科		吴江市教育局
卢志文	1963.2	中学高级	学校管理	本科		翔宇教育集团
冯卫东	1966.1	中学高级	中语教育	本科		南通市一中
袁卫星	1970.3	中学高级	中语教育	本科		江苏宝应中学
焦晓骏	1977.7	中学高级	英语教育	本科	学士	新加坡工业园区教研室
史根林	1969.1	中学高级	学校管理	硕士	硕士	苏州大学
张菊荣	1979.5	小学高级	小学教育	本科		吴江市教科室
储昌楼	1963.1	中学高级	教科管理	本科	学士	昆山市教科室

此课题到2003年12月，被全国教育科学规划领导小组办公室正式批准立项，且定为全国教育科学"十五"规划重点课题。

毫无疑问，这份甚为宝贵的申报表，昭示了一项具有个性化的教育实验已经诞生。此申报表绝不是从天上掉下来的，而是在新教育酝酿、发动和初始践行阶段中提炼结晶出来的。是时，因正式进入国家的教育科研项目，新教育便在新的起点、新的层面、新的高度再出发。

此后新教育实验的全部运行就立足于这个课题。师出有名，名下有人，人心有底，底蕴自然越发深厚。

这是新教育举起的素质教育的旗帜，标志着新教育牢牢扎下根基。

这是一项实验学校自愿加盟、区域性推进的教育科研实验项目。

这是一项由教育家、教育学者、名师主持，具有行动性、草根性、公益性的教育科研项目。

这是一项起点高、目标远、时空广、上下结合、左右连通，发轫苏州而辐射全国的教科研大项目。

五

新教育的源头在哪里？

笔者在采访中发现，每个进入新教育的人心中，各有一个源头。一本书、一篇文章、一次演讲，甚至是参观一所学校、进行一次交谈，便会感到彻悟，走上了一条教育新路。

有人说，新教育点燃了理想的火炬，可以凝聚起那些有共同理想的人们；有人直言，新教育搭建了教育实验与探索的平台，瞬间把民间社会对教育的忧虑和热情激发了起来；有观察人士称，中国教育积弊重重，不是大家视而不见，而是大家找不到出力气的方式，缺乏一个组织或者一个灵魂人物的引领。理想主义者朱永新振臂一呼，适逢其时。

新教育实验一上路，就呈现出"六个一"的特色现象。

这"六个一"好像六颗珍珠，串成一条彩链，每个"一"均有渊深厚实的人文内涵。

熬制一锅"石头汤"

新教育的儿童课程里，有一本推荐的经典童书叫《石头汤》。朱永新也不止一次讲述过新教育共煮一锅"石头汤"的故事。

说有一位教育工作者，来到了一个贫瘠山村，那里的人们已经习惯于贫穷。他们很遗憾地对这位教育工作者说，真的非常抱歉，我们没有什么东西招待你，我们这儿只有满山的石头。而这位教育工作者就拿起一块石头告诉他们，这可不是一块普通的石头，它能够熬出一锅非常鲜美的汤羹。

这些农民都抱着怀疑的眼光看着他，说石头还能熬出汤啊？于是，这位教育工作者当面证明给他们看。他在村子里面支起一口大锅，大锅里面装满清水，他把洗干净的石头放进清水里面，然后烧火。

他用勺子舀了一勺变得沸腾的石头汤，尝了一口说，味道很鲜美，只是自己没有带盐，谁家有盐拿点来，于是有人拿了点盐放入锅中。教育工作者说味道不错，如果有虾米就更好了，于是有人找来虾米。教育工作者说，能有野菜就更绝了，正好从山上下来一个小女孩拿了野菜，洗干净又放在锅里。他又借了一点味精，借了一点肉末、醋和酱油继续熬汤。这时漫山遍野都有浓浓的香味，山里的人从来没有意识到，石头能够熬出这么鲜美的汤出来，大家心里开始燃烧起希望。

新教育就是举众人的心力，熬一锅集中大家教育智慧的石头汤。

2004年1月14日,新教育实验总课题组在秘书处召开会议。

一锅"石头汤",聚集八方的德者、思者、智者,个个能独当一面。

教育在线一网通

新教育这么大的一个民间草根团队,靠什么凝聚、组织、研讨、交流、服务、导向、表彰、反思、总结?2002年6月18日,朱永新接受他的在读博士生李镇西等人的建言,创办起教育在线(www.Eduo1.cn)网站。李镇西任总版主。在论坛诸多版块中,开辟了"卢志文在线"和"李镇西之家"两个直接以版主姓名命名的论坛。同年10月9日,以储昌楼、张菊荣为主持人的教育在线网站新教育实验论坛成立。后来,网站越做越大,越做越深,越做越精,成为新教育实验的网络平台和数以万计新教育教师的精神家园。

教育在线立足后,引人登高望远,一览众山,拉人微观细瞧,走向景深,激发了数以万千计原本昏昏欲睡的灵魂,点醒了万万千千有求知欲望的人。网络之于新教育,真的成了上下畅通、左右逢源、八方遨游的秘宝神器。

实验不收一分钱

新教育实验是公益的,一开始就不收费。有相关规定,被批准为国家课题可以向每个参与课题组的学校收费两万元。但是无论学校参加课题实验立项也好,教师参加新教育网师学习也好,校领导、教师参加年会、现场会、研讨会、工作会和其他诸种会议与活动也好,新教育课题组秘书处一律免收各种名目的管理费,连发给新教育实验学校的铜质牌匾,制作费也一概由发放者买单,还给予基层以人力、物力的支持,宁愿承受新教育发展的举步维艰。新教育实验的管理人员没有任何报酬。如此一来，那些老少边穷地区的学校和老师，对加入新教育再没拮据之忧了。那么，新教育起步时的费用怎么来的？都是朱永新等人的讲课费与稿费。

公益精神，悯人情怀，是新教育超越市场竞争规则、资本逐利本性的常规眼界，散发人性光辉的生动映照。

怀揣一份保险单

2002年6月22日，朱永新在教育在线网站发出了《"朱永新成功保险公司"开业启事》：

>现在保险业生意兴隆，什么人寿保险、财产保险、医疗保险、航空保险……可谓名目繁多，花样迭出。既然那么多的保险公司雨后春笋般冒出来，我今天也来凑个热闹，开一个成功保险公司。
>
>本公司宗旨：确保客户利益，激励客户成功。
>
>参保对象：不限。但尤其欢迎教育界人士，因为教育的成功是中华民族伟大复兴的基石。
>
>投保金额：不限。从数元至数千元任您自选。欢迎万元以上大客户。
>
>保期：十年。
>
>投保条件：每日三省自身，写千字文一篇。一天所见、所闻、所读、所思，无不可入文。十年后持3650篇千字文（计三百六十万字）来本公司。
>
>理赔办法：如投保方自感十年后未能跻身成功者之列，本公司以一赔百。即现投万元者可成百万富翁（或富婆）。
>
>本公司只求客户成功，不以赢利为目的。所有利润将全部捐赠希望工程。
>
>欢迎投保，欢迎垂询！
>
>保单索取：webmaster@eduol.com.cn。
>
> 朱永新成功保险公司
2002年6月22日

此启事一公布，应者如潮。不少人正式申请教师博客，建起属于自己的家园。

安阳市曙光学校教师常作印读到了此文，从此按其所示行动，开始走进网络进行教育写作。他发表的第一篇网文《炮轰中国教育学——中国教育学，你为什么不改革》，犹如巨石投湖激起大澜，很多网友引发共鸣。一时间，6家报刊社的编辑与他联系，表示想刊发这篇文章。更让常作印感动的是，一位远在英国的朋友从欧洲华人网看到转载的此文后，发来了近2000字的电子邮件，表示赞同和支持，并给予热情洋溢的鼓励。

常作印没想到自己在网络上"一炮走红"。从此，无论工作有多忙，一旦有时间，他都坚持上网耕耘自己的精神家园，平静如水的教育生活被鼠标"激活"了。他思维喷涌，视角独特，深沉独白，泣血呐喊，文笔挥洒，佳作迭出，出版专著三部。如今的常作印，已经是蜚声教坛、拥趸无数的名师了。

开办"成功保险公司"，是朱永新用"极端"的方式，申明对新教育的理念自信，其深处饱含着对中国教育美好未来的道路自信，对中国教师锦绣前景的人生自信。"朱永新成功保险"中的"成功"，不能说只是出版书籍或者评上特级教师等，成功的内涵其实很丰富，它包括因为教师的成长与成功而带来的学生的成长与成功。但是，无论怎么说，用"写"的方式促进教师的成长与成功，无疑是极其重要的路径。写，可以带动读，带动做；写，可以升华经验，提炼思想。

沉甸甸的收获让朱永新看到：网络是让他走近教师的非常重要的渠道。他自认不是最有学问的学者，但他是与教师们走得最近的学者，近到可以听到他们的呼吸声。每天早上当他打开教育在线网站，很多短消息就会跳出来；打开自己的信箱，很多老师的信就会扑面而来。他知道老师们在想什么，有什么感受，知道他们的困境、他们的喜怒哀乐。他找到了这样一个走近教师生活的通道。

参与做一名义工

"工作日为政府打工，双休日为理想打工"，这是朱永新表达对新教育的情感时的一句口头禅。

作为新教育实验在中国的推动者，除了教育在线的一名网管每月领取200元的电话费补贴外，其他的人均是在理想的驱动下在尽并非义务的义务，无论是网站总版主或分版主、编辑，还是为网师倾注莫大心血的讲师们。

他们都和朱永新一样，不取一分钱，网上讲授，星夜攻关，贪黑读书，起早写博,休息日参与"萤火虫"活动,假期担任夏(冬)令营指导,立己立人,济己济人,无节无假,无怨无悔,做新教育的义工,欣享幸福多多的新教育生活,尽展"学在民间"的深厚力量。

聚焦一所实验校

新教育实验总得有实验学校作为基地,使新教育理念让人看得见,摸得着,够得到,有抓手。第一所新教育实验学校,朱永新及课题组成员意在寻找一所不好不差、亦城亦乡、有代表性的,最好是新办的学校。因新教育实验若放到好学校,选贵族学校,它本身基础就很好,所做的工作纯属锦上添花,就会失去引领性。选很差的学校,要面临很大风险,校长与教师没有激情,做多少工作都可能是盲人点灯,容易没有带动性。新办校则往往有新气象、新情态、新目标。也许真如爱默生所说,"当一个人知道自己的目标去向时,整个世界就会为他让路"。

为遴选新教育实验学校,朱永新在教育在线上与各路教育精英探讨推动"理想教育实验",网络上征得七八所学校报名却都不甚合意时,昆山市委市政府推出的玉峰实验学校,则与课题组一拍即合。

这所九年一贯制全寄宿公办民营学校,于2001年秋季创办开学,设中小学部共36个班。学校位于百里平畴一峰独秀的玉峰山西麓,三面环水,风景秀丽,交通便捷。学校总投入近亿元,占地109亩,建筑面积45000平方米。2002年春,朱永新等数人走进这所学校,目及秀美的校容校貌,感受校长周建华勃勃向上的办学情怀[①],又与老师、学生父母分别座谈彼此交心,于是当即确定:就是这所了。

2002年10月28日,该校成为第一所新教育实验挂牌学校。刚受聘的名誉校长朱永新说:我们要将玉峰实验学校作为新教育思想、新教育理念的一个实验基地,探索未来中国教育发展的走向,办成真正让孩子们学得快乐,真正让孩子们有竞争力的学校。

掌声、欢呼声一阵阵响起。储昌楼把名誉校长的讲话发到网上,教育在线网站进行了现场直播。

---

① 周建华曾获昆山市政府三等功三次、嘉奖两次,为苏州市名校长、中学英语学科带头人。

2002年12月19日,昆山市玉峰实验学校举行新教育实验沙龙。第一批23所新教育实验学校参加论坛。

2003年7月18日—21日,新教育实验首届研讨会在玉峰实验学校召开,100多所新教育实验学校到会。

2004年1月3日,新教育实验建设数码社区项目组第一次工作会议在玉峰实验学校举行。同年10月6日,昆山市玉峰实验学校新教育实验工作室落成,总课题组、项目组工作会议在此召开。

2005年11月6日,新教育实验秘书处在昆山市玉峰实验学校正式挂牌成立。

2006年9月19日,日本学习院大学教授到昆山市玉峰实验学校考察新教育实验。同年10月13日,中国教育学会第十九次年会代表考察该校新教育实验成果。

2007年3月13日,教育在线在玉峰实验学校举行新教育网络沙龙……

玉峰实验学校真正成了新教育实验的"根据地"。有了稳固的"根据地",课题组就告别了"打一枪换一个地方"的游击生活,新教育在现实土壤里也正式地落地扎根。

从第一所新教育实验学校正式挂牌,再到五湖四海数千所学校扬帆起航,新教育的探索为中国当代教育留下了一行深深的展痕。

"如果玉峰实验学校是新教育的延安,湖塘桥小学则是新教育的井冈山。"朱永新在一次大型教育会议上如此定位。

1999年,朱永新教授在常州市湖塘桥中心小学讲学,提出了"新教育"的基本追求。朱永新曾如是表述:"昆山市玉峰实验学校先挂牌,完全是因为它在我们管辖范围内。而第一个与校长讨论,与老师交流新教育实验理论的地方,肯定是在湖塘桥中心小学。把新教育实验付诸实施最早的肯定也是湖小。"当时朱永新带过的徒弟庄惠芬，还是一名毕业不久的年轻教师，如今已成为数学特级教师；该校校长奚亚芬也已成为在全国有一定影响的校长，并出版了《一所好学校是这样炼成的》等专著。

2004年4月的《南风窗》独家策划了《"新希望工程"》一文，首先对朱永新的"新教育实验"进行了客观报道——

从欧洲到美洲到中国，从陶行知到蔡元培到朱永新，被苏联教育模式和"分数教育"中断了半个多世纪的"新教育实验"，在苏州擦亮了"教育复兴"的点点星火，并以燎原之势，蔓延到中国的大半壁江山。当下，仅凭个案的成功就宣称"新教育实验"绝非理想主义者的乌托邦还为时尚早。可以断定的是，作为一场对抗"教育异化"的实验，理想主义者试图从源头上救赎中国教育危机的努力，起码可以视作以"人的教育"为旨要的"新希望工程"的剪彩仪式。

我们不想重复日日可见的"问题教育"的现状，只希望展现"新教育实验"在中国的复兴，以及一群理想主义者试图从源头上救赎中国教育危机的努力。

新教育在中国再次延伸了根脉。从此，风吹万里，香飘四季，无论繁闹城市抑或偏僻乡村，新教育的花儿开始八方绽放……

第二节
应机蜕变，香象渡河的拓进之旅

一

我得谦卑地承认，几十年前，在我初为人师的时候，我并不懂得教育与生命的密不可分，十年前，在我萌生新教育理想的那一刻，我也绝不可能像今天这样明了新教育之于时代之于生命的意义。

且不论我的想象力如何的局限，即使插上想象的翅膀，我也难以想象，八年，仅仅八年，新教育会由一项理想主义的研究，变成一种现实主义的耕种；由一个书斋的念想，变成一个团队的行动。新教育，这个梦想的花园中，爬出了毛虫，飞出了蝴蝶。新教育，在那片古老的黄土地上，在那片遥远的田野间，撒下了一颗颗种子，开出了一朵朵顽强的灿烂的拥有春天的野百合……

2010年元旦清早，面对新教育如火如荼的情态，朱永新抚今忆昔，感慨噫嘘，情思缕缕，浮想绵绵，对着电脑屏幕，敲击出《我们正在涨潮的海上》一文。

是的，当时新教育实验刚满十岁，已经有了不同的气象。

改革开放以来，中国教育改革进入了波澜壮阔的提速期。教师心火盛燃，教改号角四起，杏坛春波潋滟。一批志存高远的一代师表爱教乐业，以生为本，深挖智矿，耕耘心灵，于漪、魏书生、王思明、孙维刚、李吉林、洪宗礼、李希贵、张思明等名师如灿烂星辰，顾明远、刘道玉、陶西平、叶澜、钟启泉、朱小蔓等一批教育思想大家光耀教坛，也结出了素质教育、情境教育、和谐教育、快乐教育、主体教育、情智教育、归真教育等闪烁理智辉光与践行路径的前沿硕果，还呈现出诸如生本改革、综合改革、课程改革、学科改革、课堂变革、教学模式改革等教改实验的专项工程。

与此同时，为了有效抗击应试教育症状的蔓延，全国涌现出一支支攻坚团队。其中，当时全国公认影响力最强的有教育部统领的新课程改革、叶澜引导的新基础教育实验和朱永新发起的新教育实验。我们当从三支团队的比较中，寻找新教育的时代坐标。

"先行者"叶澜，为"生命·实践教育学派"的创建孜孜不倦地探索着。

新基础教育实验1994年启动，叶澜与她的精干团队调研行走了20余年。她于1997年坚辞华东师范大学副校长的职务，从此风雨无阻，坚持每周都到中小学听课、评课；实验推广之后，虽年过花甲，仍旧风尘仆仆地奔波在全国各地，将一所所学校视为实验的"工场"，把一位位教师当作研究的对象。

该实验旨在形成新的基础教育观念和创新型学校，在理论研究、学校整体改革设计和实践研究三个层面进行，追求把课堂还给学生，让课堂充满生命活力；把班级还给学生，让班级充满成长气息；把创造还给教师，让教育充满智慧与挑战；把精神发展的主动权还给师生，让学校充满勃勃生机。

"导航者"钟启泉，为先立后破的新课改做奠基性工作。

由教育部启动的新中国成立以来"第八次课程改革"，分为酝酿准备（1999年5月—2001年秋季）、试点实验（2001年秋季—2004年秋季）、全面推广（2004年和2005年秋季，义务教育阶段和高中阶段分别全面推广新课程）三个阶段。新课改的根本目的，是调整和改革基础教育的课程体系、结构、内容，构建符合素质教育要求的新的基础教育课程体系。

他所设计的先立后破、先实验后推广的改革方针，六大改变传统弊端的具体目标，"通识培训""课标培训"和"教材培训"等推进新课程改革的三项培训行动，自主、合作、探究等研究性学习的主流教学方式，都极具前导者的远见卓识和运筹帷幄，对中国教坛具有极强的引导力。

"唤醒者"朱永新，打造"新教育共同体"的"精神家园"和"理想村落"。

从"风乍起，吹皱一池春水"，到"一千里色中秋月，十万军声半夜潮"，新教育实验，其速似电，其势如虹。新教育实验团队，成了中国当下极具影响力的一支教改尖兵，为理想有些虚脱的中国教育源源不断地输入动能。

这鼎立的"三新"队伍，在教育变革的大戏台上，各显身手，各具特色，各写千秋,也各有瓶颈。

新教育如一块巨石,投入中国教育的大湖里,顿起大澜,波及辽远。这一意象,颇似新教育发生、发展、做大做强的过程。

天降大任于斯人,有一个"苦其心志,劳其筋骨,饿其体肤,空乏其身……"的艰苦磨砺阶段,新教育的成长成熟必然要经历这样的阶段。正是在艰苦的跋涉中,笔者有感于朱永新发起新教育的艰难竭蹶及出色应对,新教育团队能量的持续增长,心与力的节节登高。

新教育是几代中国教育人的梦想。做成新教育,是教育人更是国人的福音。历史何以将如此大任,将教改探路的令牌交付新教育人?

新教育实验发展之初的报道

所谓大任,不是老天赋予,与生俱来,或某人交与,照做便可。胜任大任,也不是奉天承运,出手即成。天降大任,实为在"修身、齐家、治国、平天下"的修炼里,凭着打磨出的稀有品质,自觉主动地接任、担任、胜任,走上人承事业、事业载人的路程。

也就是说,并非大任"砸中"了新教育人,而是新教育人钟情于大任,抱成团来承接大任,改造自身来适应大任,终获大任垂青,成为胜任大任的合格人选。

在笔者的采访过程中,问到许多人对新教育历史的概括,很多新教育人心中都藏着一个自己理解的新教育进程。笔者总结,归结为五段历程。

二

第一段历程:确立"敢为天下先"的宏志。

追求理想教育是新教育的灵魂,有做新教育的鸿鹄之志是新教育人的特质。

追逐新教育理想,投身新教育实验,建造新教育大厦的万万千千人,尽管年龄不同,工作各异,地域有别,加盟的路径也不尽相同,却有一个共同点:

拥有坚定不移的教育理想、"敢为天下先"的坚定意愿、献身教育的炽热情怀。

高格敬业，律己严格，对准目标，矢志不渝。

低调做人，心态平和，目光久远，不忘初心。

这是一群有理想、有思想、有能力、有情操、有人格的人。

他们的大志宏愿绝不是虚的、空的，而是镌刻于实实在在的心路历程。

这里，讲讲大山沟里一位小学老师的故事。这位老师叫罗民，网名"滇南布衣"。2002年6月，朱永新创办教育在线后，35岁的罗民是其中一位网迷。在教育在线周年之际，他深情地发了帖子：

网络无疆，真情无限，"教育在线"是我的第二故乡。在这里，我可以无悔地追寻梦想；在这里，我可以坦然地倾诉情怀；在这里，我可以潇洒地搏浪文海；在这里，我可以惬意地谱写心曲……我愿，我愿与网友们共同打造辉煌，为了共同的梦想——新教育！

罗民本是云南省思茅市普洱县凤阳小学校长，该小学只有12个学生。他通过一根电话线、一台电脑就把自己和当代的教育前沿紧密连在一起。说他现代吧，他纯朴得像一块山石；说他土吧，他的思想、文章和思考的问题，不在城里老师之下。2003年夏，他看到教育在线的网上通告，独自来苏州，出席在玉峰实验学校筹办的"昆山会议"，新教育的种子播进他的心田。2004年4月6日，他又以朝圣的心态，扛着一箱带给新教育人的醇香普洱茶，先坐上发自普洱的汽车颠簸两天两夜到达昆明，再登上昆明开往苏南的火车，经过三天三夜，方于11日赶到张家港市参加新教育实验的研讨会。

新教育人心怀感激地欢迎他，嘘寒问暖，问家问校，问师问生，他深觉接上地气、遇到知己的欢欣；他从心仪已久的新教育团队那里，获取了前行的路标和昂奋心态。当他和朱永新笑逐颜开地走进会场，新教育的两端——顶层设计人与基层践行者，因拥有相同理想、抱负集合在一起，共同勾勒出一幅新教育人"在路上"的现实图画。

会议一结束，罗民无暇游览江南风光，匆匆赶回去上班。教育在线卷起"滇南布衣热"，他成了众人心中的英雄。一笔笔汇款、一个个包裹，重似千斤，情牵万里，汇至他的手中，分发给一个个贫困学生。他和搭档张曼凌成了小学教育专栏的第一任优秀版主,成为教育在线上的一道美丽风景。

像这样的新教育人很多很多。当然,也有极少数的功利主义者,极个别精致利己主义者,只能栖身于新教育团队一段时间,历史的筛子总会将其筛出去。而始终不忘初衷的绝大多数人必将和新教育彼此互耀,拥抱明天。

"与其诅咒黑暗,不如点亮心灯。"相信随着实验自身的不断完善和实验效果的不断显现,会有越来越多的教育理想主义者汇聚到新教育的旗帜下。

如是,新教育人把教育的智慧湖越充越满,更把个人的宏志峰峦越筑越高。强烈追求人生价值的主流意识,让自己反思不停,前行不息,察昔而知今,审时而度势,看人而思己。这期间,梦想,从缥缈的远处而来,越来越近,越来越清;步履,自脚下伸向前方,越走越远,越走越实。独峰绝立的个性,悄悄化作生命年轮的深深纹理。引领潮流的气魄,渐渐融为精神高厦的坚挺梁柱。

于是,每个人心灵深处才有了与新教育的美丽邂逅和神交,也才有了以实际行动对世纪叩问的历史性作答。

三

第二段历程:组建志同道合的创业者圈子。

朱永新的新教育之梦,不只是自己做,做给自己独享,还要做给众人,和众人一起做。他发表"教育梦",演讲"教育梦",诉求"教育梦",为的是"嘤其鸣矣,求其友声"(《诗经·小雅·伐木》):用说梦解梦之径,找寻志同道合的友人,组建一个团队,和他一起做梦,做实中国新教育的大梦。

做事业须有一个人才小圈子作为"原始股",主张在这里运筹,主意在这里敲定,"主攻"在这里推演。朱永新找来自己的博士生李镇西、陶新华、王胜、张荣伟,还有储昌楼、袁卫星、焦晓俊等一些苏州名师,也有个别教授、硕士、民间研究生、行政官员……为同一个梦想,带来不同见解,坐而论道,思辨纵横。这是早期的核心成员,后来也多成了新教育实验的中坚骁将。

在怡远楼朱永新的工作室里,"相约星期二",为新教育沙龙雷打不动的时间。

脸对着脸,膝触着膝,话接着话,心贴着心。

青灯闪亮，心灯点燃，夜深人静，思潮起伏。足踏苏州，起步近景；心游万仞，气冲斗牛。窄窄斗室，聚来苏州教育鸿儒；小小沙龙，悄然酝酿杏坛风暴。求同似众辐集于一毂，存异如百泉喷涌四溅，即使异想天开也可集思广益，妙方咸集。

核心自然为朱永新，聚焦的话题是新教育，或由他先讲述再议论，或读指定文章共同学习后谈感悟，或直逼上次沙龙布置的求索问题展开研讨。研讨了哪些话题？西方的新教育、中国现代的新教育的来龙去脉是怎样的？何为新教育的宗旨、真谛、灵魂？该从哪里切入？通过哪些举措突破？该注意哪些关键环节？它的科研依据是什么？在中国当下实施新教育的可能性是什么？制约因素有哪些？不可预见性又可能有哪些？……

独特的沙龙聚会承载着独特的沙龙文化。

思想交锋，学理碰撞，观点对抗，思路相悖，不时溅出火星，思想往往在对话里趋向成熟；但更多的是观念一致，心灵融通，见地略同，方法互补，涌起求索大流，主张常常于沟通中浮出水面。这里持续若干年的沙龙成了相互联动的思维场、彼此借力的充电场，不只是朱永新给大家加薪添火，大家也在给他打气加油。于是，水泉互润，星光相耀，这里渐渐崛起了一块人才高地。

志满沙龙，新教育实验研究的课题——"新教育理论的实践及推广研究"从这里诞生了。

情寄沙龙，沙龙紧紧连着外部世界的改革风云，新教育自此吹响四方出征的号角。

神往沙龙，新教育团队像滚雪球一样，从最初的几个人，到苏州市的数百成千人，一步步壮实起来了。

"我们每一个对新教育怀有宗教般情怀的人们，以堂吉诃德的勇气，将苏南一隅的点点星火，欢愉地散遍广袤的天南地北，以西西弗斯的坚硬，将晨诵、午读、暮省的生活方式，柔软地植入未来的中国心灵。这个实验，一次次地惊愕着、感动着世人……"正如同他们自己的宣言。

此时的朱永新，完全从一个人对新教育的构想跨了出来，开始用苏州及外地教育同仁的改革行动铺出前行的道路，他面临的任务越来越重，肩头的担子也越来越沉，伴随而来的是他个人质的蜕变：心量越发看涨，智能越见其丰，底蕴越积越厚，境界日渐攀升。

四

第三段历程：为汇聚和造就一个富有理想、激情、智慧的"教育共同体"。

这是朱永新等新教育人将新教育发展到五湖四海的博大宏愿。此博大宏愿在教育领域之内，堪为前无古人的大构想。

这一构想若要交付中国历史的何朝何代，包括新中国的前50年，都会被视为痴人说梦似的呓话诳语。

然斗转星移，华夏沧桑，政通人和，社会转型，万众创新，给新教育的发展宏愿布下了洒满阳光的时代背景。平台搭起，等待新教育人闪亮登场。

朱永新深知这个"教育共同体"对新教育重于泰山：既是兴业之基，又是发展主体；既是人才汇集，又是事业崛起。

教育共同体有着丰富的内涵，它涉及教育活动主体的层次和形态问题，至少可以包括"学校共同体""教师共同体""教育科研共同体""学生共同体"等。

新教育实验从两个维度来理解"教育共同体"这一概念：一是指物态化的组织机构，包括不同层级的、在一定程度上参与了"新教育实验"的科研单位等。如新教育实验学校，"新教育实验"总课题组、项目组、子课题组，教育在线及其各级论坛机构等。二是分属于不同组织机构、不同单位的新教育人，包括在一定程度上参与了新教育实验的理论工作者和实践工作者，以及在一定程度上参与了新教育实验的校长、教师、父母和学生等。

新教育实验特别重视将同一区域乃至不同区域的学校联合起来，形成多元的、不同层级的学校联盟———区域教育共同体。

2005年9月，新教育的第一个区域教育共同体——"海门新教育共同体"成立，许新海等人将其定位为一个研习共同体、一个研修共同体、一个研发共同体。

研习共同体为海门市的教师提供了专业阅读书目与地图，让老师们在反思自己阅读史的基础上绘制适合自己发展的阅读地图。研修共同体为广大教师，尤其是青年教师围绕课堂教学提供了展示、磨砺、修炼、合作、互动的专业成长平台。研发共同体致力于让教师从"教教材"到"用教材教",做国家课程的二度开发者;同时,为地方和校本课程的研发者,搭建了富有挑战性的项目平台。从研习到研修再到研发,形成了海门教师专业发展的独特路径。

海门的新教育共同体还构建起新型的校际合作发展平台,即在市区学校高位发展层面上,打破学校界限,以特级教师、学科带头人为核心,组成教学共同体;在城乡学校联动层面上,由教研员牵头,建立一所城区学校带动多所乡镇学校的联合体,通过整体联动,全面提升乡镇学校教育发展水平。这两种共同体的运作,以新教育实验项目推进的方式展开。

海门的新教育共同体,正成为全市教师专业发展的平台,成为全市学校研究理想课堂的平台,成为海门市全面实施素质教育的平台。

海门模式,很快就推及全国150个新教育实验区。其中,城乡教育共同体不只是"输血"平台,不只是简单的城市支援农村,而是着眼于完善各校的"造血"功能,是双向的互动与联合,是城乡间因地制宜、各具特色基础上的优势互补与合作共享。

如今,新教育共同体早已成为全国最大的教育实验共同体,形成了平等参与、自主自律、协调共赢的主体格局,在各个地区共同推进"六项目标":进一步丰富和发展新教育理论;形成区域性开发和推广教育科研新成果的动态机制;促成教师在更新教育思想、提高教育技能基础上的专业化发展;促进学生在健全人格、学有所长基础上的个性化发展;让教育者与受教育者共同成长,让"研究者"与"被研究者"共同发展,形成教育发展的良好生态环境;开拓一条推动我国教育尤其是基础教育改革、创新、发展的理想道路。

五

第四段历程:为新教育有序而高效地运行,建立和完善一整套的指挥系统、行动方略、制度机制。

"第一要有研究的人才,第二要有条理的组织,第三要有缜密的计划。"这是陶行知在《中学教育实验之必要》中为实验者开出的黄金秘方。其中提出的人才、组织、计划构成的铁三角是万万不可缺项的,不用说缺一项,就是某一项有所缺失，都可能将新教育实验引入歧途。

网络，让从未谋面的教育同仁成为知己。图为2002年11月朱永新老师赴南通讲学时与部分网友的合影。左起为王军、储昌楼、袁卫星、朱永新、冯卫东、焦晓骏。

朱永新发起的民间草根式的新教育，由苏州到全国，从几个人到数百万众，自一所学校到上百个实验区，其势如暴雨疾风，迅猛异常，其状似星火燎原，磅礴四极。其中的奥秘很值得揭示。

笔者研究此奥秘时，先是发现了朱永新持有两大优势：一个是得天独厚的官员视界，一个是占领现代制高点的网络世界。

苏州，一个古老与新生、传统与现代、人文与科技、富庶与兴盛相交汇的国之重镇。曾任主管苏州多项重任的副市长，朱永新在人气旺盛、学养深厚之外，视野、格局、气魄更上一层楼。任副市长的经历让朱永新看问题更易于趋向宏观、客观和达观，突破瓶颈更为坚定、扎实和精准，处理一股脑涌来的纷繁复杂工作，更能分辨轻重缓急，先后主次，有条不紊地"弹好钢琴"。

早早建起教育在线网站，使新教育实验有了网络平台，新教育人有了自己的"精神脉动"，上下左右交通，此呼彼应对接，让心与心相连，创新的传播模式，让资讯最有效地抵达受众，迅速产生最大的"化学反应"。

由此可见，官员的视界和运筹，网络的开通与相助，让朱永新看世界看教育看人生，多了两双眼睛，又构成他无形却实用的两大法宝。官员阅历当属不可或缺的无形资产（尤其像朱永新这样深入调研、思索、理政的官员），无疑充盈了一个人的精神空间；网络平台成为点石成金的指头，给千军万马的汇集、磨砺、行动和达标，提供了速度远超于电话会议、效果远胜于耳提面命的指挥平台。

不错，有视界就有了眼界，有平台就有了舞台。有此前提性质的两大优势，难能可贵，但是，光凭借于此，仍然是远远不够的。

新教育属民间草根式运作的教育科学实验。它既没有行政指令发红头文件的权力，也没有民间富豪做事业的资本。为了能指挥这支越聚越多的队伍，心里装着同一个目标，脚步奔向同一个方向，朱永新和他的伙伴们费尽了心力，经过无数次各种各样的尝试，终于找到了一条较为合理的引领之道，笔者将其归结为指挥系统、行动方略、制度机制这样一个稳固的金三角，正因将其一步步夯实做强，使得这支队伍朝气蓬勃地翻山越岭，迎着晨风，迎着朝阳。

指挥系统是核心

这个指挥系统是由新教育团队的四梁八柱、精英中坚所组成。他们决策要事，草拟规划，制定机制，组织队伍，助推行动，执行纪律，总结表彰，建树学派，导向价值……成了新教育的司令部、实验深化的动力源、新教育人发展的助推器。

登高望远，人才兴业。人才高地，能者为峰。一头狮子带领的一群羊可以打败一只羊带领的一群狮子（拿破仑语）。指挥系统拥有遴选、统领人才的高度，预判、推进新教育实验的深度。指挥核心自身的能量，预示着新教育团队的作为。

2007年，新教育研究院正式成立。卢志文为院长。根据NGO（非政府组织）运营模式与新教育自身特点，研究院组建专业团队，指导全国实验区、校、个人开展新教育实验。新教育理事会的理事长为朱永新，专家委员会由顾明远、朱小曼、杨东平、吴康宁、石中英、程方平等德高望重、学富资深的专家组成。（这个指挥系统的示意图见下页）

新教育的行动，有个人、学校、各实验区的各自单独行动，也有新教育实验团队的整体行动，如新教育理事会、实验研讨会、实验教师各类培训会、某一项目交流会、某一课题现场会、实验区工作会议、某一种公益活动，直至一年一度的大型年会。各级各类、大大小小的活动，新教育人都备加重视，尽心尽意组织，力求做得更完美些。

新教育共同体及新教育研究院架构

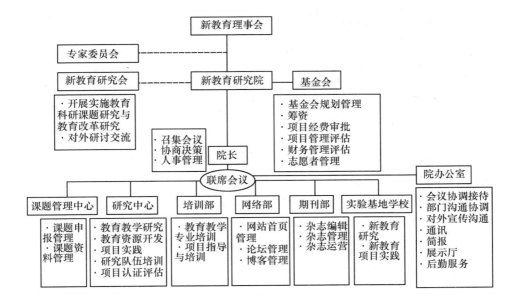

新教育实验是凸显行动价值取向的实验,力倡"只要行动,就有收获;只要坚持,才有奇迹"的行动箴言。可以说,没有行动,就没有新教育。少了行动,新教育就会枯萎。适时适度适量行动,方有新教育实验的青山绿水。行动凝聚人,人借助行动。行动搭就的舞台,成就了新教育人情的碰撞,心的交流,理的昭示,思的荟萃,美的放飞……

制度机制是保障

不立规矩无以成方圆。无制度机制难以开展有效的行动,人员越多越是一盘散沙。制度是不可逾越的底线,如同河流的堤坝,无坚固堤坝,必然滥水横流。机制是组织间的相互作用与运行方式,如人体各部位的连接及相互关系。好的机制释放潜力,差的机制窒息活力。靠着制度、机制的保障,新教育实验基本上做到令行禁止:动则如排山倒海,静则似幽谷林立。

2006年,由朱永新主持,课题秘书长储昌楼、张荣伟拟订大纲,29人分组编写了22万字的《新教育实验指导手册》,该手册由新教育实验的基本理论和"营造书香校园""师生共写随笔""聆听窗外声音""培养卓越口才""建设数码

日本东方书店出版的《沸腾的中国教育改革》一书，详细介绍了中国新教育实验的发展历程。

社区""构筑理想课堂""莫愁新父母学校"的指导纲要等八章构成，谈理论，说政策，定制度，举案例，是新教育实验前期运作的总结，可视为制度、机制的活学活用篇。

2015年，新教育研究院通过对新教育实验的推进体系、制度架构的寻求探索，编写出包括课题管理、实验区（校）管理和研究（培训）机构管理三个方面的《新教育实验管理规程》。此"管理规程"在"指导手册"九年后产生，自然完备、完善许多，更具有精密性、深刻性和导向性。当然，制度和机制都是动态流变的，边做边改的，像载歌载舞的水使得鹅卵石臻于完美一样。

指挥、布局、行动、机制、奖罚，人做事，事成人；人做事外动于形，似风雷贯耳，事成人内化于心，如暗香盈袖。在知人善任、从善如流的导引里，可领略其中精巧。

朱永新在卓有成效地指挥这支庞大团队过程中，探求它的精深；在策划行动、调变机制的进程中，悟得它的精密。朱永新在把生命交付给新教育的同时，新教育也给他的生命镌刻了绣女穿针般的精心和巨匠微雕时那种凝神。

"如同搭积木一样，一块积木一块积木最终搭建起来。我们现在事实上正是如此，一块积木一块积木在搭着，最后再把它整合。"

朱永新提及的搭积木，指的是从2006年以来逐渐清晰的成长路径，让新教育在各个环节所搭建的积木（组织）都得以完善，并发展壮大，最终在整体上撑起新教育的骨架。

康德在《论教育》第一章导言里断言："有两类人类的发明被认为最困难，一是政治的艺术，一是教育的艺术。对于这两者的真谛，人们至今仍在探索。"二百余个春秋流光过去，这句话还没有过时。

谁都期望教育能迅速地大改大变，教育又最不敢轻易地大改大变。因为对人的教育极具时空性、适切性、差异性，不允许有误导与闪失。

　　中国教育就在变与不变之间脚步不辍。不变的是教育的规律和教育的本真。这是教育之树的根。唯有坚守教育的本真和规律不变，才能积淀历史，形成文化，铸就特色。变的是教育的内容、教育的重心和教育的方法，这是教育之树的枝叶。只有在继承中创新，在发展中进化，与时俱进，乘势而上，不是推倒后一切重来，方可使教育之树枝繁叶茂，郁郁葱葱。

第三节
网络破浪，插上未来教育的隐形双翼

一

1998年，中国最大的网络社区之一"西祠胡同"建立，标志着中国从此跨入虚拟社区时代。作为信息时代的民间教育运动，新教育迅速搭载上网络快车。

2002年6月18日，对于新教育实验，是一个智光闪烁的日子。

新教育人记住这一天，由朱永新挂帅的教育在线网站正式开通，中国第一家公益性的民间教育网站问世！

新教育实验有了梦幻般的网络世界。

新教育人有了魂牵梦绕的精神家园。

新教育突生振羽高翔的信息翅膀。

自此，传播新教育理念的热土开犁下种，汇集新教育人才的平台搭就揭幕，交流新教育成果的论坛宣布开讲。

新教育才俊袁卫星引用英国文坛巨匠乔治·萧伯纳的一段话豪迈地概述教育在线的诞生："征服世界的将是这样一些人：开始的时候，他们试图找到理想中的乐园；最终，当他们无法找到的时候，就亲手创造了它。"

教育在线网站一现身，就一枝独秀，光彩照人，生机蓬勃，根扎校园一线，触角伸向辽远，展露了"自由表达、开放宽容、张扬个性、专业发展"的风姿，聚焦着教师专业化成长的立意，营造出网络精神家园的心相，深受一线教师的喜爱。

第一任教育在线论坛总版主李镇西著文，称教育在线网站为"我们共同的孩子"。他煞费苦心，计深虑远，设计了多种"营养食谱"，为其注入智与德的营养。

朱永新也视教育在线为孩子。他夫人对他说"网站就是你的儿子，你对网站的感情投入远远超过了对自己的亲儿子"！朱永新不仅自掏腰包支付运营网站的全部费用，更是一个守望者：每日晨五时，他已游弋在教育在线论坛，向全国发送晨诵的帖子；晚上又发出暮省的文字；哪怕外出参会、出国交流，他也无一日不情注教育在线。时任教育部副部长的韦钰有言："敢办论坛的教育官员只有朱永新。"他视新教育如生命，视在线论坛如眼睛。

对教育在线网站，新教育人纷纷赠以发自肺腑的话语——

张向阳："攀上了教育在线，我终于到家了。"

于春祥："教育在线，我的天堂。"

陈笑春："教育在线，我亲爱的朋友和导师。"

窦桂梅："教育在线，构一道新的教育航海线。"

钱海荣："教育在线，一泓教育的清泉。"

刘进云："教育在线，点燃了我的希望之火。"

柳三变："教育在线，中国教育需要的特立独行的精神。"

王军："教育在线，撑起教师心灵的天空。"

何英："教育在线，一片可以让生命密度增加，让生命长度延伸，让生命厚度凝重的沃土。"

……

焦作市焦东路小学54岁的女教师尤晓慧写道："第一次敲击出自己期望的文字时，我竟然像考了100分的小孩子一样欢呼雀跃。"

拥有千般魅力，赢得万众痴情，是因网站办到新教育人的心坎上了。瞥一眼那些引人入胜的分论坛栏目——"李镇西之家""菜鸟俱乐部""政协回音壁""专题探究""科学研究基地""德育论坛""管理在线""语文沙龙""班级在线""小学专区""家教之窗""滴石书斋""心灵港湾""英语园地""理科世界""文学时空""轻松驿站"……就很难不被打动。网站本着透明、平等、协商、尊重的原则，从自由谈很快转入新教育的话题，成为新教育的专门网络平台。

她横空出世，卓尔不凡，第一个月就引来5000个网友，短短两年多就发展到 11 万人，访问量达到 350 万次，将至五个年头的 2007 年 6 月 11 日，教育在线第 20 万个注册者——山东省邹平县台子中学老师宋守忠现身。至今，注册的教师已达 40 多万，5 万多人开设了自己的教育博客，发出的各类文章当以百万计。

磁场似的引力，闪电般的神速，国内发展最快的网站，如此的运行轨迹何以出现？李镇西在《教育在线周年感言》中揭秘：是共同的情怀，把我们凝集一起——爱心与童心辉映，生命与使命同行，激情与柔情交织，思想与梦想飞扬……

二

世纪之交的 2000 年，朱永新就开始苦苦思考，有没有一种方式、一条路径，能迅速地传播新教育理想，指导新教育实践？此困惑久久地缠绕着他。

最后他发现，答案就在身旁。在信息浸渍了每时每地每人每事的时代，完美答案就是创办教育网站。

创办这一网站，最大功臣当属李镇西。朱永新与李镇西的师徒关系，是近 20 年来中国教坛的佳话。两人都有独特的个性和影响力，有趣的是，一般都是学生寻找老师，而朱永新求才心切，主动去找李镇西，希望他做自己的学生。俩人一谈即合，教学相长，合筑事业。

朱永新在《自从上了网……》一文中写道：

我本来是对网络"不屑一顾"的，不仅反对儿子上网，而且也曾批评我的博士生李镇西"陷得太深"。我当时看来，他们是远离了严肃的学问而大肆浪费时间，虚度光阴。然而，批评归批评，儿子仍然我行我素，镇西更是痴心不减。再后来，我发现所了解的一些教坛才俊，如卢志文、袁卫星、焦晓骏等，竟然也都是"网虫"！他们在网上展露才华，结交同仁，指点江山，激扬文字。互动的网络，给了他们一个表演的大舞台！我不由得想探个究竟。终于有一天，2002 年 4 月 16 日晚，我被"策反"了。

至于究竟如何"策反"的，李镇西有一段生动的文字：

2002 年 4 月 16 日，朱老师请我吃晚饭。饭桌上，朱老师问起我的论文进度，自然又谆谆告诫我"不要迷恋网络"云云。这次我可没有唯唯诺诺，而是向他大谈网络对"做学问"的好处。我从青年话题论坛谈起，然后又谈我在K12做版主的感受，我对朱老师说："网络本身只是工具和媒介，它自身并没有价值取向，全在于使用它的人。比如菜刀，在不同人的手中功能可能完全不同——或切菜，或杀人，或自杀。"我又说："网络也是一种阅读方式，或者说是一种做学问的方式，而绝不仅仅是一种娱乐消遣，何况我从来不会今后也绝对不会玩游戏的。"我还说，我在网络上结识了一批志同道合的朋友，这都是一群非常优秀的教育者，我们在网上一起思考教育、交流经验、碰撞思想，而且还打算以网络为中介进行教育科研呢！当时，一起吃饭的还有袁卫星，他也大谈网络如何如何美妙。

当时，我并不是被动辩解，而是主动向朱老师展示网络的魅力。也许是我的言辞恳切而真诚，也许是我说的网络魅力打动了朱老师，总之，我看到朱老师入迷地凝视着我，端着酒杯的手久久地停留于空中——他显然动心了。

当我说到我的有些网友就在苏州时，他问："在苏州都有谁？"

我说："工业园区教研室的焦晓骏！"

他立即说："马上请他来一起吃饭！"

我赶紧拨通了焦晓骏家的电话："市长有请！"

二十多分钟后，焦晓骏来到我们的饭桌上。于是，我们一起向已经半醉的朱老师灌输网络的意义，苦口婆心兼语重心长，终于打动了朱老师的铁石心肠："哦，原来网络是如此美好！"我见他面呈茅塞顿开状，便问他："朱老师，你为什么不开一个网站呢？我们通过网站联络全国更多的教育者一起干，岂不更好？"

但见红光满面的朱老师悲壮地将酒杯往桌上重重一放："干！"

我和晓骏、卫星都听清楚了，他说的不是"干"（gān）而是"干"（gàn），他的意思是我们也要建立一个自己的网站！

那天从酒楼出来坐在车上，我喜不自禁地对晓骏、卫星说："哈哈，没有想到我居然把朱老师'和平演变'了！"然而当时我没有意识到，朱老师所说的"干"，对我来说意味着什么——他是要我和他一起"干"！他不由分说，要我当教育在线论坛的总版主！……（《我的网络生涯三部曲》）

教育在线网站初建之时，倾注了创办者们大量的心血。

图为朱永新、李镇西在浏览网站。

钱穆有言："重要的历史只在比较少数人身上。历史是关于全人群的，但在此人群中，能参加创造历史与持续历史者，则总属少数。"

苍天有眼，将教育与网络名家李镇西在第一时间送至朱永新面前；历史有心，让虚怀若谷的新教育发起人朱永新在最急需时进入网络的秘境。两位亦师亦徒、亦朋亦友的先觉先行者，为中国民间最大教育网站的创生拉开了序幕。

历史熠熠闪耀的一瞬，就是这样被心光灿烂的领头人创造出来的，看似平常，但意涵深远。

这也为新教育的编年史增添了一段趣闻。

三

2002年国庆节，开通还不到100天的教育在线网站在古城苏州举办它的第一届网友聚会。

来自吉林的"小曼"，来自四川的"微笑"，来自广东的"海燕"，来自浙江的"绿岛"，来自云南的"滇南布衣"，来自重庆的"瓜山书生"……还有卢志文、高子阳、储昌楼、冯卫东、陶新华、张菊荣、袁卫星……一群有着虚虚实实网名、真真切切脸庞的网友汇聚在姑苏城内的沧浪宾馆。

他们之间大多不曾谋面，从网上走到网下的那份激动，洋溢在一张张风尘仆仆的脸上，化作一个个握手、拥抱之类简单而又意韵深长的动作。

几位嘉宾也放弃了长假休息赶来参加聚会，他们是《人民政协报》编辑贺春兰、惟存教育实验室创办人柳栋、苏州大学出版社高敏社长带队的几位领导、四川教育出版社常务副社长兼《教师之友》主编李晓翔、希望出版社"傻大姐工作室"负责人冯斌、翔宇教育集团董事长王玉芬、中锐集团董事长钱建蓉等。

网站论坛的总版主、全国优秀班主任李镇西从他的家乡成都坐了37个小时的火车于凌晨4点到达苏州。因为约定的报到时间是下午2点，他先赶到苏州大学，可惜校园的门还是关着的，所以只能坐在校门外的草坪上等待日出。草叶上的露珠打不湿他的兴奋。百米之遥，干将路上来来往往的车辆载走了他的疲惫。

这次教育在线苏州聚会只有一个节目：开会。上午一个专题，下午一个专题，晚上一个专题，会议内容一个套着一个。甚至连吃饭，都被安排在一个既可以喝茶又可以聊天同时又备有简餐的茶室。没有酒水。沧浪宾馆小小的会议室，两天来被热烈的讨论、激动的陈词、睿智的发言填满。朱永新浑厚的嗓音，更是不时赢得阵阵掌声。

这便是刚刚诞生的教育在线，爆发出的磅礴力量。

在教育战线这方天地里，"草根"们滴汇川奔的集聚，形成了新教育早期遍布全国、深入教坛的网络体系；"草根"们朴素而真实的教育生活，构成了新教育贴近大地、仰望星空的视野；"草根"们或深沉或犀利的意见表达，形成了对新教育环环相扣、不断反思的智慧；"草根"们的激情四溢、不分昼夜的强力助推，编织出新教育生生不息、薪火相继的生命叙事。

全国各地几万名教师通过一根根电话线连上这个网站，如同血脉相连，不停汲取新教育理念的营养。

每每夜深人静，或凌晨时分，万千双新教育人的眼睛聚焦于论坛的显示屏上，问候、通告、发帖、回复、信息、案例、悦读、书评、随笔、时论、人物等滚滚滔滔扑面而至，暖洋洋的幸福感油然而生。出人意料的惊喜，预料之中的欢愉，远离尘嚣的宁静，心灵洗礼的朗润，思舟破浪的酣畅，学术争鸣的探索，彼呼此应的默契，如此这般，苦而甜，累而乐，醉而醒，虚而实，羽化成仙一般的感受，远远胜于其他精神形式的享受。

手指切换在键盘与鼠标之间，思想流淌在网络与屏幕之上，奇迹诞生在疲惫和奔波之后。

江苏宝应的陆友松第一次接触网络，是登录教育在线论坛阅读"卫星话语"首页的"卫星独白"——

那是一个细雨中的午后，一位农民父亲打着土布的雨伞来找他的孩子，这是一堂寻常的语文课，课开始仅有五分钟。

我说："有什么急事，你把孩子叫走吧！"

那位父亲连连摇头："这怎么行，这可是一堂语文课！让他听完这堂课我再带他走。"

于是，这堂课有了一位特殊的听众——一位打着土布雨伞站在教室外边滴雨檐下的父亲；于是，这堂课我上得特别投入，我就像一位高超的琴师，极用心地在五十多名学生的心弦上弹奏了一曲……

教师的一生不一定要干成什么惊天动地的伟业，但应当如百合，展开是一朵花，凝聚成一枚果；应当如星辰，远看像一盏灯，近看像一团火……

陆友松自用心吮吸"卫星话语"的雨露阳光始，进入了教育在线的网络生活。在网上，他频频接触深邃而随和的朱永新，仁爱而大气的李镇西，幽默而机智的卢志文，质朴而勤奋的储昌楼，多才而善思的袁卫星，率真而博雅的焦晓骏……大家指点，名人感应，使他渐渐成长起来。他与网友们一起沉思中国教育，撰写教育随笔，文章从网络登上杂志，又结晶成书，他还成了一些杂志介绍的内封人物。

本书第一节提及的《"朱永新成功保险公司"开业启事》的帖子，就是在2002年6月22日，于教育在线发出的。第一个投保的，是苏北盐城偏僻水乡年轻的数学老师张向阳。他写信诉说他的苦恼，说教了15年的书却始终感到没有目标、没有方向。朱永新回复他，你只要想成功可以来投保，我保证你能成功。我的保约只有一条，就是必须每天坚持写教育故事……

张向阳当时在一所农村小学工作，连工资都不能兑现，只能花钱到网吧上网。在忙碌与艰辛的生活里，张向阳写下第一篇教育日记《听课随想》，由于饱含真情实感，静思深悟，他续写的教育日记屡屡见诸报刊，有的还登上《人民教育》。从2002年9月开始,到2003年8月,不到一年他写出了近30万字的教育日记,在全国媒体上发表了100多篇,他在教育在线上表达心声:"用我的生命擦亮新教育之梦的火花。"

交流的平台,展示的舞台,冲击的高台——眼前的、心中的、梦里的教育在线啊。

2004年7月,教育在线版主会议在宝应中学召开。从一群人到一座城市再燎原到全中国,从一个教育理想到一个庞大的学术体系,教育在线论坛给了世人太多惊奇与意外。

这里是温馨的家园。俗话说,不是一家人,不进一家门。一旦步入此门,地不分东西南北,人无论男女老少,也无论名望高低、资历厚薄、智能大小、居第城乡、境况富贫,一律引为同仁,视为知己。打拼一个目标,同圆一个美梦,自然心里无防线,智源不私藏,出谋献策,倾筐倒箧,有求必应,俯仰无愧。活得清醒,做得自觉。其情也真,其心也诚,其友也纯,其文也正。

这里是美丽的花园。漫步其间,满目奇丽,满心馨香。一朵朵思维之花绽放,一株株知心草儿拂动,一眼眼灵感之泉喷涌。"百般红紫斗芳菲"不足以喻其色,"大珠小珠落玉盘"不足以喻其声,"千树万树梨花开"不足以喻其状。难怪网友许丽著文慨叹唏嘘:"让我怎样感谢你呢?当我走向你的时候,原想捧起一簇浪花,你却给了我整个海洋;原想采撷一枚红叶,你却给了我整个枫林!"

这里是富饶的学园。学术平等,思想自由,人格解放,成了这所学园的立园之魂。理论前沿的激烈论辩,立之以真诚求知的基石。科研架构的相互磋商,承载着新教育人对使命的许诺。网师学院的严苛要求，蕴含着攀登峰峦的强烈渴望。即使偶有异腔怪调，也大多是善意的揶揄与让人松爽的幽默。在这片主旋律为较真求索的热土上，因思辨而出现跨越，因突破而彰显智慧。

这里是酣畅的乐园。天人合一，古今一览。人人是思想者、践行者、寻找者、给予者，又是播种者、收获者、共享者。在这块精神的沃土上，弱苗被扶壮，小苗在生长。无论对新教育个人还是新教育学校，无不如此。于是，明察、审思、博学、笃行，找准自己的坐标点，把握自己的支撑点，寻到自己的突破点，描绘自己最为壮美的人生风景。

这里是丰盈的诗园。新教育是一首诗，其科学性好比经丝，其艺术性就像纬线，经丝纬线才织成新教育的巨制鸿篇。人在线上走，心在诗里行。栖居在诗的境界里，人格的品位、气韵的格调自然水涨船高，氤氲着儒雅之采、美善之气、崇高之境。常州湖塘桥中心小学校长奚亚英说，在新教育实验中，我很是幸福。尽管心有沉沉负累，但我却能以充满诗意的憧憬表述我的管理新主张，以充满智慧的对话催生富有创意的新结果……就这样，月映千川，日耀万岭，打碎桎梏，走出倦怠，展开被缚的一双翅膀：新教育人比其他教育人增了几多人文情怀、诗情画意，也增添了脱颖而出的机遇和时空。

"在这个舞台上，中国新生代教师已然崛起。"2004年，一位记者在深入调研过教育在线之后，向全国读者如是宣告。

是的，在当今的中国教育界，与众不同的新生代教师已经出现。他们踏实、自信、充满激情。他们继承了优秀教师的传统，又不同于传统的优秀教师。他们热爱事业，精心地备课、上课，心平气和地做着每个老师该做的事情；他们热爱生活，在繁忙的工作之余，读书、思考、交流、写作，使得他们平凡的人生绝不平庸和平淡。

他们借助网络这一重要的智力背景，试图拿出足以与传统的优秀教师相媲美的东西，做得特别优秀而又不同于前人。他们需要一个平台，一个游离于传统教育，摆脱了话语霸权，没有门派之别，没有贵贱之分，只有思想碰撞、灵感闪亮的话语场所。

2005年11月19日,教育在线与苍南论坛联合举行"梦想激情教育人生"活动。

无疑,教育在线网站,就是他们久久期盼、苦苦寻觅的"新大陆"。

在此,他们与新教育邂逅,并成为新教育的中坚力量。在此,他们欣赏着精彩的展演,并具有观众和演员的双重身份。

一大批最炽热最活跃的新教育人走来了。尝试双语教学的贺杰带着他的快乐儿童游戏英语;地处西南边陲的"滇南布衣"领着全校仅有的12名学生;以散文见长的张菊荣捧着他的教育随笔;初为人师的"微笑"写下她的新教师日记……

一批志在教育改革的专家、学者走来了。卢志文畅言《体制改革带来超常发展》,何碧峰畅谈《课堂设问和情境的创设》,绿岛追问《教师,你为什么跳槽?》,鸿羽叩问《谁来为新教师导航?》,水凌儿端出《"我爱我家"主题班会设计》……

数以万计的新教育践行者源源不绝地走上教育在线舞台。他们已经准备就绪,他们有些按捺不住,他们势必倾力而出,他们选择网上突围——

聚是一团火,散是满天星!

在教育在线之上,一支为新教育理想殚精竭虑,为自身修炼啄羽再造的梦之队,从四面八方汇集而来。在教育在线的巨大发展空间里,经摸爬滚打的历练,耳濡目染的点化,他们以笔为锉刀,把思想磨砺得更锋利快捷。他们视阅读如呼吸,让思维的触角直逼卓越的朝向和崇高的担当。

他们或鬓染银丝，或面抹红霞，思想论剑，八仙过海，云蒸霞蔚，气象万千！携手打拼出新教育家园，开拓中国教育别一番丽景。

四

网络家园在发展着，向广，向深，向高。

在新教育"教师专业发展年"的2009年，新教育人以"教师专业发展论坛"为主阵地，汇聚热心于专业发展的实验者；立于"海拔五千——新教育教师读书会"QQ群、理想课堂QQ群之上，将专业阅读和课堂教学彼此打通；为实验者提供优质的实验资源，包括阅读书目及路径、绝版图书的电子版、高品质研讨课资料等。

2010年，中国民间最大的教师培训学院——新教育网络师范学院正式在网上开课。其课程设置非常灵活，基本课程分为必修课程、选修课程及毕业课程。必修课程分为公共必修课程和学科必修课程。公共必修课程以根本书籍研读为主，也包括一些实践类书籍研读，涵盖哲学、心理学、教育学、课程理论及实践等领域。学科必修课程主要包括本学科的根本书籍、实践类书籍研读，以及课例研讨等。

网师的学习，包括日常资源的下载与上传、个人作业的收领及提交、集体讨论学习等均通过网络来完成。授课时间通常安排在每日19点至21点。学员自主选择，可选择三年完成全部学习，也可无限延长学习时限。

这是新教育的一项最新创造，俗称"网络教师学院"。它是一个有明确的教育目标、完整的教学设计、严格的评价和淘汰机制、历时三载的教育过程。朱永新自信地说，其质量一定会好于"教育硕士"。

笔者采访和记录了网上讲师郝晓东（网名清风竹简）的一次授课。

2011年11月3日19时，支教在海南五指山下的山西忻州师院附中教师郝晓东进入一个神圣而酣畅的夜晚。他第一次在教育在线主持研讨课。此时，他穿过校园密密的槟榔林来到办公室，炎热犹在，打开风扇，再瞥一下电脑上的课程讲义。

20天前，接受主持网上研讨课的任务后，他压力颇大，这显然堪为岁月长河中意义重大的行动。没有这一次，就没有后来连续主持的"教育学经典""儿童的人格教育"课程,《给青年教师的四十封信》一书也不会面世。

距离研讨课还有 20 分钟。窗外的紫荆花怒放,几只肥肥的母鸡在门前草坪上悠闲啄食。他重新打开学员作业,在大脑中预热发言内容。

这成了后来他主持课程的习惯,每每主持当日,他都沉浸在课程内容中,让脑细胞充分活跃,让身心高度"在场"。为了这两个小时,他的大脑已活跃近一个月,心路一直停驻在《泊船瓜洲》的解读与设计中,还到支教的班级去上"下水"课,在 QQ 群中对课程几番预热讨论,可谓海量付出,3500 字的研课框架,7500 字的课堂实录,11000 多字的主持稿均悉数写完。

倒计时 3 分钟。他下意识在屋子里转了几圈,活动一下手脚和脖子。任窗外凉风吹进,槟榔林沙沙作响。

研讨课开始。屏幕上的字句鱼贯跳出,挟带着情感的熏风,理性的思辨,巧妙的插言,睿智的应变,穿越古今,聚焦当下。郝晓东和天南地北的网师学员们步入"京口瓜洲",于山重水复中此呼彼应,在春风明月里相濡润染,思路从布疑而至清醒,心境自诘问赢来豁朗,思维的星光烁烁闪亮。两个小时不知不觉地倏忽而逝。

他成功了!一位新教育名师在他的研讨课后跟进三个词:感激,感慨,感叹!

9 点整。时间到。QQ 群中头像闪烁,南岛的夜晚,星光灿烂,深邃静谧。屋子里,键盘声咔咔。郝晓东心情平静,为记录下这一历史瞬间,他敲出了一行行字:

老师们,大家好!
今天是 11 月 3 日,农历九月二十七,星期三……

网师培训是没有围墙、不见校舍的大学堂。
这个大学堂是个求知学习场、素养再造场、智能升华场。
进得其中,如润春雨如沐春风,竟神不知鬼不觉地飞翔起来。即便一些平凡的甚至平庸的教师,经网师的沐浴和岁月的洗礼,也能快速地成长为高度专业化的教师乃至教坛名流,产生的精神巨变与创造活力令人惊叹。

有人如是评价:教育在线推动起方兴未艾的学习浪潮,正在越来越接近一场真正意义的教育变革的核心。

放眼世界，古往今来，真正意义上的教育家和教育创新，并不是来自政府的规划，而是来自薪火相传的教育家的理想，来自实际的社会需求，来自生生不息的草根力量。而在新教育的网络空间，人们看到了新教育人"学在民间"的传统，更会相信"学在民间"的伟大力量。

五

苏联著名教育家加里宁曾说过：教师是过去和未来之间的活的环节，是克服人类无知和恶习的重要的社会成员，是过去历史上所有崇高而伟大的历史人物跟新一代人之间的中介人。

当"过去"与"未来"发生变化时，教育当然也在不断变身。朱永新所主导的新教育实验之"新"，是站在更广阔的思想视野上的"新"，是立于人类文化传播特质上的"新"。

2015 年，朱永新在哈佛大学的书店漫步，偶然看到一本书——《大学的终结》(The End of College)，作者认为，大学要终结了，各种各样的互联网课程越来越多，如果未来我们所有人都在网络上学习，大学存在的价值在哪里呢？

这个话题如同闪电一样，瞬间触动了朱永新一连串的思维——大学是这样，中小学呢，会不会也终结？

当前，世界在各国的多元竞争、谋划布局之下，往往瞬息万变、前途叵测，然而在互联网勾勒的现代文明进程中，这个世界似乎又坦荡如砥、未来清晰可见。

继传统商业、传统的银行业被颠覆之后，学校制度的颠覆，正在悄然酝酿中。指尖上的课程改变着教育，一场海啸似的教育革命即将到来。进入信息时代之后，知识的传播有了视频新载体，学习手段、教学模式、课程形态、媒体资源以及教学环境等都在发生巨变。

在中国教育界，不少人思量着"乔布斯之问"：乔布斯说政府对教育的投入是最多的，在教育信息、教育网络、互联网教育等方面投入尤大，但是教育似乎还没有像我们期待的那样发生变化……

未来的学校、未来的教育到底应当如何？这是一个朱永新及新教育人需要回答的问题，也是放在世界教育的背景下，为中国教育探路。

作为中国领先的教育实验，新教育在起步之初就利用了网络，以网站、论坛、微博、微信、直播等各类方式在互联网领域开疆拓土。甚至在某种角度上可以说，新教育实验是全国各地实验者以互联网的方式"共同在线"的一项实验。

最近一些年来，深度凝视"互联网＋教育"的朱永新一直深深地思索着未来教育的课题。他翻阅了数百部书籍，到底新技术会给教育带来什么样的可能性？这种可能性对教育变革会有怎样的影响？

转眼到了2016年11月20日，2016年新教育国际论坛在温州翔宇中学开幕，近千名来自海内外教育领域的知名专家学者，以"相约山水永嘉 共话未来学校"为主题齐聚一堂。

望闻问切于世界教育、把握其脉跳的朱永新，以教育预言家的视界，向笔者、向同仁描述了今后的教育改革与学校教育的15个朝向——未来教育发展的预测路线图。

朝向之一：未来学校要变成学习中心。

朝向之二：借助网络和大数据获取更多教育资源。

朝向之三：改变学校形态，满足个性化需求。

朝向之四：学校应该是汇聚伟大事物的中心。

朝向之五：教育不能把所有人都绑在学术标准上。

朝向之六：兴建人才成长的立交桥。

朝向之七：开放办教育，从民间吸纳营养。

朝向之八：国家当建立免费教育资源网。

朝向之九：取消入学考试，拿到相应学分就给文凭。

朝向之十：农民工通过网络学习拿文凭。

……

朝向之十五：教育要像淘宝一样能选课上课。

未来的学校将成为一个学习共同体，没有固定的开学，没有统一的毕业，学习和上课的时间弹性化，未来的教师将成为自由职业者，政府买单和学习者买单并存，学习机构一体化，网络学校会越来越多，游戏会发挥很大作用，学习内容更加定制化和个性化，学习中心小规模化，文凭将会被课程取代，考试不为选拔，而是为了帮助，家校合作共育，课程会进一步指向真善美、幸福完整的教育生活。

2019年朱永新出版的《未来学校》一书，提出了未来学校的种种构想，以及新教育不变的本质。

未至将至，未来已来。朱永新对未来教育的描述，字字矶玉、句句惊雷、条条重磅，似醍醐灌顶，似拨云见日，又有点让人不敢确信……

这可以看作是新教育实验的一场顿悟。当前，人工智能等技术正在掀起一场引领未来的学习革命，学习能力已然成为每位终身学习者的核心竞争力。

"用未来改变现在"，正是朱永新时常提及的理念。在朱永新的新教育实验蓝图中，"未来学习中心"将是取代现代学校的场所。"对于未来教育的部署，无论是现在的学校，还是未来在建的学校，都应该按照学习中心的路子去建，才有生命力。"

在不断跃进、未来扑朔不定的信息时代里，朱永新反而有着无比冷静的认识："好的教育，应该是可以给人带来幸福的教育。所以我们要建设幸福完整的教育生活，让学校成为汇聚美好事物的中心，让人们在学习中心不断和美好相遇，成为最好的自己。"

六

如果说，1999年朱永新在湖塘桥小学的系列讲话，预示着新教育的诞生，揭开中国教育的崭新篇章，那么2016年朱永新对教育走向的预测，则成为新教育实验走向未来、迎接未来的崭新标志。

2000年11月,《我的教育理想》一书正式出版,并成为新教育实验诞生的标志。这本发行了数百万册的书,直接"催生"了新教育的新浪潮,新教育实验最初的一些理念与思想,源自这本书对教育问题的思考和对教育理想的追寻。

2019年6月,朱永新所著的《未来学校:重新定义教育》一书面世,成为新教育发展的里程碑。这本书上市不到一个星期,第一版印刷的一万本售罄,开新书发布会的时候,出版社找不到样书,满北京城找书店才搜罗到几本。

书中爆炸式的理论,在教育界、思想界、媒体界产生广泛的思想涟漪,标志着新教育实验进入一个崭新的发展阶段。

1919年4月30日,约翰·杜威从纽约抵达上海,开始为期两年的访华之旅,与中国教育界、哲学界的多位学者进行了对话。这位著名的哲学家、教育家以穿越时空的目光,畅想着未来教育的模样,留下了诸多批判与美丽的梦想,影响了20世纪的世界教育,对中国教育也有深远影响。

约翰·杜威曾说:"如果我们用过去的方法教育现在的学生,就是在剥夺他们的未来。"

整整100年后,2019年7月,新教育实验发起人朱永新与苹果首任教育掌门约翰·库奇就"学习的升级:技术如何释放终身学习者的潜能"这一话题展开了一段深刻而妙趣横生的对话。

那个"乔布斯之问"也由两人当场破解——乔布斯本人没有提出过此类问题,但这无碍这个问题的存在,也无碍这个疑问触及到"互联网+教育"的深广问题。

此番谈话,两位先行者的思想火花,波及古今教育的核心理念,触碰到未来教育的核心本质。作为中国教育探索精神代表的朱永新,向约翰·库奇抛出的问号,也引起了观众们的沉思——

技术与教育理念、教育内容、教育方法之间有一种共生的关系,仅仅靠技术无法真正改变教育。中国与美国很相似的一点是,大部分学校是为了买技术而买技术,他们炫耀自己拥有了先进的技术,却从未真正地运用技术。您认为,究竟怎样才能发挥技术的真正作用?

"无限相信教师和学生的潜能"这样的教育理念或者可以说是教育常识,为什么不能够成为教师和父母的共识?为什么许多父母和教师总是认为自己的孩子不行呢？

两千多年前，中国的孔子特别提出"因材施教"的命题，但是在现代学校制度面前，这个梦想为什么从来没有真正实现？个性化学习的最重要条件是什么？

朱永新的方式，是以问题点醒众人，而以《未来学校：重新定义教育》出版为标志，朱永新对以上的问题已有明确的回答。

《未来学校：重新定义教育》凝聚着朱永新及新教育人对中外教育历史与现状的多方考察，以新教育实验近20年的实践探索，铺展前瞻性的思考与展望，对当前教育变革进行精准提炼的同时，对中国未来的教育发展提供了一份行动指南。

新教育实验对未来学校形态的研究，成为国家课题。

在这份写给本世纪甚至是下个世纪的教育设计当中，新教育重组自己的发展密码。正如美国马萨诸塞大学教育领导学系主任严文藩所描述：从2015年开始，新教育实验探讨未来学校与未来课程，已经研发出新生命、新人文、新科学、新公民、新艺术的课程体系，定位于"为中国教育探路"的实践，相信也能够为世界教育做出贡献。（在第十七节中有详述）

美国教育学者阿克曼在《新世纪的根基：叩响最佳的传统教育与进步教育》的文章里，幽默地告诫我们，不要把有关传统教育与进步教育看成是装饰华丽的手纺车中周而复始的转轮，"学校最显著的哲学形式，就如同 DNA 的双链一样：进步派和传统派是相互缠绕、相互作用、相互补充的。这就是我们应提倡的学校"。

放眼新教育的未来发展，新教育人正不断地与互联网革命的种种母题进行深度对话，深刻反思，创造性展开行动，并未达到它的边际与终极目标。同时，它又立志回归教育原点——回到孔子的教育宗旨，为全人类，为全人类中每一人之全生命的原点。

第四节
播火行动,教育田野上的星火燎原

一

星星之火,可以燎原。

2003年7月29日上午,云南省安宁市体委大礼堂内座无虚席,近千名来自教学一线的教师与教学管理人员聆听了朱永新、李镇西等人关于新教育实验的报告。全新的理念、精辟的分析、精彩的案例激起与会者的共鸣。

在那个炎热的暑期里,新教育人圆满结束了新教育实验首届研讨会,向全国教师宣告着新教育实验的全面开展,会后朱永新便带领西部支教团一行八人,来到了云南省安宁市,拉开西部支教活动的序幕。为了实现此次西部之行,哈尔滨的一位老师几乎掏出了全年的积蓄。

有人怀疑:一周的讲学,能为西部带来什么?能否如出发前的设想,会点燃西部教师们的"思想之光"?

有人疑问:八个人放到西部教育偌大的背景下,几乎是看不见的存在。

有人断定:这是一群理想主义者。

支教团此次西部行的目的很明确,短短几天时间,他们对云南的宁安、贵州的遵义等地的教师作讲学和报告。与当时流行的西部支教不同,他们并不针对学生,而是针对于教师。支教团一致认定,教师将成为影响西部学生的主要因素。支教课程分两种:一种是新教育思想的传播,试图打开教师的新思想之门;另一种是新教育方式,与教师交流更先进的教学经验。

7月29日当晚,支教团便移师贵阳,第二天不顾旅途劳顿赶往遵义。报告会在遵义名校文化小学礼堂内进行,数百名教师接受了一次新教育理念与教育艺术的洗礼。当晚,朱永新、卢志文等顾不上休息,欣然接受了遵义师院、农垦中学的邀请,再次为教师们作专场报告,李镇西则不顾正在打点滴的病情,踏上了独访新教育教师罗明的故乡——云南思茅地区山村小学的旅途。

2003年7月,刚刚结束首届新教育年会的部分志愿者,自费开启了西部支教的"传灯之旅"。

支教团在云贵地区的活动,对当地的教育产生了极大的震撼。他们带来新教育实验的理论与实践、教师成长、教育艺术等专题,搅动起似乎一潭死水的西部教育。一位走了几十里山路来听报告会的安宁市的老师激动地说,这辈子还没有听到过如此精彩的讲座。许多教师在会后的交流中表示,他们感动于志愿者的乐于奉献精神,更兴奋于所听到的新观念、新行动。云南曲靖一中任玲老师在她的心得中写道:"这次讲学,以教师成长为主线,涉及新的教育理念、新的教育探索、新的职业反思、新的教育教学手段、新的教师成长路径……它紧凑有序,信息量大,留给人们很大的思考回味的空间,播下了催生教师成长的火种,点燃了边疆地区教师教育革新的激情。"

有了诗情,就有了远方;有了梦想,就有了远征。

2004年8月3日至12日,第二届教育在线西部支教活动深入陕西延安、定边及宁夏中宁、石嘴山等地基层。支教团一共6名成员,带队的是新教育实验发起者朱永新,团员为江苏翔宇教育集团总校长卢志文、昆山教育局教研室副主任储昌楼、江阴市华士实验学校副校长夏青峰、昆山市玉峰实验学校老师高子阳和南京市十三中老师洪劬颉。

到西安的当晚就坐火车去延安,乘坐的是一列在江浙一带绝迹已久的绿皮车。列车员让他们不要急着上车,先在车站凉快凉快:"车皮被太阳晒了一整天,里面闷热着呢!"上车时,储昌楼开玩笑地问列车员:"我说前面那位是市长,你信不信?"黝黑的女列车员笑答:"信,看派头就是不一样哩。""那有没有市长坐这样的车?""还真没见过哩!"

讲学的效果好得出乎意料。首先是由于政府的配合。当地政府很重视这个来自东部的讲学团,由政府通知,把该地区的教师和相关部门人员全部召集起来听课,延安、定边、中宁所有的骨干教师与教育局人员来了,石嘴山甚至把1000多名学生和他们的家长都召集来听课,课堂设在当地体育馆,来了4000多名听众。

教师的热情更是出人意料。正值暑假,教师们大都已经离校回家。但每次讲座,会场都是满的——根据场地定的人数,根本没有缺席的情况。由于场地限制,除石嘴山市外都只通知到"骨干教师"这一级,大量乡村教师并没有获得入场券。但在实际讲学过程中,还是有自发从乡下跑来听课的教师。定边砖井中学的王玉芬,一名26岁的数学老师,当天偶然听到讲学的消息,立即就上车进了城,赶上了下午场的讲座。

回到苏州不久,朱永新收到了一位定边老师的来信。

尊敬的朱教授:

您好!听了您与几位专家关于"新教育实验"的专题报告,我们大家都兴奋不已,大家都跃跃欲试想着手去干,可在我们这里,虽然有着淳朴的民风,热情好客,却同时又有着根深蒂固的惰性文化的思想根子,"圣人传道此处偏遗漏"。困难重重,热情来得快,但凉得更快,若不能开好头,这项工作就可能像几十年来开展的各种教学改革、实验之类变为秋风一样一扫而过,此后一切照旧,日出而作,日落而息,周而复始,恶性循环。

接到信件以后,朱永新一直在思考着,如何使新教育实验的理念在定边生根发芽,如何将"新教育实验"由点到面开展的问题。

为了让教育理想远播,朱永新连续三年组织教育在线网站的优秀教师自费赴西部地区送思想、送理念、送方法,在云南安宁、贵州遵义、陕西延安等地作报告50余场,受到当地教育行政部门及一线教师的广泛好评。以此为起点,开启了新教育持续至今的西部行动。

一些朋友笑话朱永新:你不顾身体、不管家人四处奔波,出了力气不仅不收钱,还倒贴,是不是太傻了?朱永新没有反驳,只是讲了一个故事——

在遵义我看到过一幢简朴而庄严的教堂。当地人介绍说,这是一百多年前几个外国传教士到当地捐赠修建的。如今我们已无法想象那些身着黑袍、肩负行囊、跋山涉水的外国传教士是如何忍受饥饿与疲惫最终在那贫瘠、愚昧的异国他乡创造出这份奇迹的,但有一点可以肯定,是他们心中神圣的信仰使之超越了身心的极限。在我们看来,无论他们传教的内容如何,他们对自己所信仰的事业愿做出的无私奉献的精神令人十分感动。今天我们面前的困难并没有那么可怕,振兴教育、造福后代应当是教育工作者共同的信仰与追求,难道我们就不能做一做"快乐的传教士"?

众人哑然。

有记者如是记载:随着西部大开发与当地经济的发展,教育环境逐渐优化。而要提升教育水平,主要侧重点就是教师素质的提升。而这,或许就是新教育实验支教团西部行的最大意义之所在。

二

有人揶揄新教育实验是一个"疯子"带着一群"傻子"奔跑!这一含有几分玩笑意味的说法,却道出了新教育人极其忘我的痴迷状态。

新教育的火种以拓荒者的角色上场,挣脱定式,破茧而出,逆风而行,开拓新路,初出茅庐便不同凡响。

2007年3月下旬至4月上旬,新教育专业研究培训团队到贵州凤冈县开始了长达一个月的"贵州行"公益培训活动,点燃了凤冈新教育的火把。

他们将新教育实验最新研究成果——教师"三专"发展模式和新教育晨诵·午读·暮省的儿童生活方式,扎实地播种在基层学校,引导实验教师有针对性地读书、写随笔,在实验班级践行晨诵·午读·暮省方式,低年级则开展"读写绘"活动。

新教育之火在凤冈点燃了,教师受益,精神振奋,纷纷按动专业化发展的快进键;学生受益,生命热情被激发,生活方式被改变着。

2008年,新教育一度出现在北川的八一帐篷学校里。在汶川大地震发生的十天后,新教育人带着精心准备的童话音乐盒,带着精美的绘本、速写本和画笔,带着新教育的儿童课程,走进了八一帐篷学校,和孩子们一起晨诵,用诗歌为孩子们疗伤,和孩子们一起共读,让他们逐步走出心理阴影。

天南地北,一次次播火;东奔西走,一番番点燃。在广袤的地域,新教育思想在传播蔓延,新教育的行动在落地生根,渐而成了教育前沿的文化地标,化作历史记忆的锚点。

三

朱永新说:"一朵具体的花,远胜过一千种真理。"新教育不是靠概念写进历史,也不全靠理论写进历史,而是靠榜样写进历史。

花果胜于真理,典范超越论道。

2008年汶川地震后,新教育人第一时间赶赴灾区,提出了生命教育的深沉课题。

没有榜样的花,再硬的道理也尚未落地扎根;难辨其真伪,再好的方案也属纸上谈兵,并无说服力。

倘若新教育没有这一朵朵榜样的花,一颗颗燃烧的火种,会怎样空荡无依,黯然失色,哪里会有后来的风生水起,星火燎原?

通过西部支教等实践的展开,新教育实验很快就发现了一条运营的铁律——"底线+榜样"。

底线，是加盟新教育的地区、学校和个人，必须认同和遵循的最起码的教育要素和教育要领。这些最基本的教育要素和教育要领构成了新教育的一整套理论路数、行动规矩和心灵密码。新教育研究院、各实验区、各实验学校都可以制定不同的新教育管理底线，并且时时刻刻关注底线、审视底线、完善底线、评估底线的运行状况，让新教育实验按照既定的方向和轨道，一往无前地走下去。

对于朱永新来讲，这些榜样有着更深的意义——

朱永新将教育的理想提升为抱负与使命：为未来的中国教育探路。他说得通透而实在："中国这么大，区域发展不平衡，需要一些不同的探索，纯粹让教育行政部门去做，那也是不太现实的。"他正是在进行"不同的探索"。"不同的探索"既表现了他的使命感，又是他的改革、创新观，即探索者可以有不同的身份，可以走不同的路线，也可以形成不同的力量。朱永新以学者的身份，激发、调动、组织学校校长、教师队伍走另外一条线路：民间线路，即自下而上的路线，把自上而下的推动转化为自下而上的自主生长，用民间的力量、大众的力量，为中国教育探路。

事实证明，新教育实验让中小学的校长、教师激动起来，兴奋起来，沸腾起来。他们是草根，但绝不是"沉默的大多数"，而是教育改革的生力军。新教育实验告诉我们，只有当大众被唤醒以后，主动投入、积极参与以后，教育改革才会真正发生，才会深入推进。这也是朱永新和新教育的主将们的理想。

若问，遍布于新教育实验的天南地北，领路在教改深水区的弄潮先锋——新教育的一支支火种，是怎样应运而生，应时而动，乘势而进的？这一群群堪为火种称谓的人，何以像雨后春笋涌现出来，又像江海的潮涌一般不息前冲？

应该说，某种人与事的闪亮登场，往往恰逢其时，又遇其势。时至而势出，地利唤人和，可能性遂成了现实性。

新教育种子教师的历史，与新教育实验始终相伴。

1999年，朱永新走入湖塘桥中心小学，开启了新教育最初的思考之时，湖塘桥小学26岁的教师庄惠芬正式地向朱永新拜师，成为第一名火种老师。当年那个"两个小辫子的小姑娘",如今担任了常州市名校长培养基地领衔人、武进区名校长工作室领衔人、江苏省名师工作室领衔人,成为常州地区近40名校长、全省30多位校长的领衔人,带动更多的学校和名师向着教育明亮那方前行;组建了江苏省新学校发展联盟,成立全省20多个学校加盟的儿童创想课程联盟,让更多的学校、更多优秀的校长去做更好的新教育。

早在实验的初期,新教育所兼具的理想主义情怀和坚定的行动精神,就吸引着大批优秀的教师和相关人才不断地加盟,像早期的储昌楼、卢志文、袁卫星等人,他们是实践新教育的第一批火种。

在这批火种当中,一支很重要的力量就是朱永新的博士生团队,他们也是第一批践行新教育的种子教师,他们参与了新教育实验从诞生到发展的全过程,特别是许新海、李镇西、张荣伟等。他们和其他教师一样,都是真心热爱教育的人,是从教育一线成长起来的,对教育有着深切观照和深刻思考。

虽然他们中的大部分已不再亲执教鞭,但他们一直没有下过"讲台",而是活跃在新教育研究院的各种新机构中,如新教育研究中心、课题管理中心、教育在线网站、新教育网络师范学院等,他们一直在为所有愿意接触新教育、了解新教教育、践行新教育的教师服务,他们是种子教师的种子教师!

在这些实验者的影响下,新教育诞生了一批又一批的火种教师,原本是一批普普通通的教师,不显山不露水,如果不曾遭逢新教育,其教育人生大概会平淡无奇,过一种不见火光只冒烟的日子。他们想修炼,要发展,然而目标却往往是一头雾水,渴望突破自己,真谛却无从接近。

倏忽之间,地平线上崛起的新教育实验的身影,令他们如久旱逢甘霖一样,急切地与之相遇,投以全部的精力和智慧,与新教育开展对话。于是,那原本将要凝固、程序化的生命顷刻间复苏,灵动跃起,呈现出星火飞迸的美丽景象。

四

新教育火种,中国教坛极为特殊、甚能感染人的一群人,从志愿点燃到行走无疆,这群人像火线上长久激战毫无稍懈的士兵一样,如苦行僧似的竭尽心智地编织日夜，挺起中国教育的脊梁，迸发出中国教师的真精神。

在新教育发展壮大过程中，吸收了许多或稚嫩、或迷惘、或倦怠、或浑噩的一线老师，他们投身在这场新教育的试验大潮中，顶着春寒料峭，难免举步维艰，终蜕变成出众的新一代老师。与此同时，他们通过自己发展与成长的独特线索，成为全国教师的新榜样。

2014年5月，全国首届新教育种子教师研训营在焦作市成功举办，来自全国各地的200余名新教育种子教师参加。

四川师范大学附小的一位老师，在听了新教育榜样教师的故事以后写道："我本来以为做小学老师还能怎样？这些新教育老师让我知道，自己可以有另外一种活法，可以找到自己人生的方向，可以发现自己存在的意义和价值。一名小学老师的生命同样可以很伟大，可以很骄傲，可以写出自己的尊严，可以写进中国教育的历史……"

此案例表明：一位新教育的榜样教师，具有摄魂动魄的感召力与月映千川的影响力，而一位见贤思齐的教师，对优质要素怀着强劲的吸纳力，对生命发展拥有深刻的洞察力。

新教育是一种生命拯救，拯救的方式是点燃内心的火焰，"让生命燃烧，而不是冒烟"，使其成为新教育思想的追随者。于是，奇迹出现了：先前表现一般的教师，变为呱呱叫的名师；将要退休的老师，焕发出教育的第二个春天；昔日研究应试的教研员，成为新教育的优秀校长；原来的教育行政官员，转变为教育前沿的专家；儿童作家演变成极受师生欢迎的卓越志愿者……

薪火相传，点燃心灯。成为新教育火种的教师每个人状况不同，每个个体都是唯一的，笔者为试举范例，择选如下几种类型。

1. 对有"高原反应"者，搭起平台——给其突破自己的助力

江苏省清江中学数学高级教师周建洋喜欢钻研，不仅教学好，任班主任也棒。然而，如何再提升档次，他毫无办法，自己已走进高原区，心燥气短。转机在2004年，从《教师博览》上，他看到许多老师谈教育在线论坛，知道总版主李镇西和朱永新的"成功保险"。他心中一动，很想瞧一瞧教育在线有多大的魅力。在儿子的帮助下登录教育在线，没有想到的是，自己竟与教育在线一见钟情，执着至今。

在教育在线，他结识了许多见解独特的优秀老师，相互启发中激活了思想，鼓励中得到动力，交流中开阔了眼界。他参加了德育大家张万祥的班主任进修班，收获多多。他向后来担任总版主的刘恩樵学习做事业的激情与方法。还有众多新教育人让他学到了许许多多，他觉得每一天都很充实丰饶，心态也变得平和豁达。

从2005年12月在教育在线注册起，他写了1600多篇随笔，一百多万字，点击量超过9万多次，有9个帖子被评为精华帖子。从不会写文章，到时常登上报纸杂志，他一年里就有10多篇文章被《中国教育报》《班主任》《教育艺术》《德育报》《中学数学教参》《河南教育》《教育文汇》《扬子晚报》刊发。2007年以来，他先后被评为全国优秀教师、江苏省优秀高考指导教师、市学科带头人。

他说：幸福是自己感受的，在线的日子是快乐的，在线的收获是丰硕的，教育在线使我不断编织奇丽的梦想。

2. 对迷茫中的叩问者，破其罗网——敞开一片蓝天

石家庄的教师、现新家庭教育研究院副院长王丽君（网名蓝莓），牢记大山中父亲的话："好好教书，对得起孩子，对得起自己的良心。"然而，经历与现状让她无奈，因命运早被定格：用一本教材，耗上学生数月，目标为考卷高分；用一篇文本，耗上几天、几周甚至几个月"打磨"，目标是求一纸证书。如此一日日往复，直到满头白发、身心衰退告别讲台……她怎么努力都收效甚微，越发感觉回天无力，因被现实无形的大网紧紧束缚。

她叩问苍天,苍天不语;叩问大地,大地无言;叩问生命,生命焦思:为师者就是和学生嚼几篇课文、讲几节课、得几张奖状吗?这就是为师者活着的全部价值吗?

转机在2009年3月,同事向她介绍了教育在线网站。几个月后,她又看到"新教育网络师范学院"发布了《寻找尺码相同的人》的招生简章:

新教育的尺码是:

虽同样身处浮躁的时代,但不肯放弃早已被许多人弃如敝屣的理想,而是始终怀着一颗真诚的心,勇于承担身为教师的责任,在自己或者希望在自己的教室里,守护着最初的纯真愿望;

追求真理,求知若渴,愿意亲近那些真正伟大的书籍,尤其是那些能够帮助我们理解教育、理解人性,解决问题的专业书籍,并且甘心承受一次次的"打击",勇于不断地自我否定,将专业修炼视为终身之事;

希望自己的生命经由教学、经由学生的成长,而不是经由公开课、论文、职称评定等获得意义。

她读得心儿激烈地跳,读到最后一句话时,竟瞬间潸然泪下……人的华丽转身,在于关键性一步,而迈出这一步,得益于一次灵魂的点醒。由此,她爱上教育在线,从"海拔五千"读书会成员,转成网师学员。顷刻间,被压抑的教育激情被激发。通过新教育网师的学习,通过教室里新教育课程的开展,新教育成了她的恋人、亲人。

以前做教育,为让别人认可。走进新教育,教育成了自己的生命。她整个人处于极度的亢奋状态:为准备一份晨诵的稿子,能从第一天下午到第二天十七八个小时不挪地方;为撰写一份网师的作业,可以早泡面晚泡面整整一周不出门……疯狂地痴迷投入,带来惊人的成长。超拔的出色表现,赢得全国各地来访教师的交口称赞,还引来《光明日报》《中华儿女》等多家媒体报道这位平凡而又不凡的老师。2010年,王丽君成为新教育种子教师,2012年,她获得"新教育完美教室缔造者"的荣誉。

3. 对择业彷徨者,如一把生命雕刀——给其泛舟海海的勇毅

丰台,2012年一个夏夜。床上的陈冬兰辗转反侧,半夜未眠。白日,在丰台二中进行人生第一次登台的糟糕试讲后，双向选择，学校要她明早告知去与留的主张。

难忘今宵。今宵难眠。

这位北师大儿童文学硕士，是学识深厚、思维自由、寻求自我的南国女性。在读博与求职、做教师还是进入其他行业的抉择中，她是风一般自由的独行侠。人生有两错：入错行，嫁错郎。今宵若择定了教师行当，就只能敛起自由的翅膀了。

然而，新教育有一种非同寻常的力量，已潜入她的内心，与她结缘。2011年10月，她与新教育小学彼此确认对方"尺码相同"。2012年元宵节起，她又与丰台二中教师团队赴罕台新教育小学共读、培训；7月初再去观摩期末叙事与庆典。

灵魂在心底深处告诉她，选择当教师吧：担当是你的宿命；当教师最接近你的"内在气质"；你已经符合这个团队对"尺码相同"的要求与审核；他们竟不在意你严重缺乏那些似乎应是教师必备的外在素质。

天蒙蒙亮醒来，她给魏智渊发信说：向来一觉到天明的我，半夜，被一种强烈的力量唤醒。新教育，我来了，我看见了，我走不开了。理想主义如我，这就是我心中最明亮那方。倘若我在这场邂逅之后，因自己放弃选择而没有牵手一起走下去，我的心将留下一处永远的阴影。不，我不愿哄骗心！若不弃，请带上我吧！我已做好跋涉的准备。魏智渊即复：抉择在你，这是在你讲课前已经注定了的。只要你决定了，我们就决定了……

清晨，无边霞色若染，一抹远山如黛。她面色沉静，心底从容，脚步轻盈而坚实，因为她已经踏上了雕塑自我之路。

4. 对一心"软着陆"者，燃其心火——示以书写新篇的智慧

郭明晓，这位网名为"大西洋来的飓风"的老教师，可谓新教育大名鼎鼎的标兵。

2008年，50岁的她，已是宜宾市优秀教师、先进科研个人、省政府教科研奖获得者。还有五年就退休，她只求平静悠闲地生活。2008年11月，她被派去参加成都"新教育儿童阶梯阅读"的培训活动，"软着陆"的念想却被撞击得荡然无存。

郭明晓,原本和千千万万个普通教师一样不知道新教育为何物,
自从她接触到了新教育的新思想、新思维,有了醍醐灌顶似的觉悟,
成为广大新教育人熟知的榜样教师——"大西洋来的飓风"。

能容 3000 多人的空军礼堂座无虚席。这样的阵势让她震撼,更让她震撼的是内容:无论是名师执教的公开课,接地气的讲座,抑或大家津津乐道的诗歌、书。最让她震惊的是《在农历的天空下》的古诗课程,几乎给她"毁灭性的打击"——当全场听众一起朗读那些诗歌时,她"犹如白痴一样只能睁大眼睛张望而张不了嘴";当新教育老师展示学生的作品,全场感受到晨诵诗歌把学生带到的高度时,她无地自容,只能仰望!

她感觉不爱读诗歌的她,简直完全没有资格当语文老师了!

在这绝望与沮丧中,她眼睁睁地熬到了整个活动结束。但她突然明白:自己的无能,源自阅读积累的浅薄与教学功力的欠缺。

思来想去,新教育的美好让她兴奋不已,对新教育阅读课程的强烈好奇,像钳子钳住了她的心。一堂美丽课程带来的惊喜,将引导一场美丽的飞翔。

她上路了。她给全班每名学生买了一本《小熊过桥》,上课前 20 分钟领读诗歌,在教育在线论坛上以"大西洋来的飓风"的名字注册,希望用飓风般的威力扫除自己生命中所有的陈腐,和教育教学中所有老旧的观点,追求全新的教育生涯。

她如饥似渴地阅读起来:2009 年,她阅读近 200 本绘本、数十部童话,近 10 部理论书;2010 年,她又跟随网师读完了《论语》《中国哲学史》《静悄悄的革命》《心理学》《教育的目的》《给教师的建议》等一大批理论书;2011 年,继续大量阅读，带领学生们晨诵·午读·暮省，开展"完美教室"的探索。在此期间，她按新教育理想课堂的"三重境界"上课、反思，给学子的父母写信，参加网师深造，指导学生排演生命叙事剧……

她，揭开了自己教育生命史新的篇章。

5.对怀有朴素教育理想者，为其扯起风帆——给予乘风破浪的力量

聂明智身躯清瘦，脊背微驼，普通的师者却有不普通的人生。自1997年任山西省运城市人民路学校校长起，为教育改革殚精竭虑。他选择新教育实验，起于一个伤心的故事。

2003年春节开学后，他的朋友带着孩子找他要求借读，并直截了当地说，孩子学习不太好，希望能给安排一位好老师的班级。他见孩子个子不高，腼腆地低着头，没多说就把孩子送到一位省级教学能手的班级。到期末考试时，那位老师提出，该学生成绩太差，不能算班级人数。聂明智与那位老师谈话，听到的都是对孩子的抱怨。一次放学后，聂明智在大街上见到这孩子。孩子非常友好，一面向他点头问好，一面还将手里买的零食递给他吃。然而，不到一年时间，朋友给他打电话说，已把孩子转到体育学校去了。

这件事对他的刺激很大，好长时间，他感到在朋友面前丢了自尊，也因没能转变这个孩子而感到深深自责。

2003年，聂明智接触了新教育。新教育实验的"五大理念"和"六大行动"让他怦然心动。这不正是长期寻找而不得门路的真教育吗？想通了就改，认准了就干。聂明智指挥全校的新教育实践自此起航。他利用每天半个小时的晨诵课程，朗诵中华经典和中外优秀新诗；每天中午，师生进行20分钟的默读，学生读经典童话，教师读教育专著；学生每周交3篇学习日记，教师全批全改。

聂明智在学校里的新教育实践，被新教育课程专家总结为"晨诵·午读·暮省"儿童学习新方式，并推向全国。朱永新赠给他"阅读者明，反思者智"的题词。聂明智说："在共读共写的校园文化气息里，我们找到了师生共同追求的精神家园。在这种文化生活的影响下，悄然拓展着师生的精神生命。"

喊破嗓子不如做出样子。已到"知天命"年龄的聂明智带头读书、写随笔，每年读50多本教育著作，写上百篇教育随笔，释放心灵，升华思想，提高品位，焕发活力，调节出最佳生命状态。

因为聂明智和他领导的学校及运城新教育团队的出色表现，2007年7月，在运城召开了十分精彩的全国新教育年会，聂明智也成了新教育实验的"播火者"。

6. 对遭遇灾难者，送去严冬里的篝火——暖亮心头的暗谷

有一位女教师，从代课教师起步打拼，在苏州斜塘实验小学最早开发新教育"读写绘"儿童课程，成了新教育种子教师的一张名片、"新教育海洋中的一叶小舟"。这里，截取她突遭灾难的人生片刻，透视新教育这方热土。

那是2007年4月18日夜晚，突然，晴天霹雳——老公发生车祸，抢救无效！她，一下子坠入绝望的深渊。眼睛一黑昏了过去，朦胧中只知道亲人永远离去了，心像撕碎了一样疼……在那些日子里，令她灵魂苏醒的，是新教育那么多颗滴泪的心，从天南地北，对她深情劝慰，真心关爱，殷切呼唤：

杜红芳（苏州）：世上最遥远的距离，莫过于生与死的距离。此时我已不知用什么话语来安慰你了……唯独希望你能坚强起来，因为你的儿子、母亲还等着你的照顾，你班中那37个可爱的孩子还等你能早日回去……

朱永新：命运经常如此，只有坚强面对，同悲。

凉月如眉（浙江）：才看到噩耗，身上一阵阵发冷，生命如此脆弱。小舟，你要坚强，你会坚强的，对吧？

林日正（浙江）：星辰将在夜中守望，晨曦依旧升起，时间像海波的汹涌，激荡着哀伤……

付芳（山西）：坦然些吧！像失去天使儿子子尤的柳红一样，像陪伴残疾丈夫马文仲的谷庆玉一样。世事无常，如果说你丈夫还有什么遗憾的话，你就该帮他精彩地去完成……

数以百计的帖子，铺天盖地。字字泪，句句情，声声呼唤，显现新教育团队内在心脉相通，休戚与共。新教育人情深意挚，给大难中的同仁，及时地燃着寒冬的篝火，点亮暗夜的明灯。

凌晨4点，梦中惊醒的她，打开"四月的哀伤"的帖子，一路看下去，泪水又一次湿了脸颊。她的心灵回音壁传出如下回响：我亲爱的新教育的朋友们，我无法用语言表达感谢，只想告诉你们，有你们陪伴，我一定会坚强起来的！

生命激情重新燃起，前行脚步走得更急。她把全部的情感倾注到教室里和孩子们身上。一年后，她带的那个入学时比平行班差十多分、全年级后 20 名孩子大部分都集中于此的班级，变成了同年级里的佼佼者。尤其是她教的语文科目，这些孩子展现了惊人的写作水平，在"姑苏晚报杯"小荷现场作文竞赛中，她班上参赛的 10 多个孩子个个获奖，让大赛组织者赞叹不已……

7. 对困厄者，渡口处指点迷津，拓展人生画卷

郑州航空港区实验小学教师时朝莉遇见新教育时，恰是两种贫困搅在一起扼住她的当儿。为师九载，已从当初迷茫困顿变为后来的得心应手，然而不知不觉里，前行不见了目标，身心处于浅浅的倦态，眼望身边鬓发斑白的老师，联想自己将走几十年苦熬路，忽觉不寒而栗。人的精神贫困导致心气枯萎，随之而至的是生活贫困。她和同为老师的爱人为他的远房亲戚担保贷款 9 万元，亲戚不还钱，他们没有存款和房子，工资卡就被银行扣押，每月只给 400 元生活费，其他的钱都被划走抵债。

经济贫困需用经济手段弥补，而精神贫困只能用精神力量救赎。

她说，在人生最黑暗时，遇到了新教育实验，否则早就崩溃了。"新教育是我的救命稻草，我必须牢牢抓住，全力投入，在新教育实验里成长、蜕变。"

2008 年 8 月，她在网上发现了朱永新的博客。在那里，她读到了张硕果带领她的团队开展新教育实验的精彩故事。看完故事，她马上搜索教育在线论坛，一头扎进了"毛虫与蝴蝶"版块，看完了导航帖和推荐的所有榜样帖，毫不犹豫地注册了网名，然后申请加入"毛虫群落"……

她行动了。处于困顿境地的她，在没有任何支持的情况下，只身加入新教育实验，一开始，她用信用卡分期付款给孩子们买书，后来又买了笔记本电脑、摄像机……为了能够买自己想要的书或者电子产品，她还把每年两次的绩效工资偷偷截留 2000 多块钱，省下留作备用……

她安下心走新教育的路，也并非顺风顺水。比如最初买书，家长不理解不配合，不仅说风凉话，甚至指着她的鼻子骂，给校长打电话举报她收钱买书，扬言要去教育局告她……

身正不怕影子歪：买书的钱，家长代收；买书的过程，任何家长都可同行；购书后，实际书款和书目在教室张贴，随时欢迎提出质疑……她只能以微笑和

泪水,来回报这些冷遇。

朱永新在教育在线读到她的故事后,用个人稿费,给她配了60套新教育儿童阶梯阅读书包。这套书包共分低中高3套,每套各有童书12本。也就是说,朱老师给她配足了一到六年级可供60个孩子同时共读的2000多册图书!

她的亲人、家长、同事,都惊呆了。家人从以前对她不太理解到鼎力支持。

从乡村小学并校入城任教的时朝莉,真像从田野里刮来的习习小风,轻轻拂来,温润温馨,悄悄吹去,扑面扑怀,把新教育的花儿,栽进孩子们、家长们的心田;将新教育的硕果,展示在新教育全国讲坛、新教育人的智库里,成了新教育人的一个美丽传奇……

8.对职业倦怠者,新教育递过缆绳——激发其化蛹成蝶的心志

乡村教师敖双英带领留守儿童为主的学生们,冲浪在网络世界里,
泛舟于童书之间,畅游在天地大课堂之中。

湖南省桃源县茶安铺镇大山里的小学教师敖双英,那一年接连10个月没发工资,政府交给每个老师一张2000元的白条,让他们向学生家长收农业税"讨薪"。家长不但不给,还对她责骂。重男轻女的山民丈夫气不顺就喝酒,喝醉了就打人……2000年,委屈、伤心至极的她离开了家乡,到广东汕头市一所民工子弟学校打工。然而,独在异乡,她思念幼女和老迈的父母,倍感孤苦。三年后得知家乡老师能按时领到工资,她即返回家乡。但她依然没有得到幸福,办理了离婚手续,并对教师职业丧失了最初的热情,只想做一份工作,拿应得的报酬。她心如枯井,觉得自己行走在无边无际的暗夜里:向往光明,却看不到光明所在;渴望幸福,却觉得幸福远隔重重关山……

2007年,她从教的第15个年头,听从一位要好网友的建议,参加了在山西运城召开的新教育年会,她彻底被震撼了。那一节节探求理想课堂精妙的课,那一个个关乎教师专业发展的讲话,更有那运城新教育人的亮丽风采,令她心潮激荡,梦在前方,路在脚下,她要用智慧和行动创造真正的幸福。

会后,她立即开始了寻梦之旅。月收入虽不足2000元,但她倾其所有"武装"教室。积沙成塔地攒了六年,如今她的教室拥有一流的教学设施:3000多册经典童书、录音笔、摄像机、台式电脑、手提电脑、投影仪、电视机、影碟机、扫描仪、封塑机、打印机……为了打造完美教室,她甚至有段时间吃住、生活在教室,完全改变了行走方式的敖双英,有声有色地演绎了新教育人的动人一幕……

五

新教育就有如此的魅力。唤沉睡者猛醒,拉歧路者返正,使丢魂者归来,让漂泊者皈依,在心灵的深处掘出清泉,于精神的高境扯起风帆。

而作为领跑者——种子教师的成长轨迹,更是形象地代表了广大新教育教师的成长。朱永新曾形象地把新教育一线教师称为教育的觉醒者。因为觉醒,而理性地燃烧着激情,孜孜以求地探索,成为这些老师共同的特点。

2007年7月15日,在山西省运城市新教育的第七届年会上,榜样老师们脱颖而出——常丽华、顾舟群、马玲、吴樱花、高溧霞、赖联群、刘洁、黄芳、沈春媚、张巧平、原华秀、陈美丽、周益民等集中亮相,讲述自己的故事。

2010年7月9日—11日,石家庄市新教育第十届年会上,榜样老师们已学有所得、思有所悟,窦桂梅、张硕果、郭明晓、管建刚、吴勇、王桂香、牛心红、刘思远等城乡新教育名师进行深度展示……

2015年1月9日—10日,新教育实验"缔造完美教室"叙事研讨会在北京师范大学召开,会议由中国教育学会、新教育研究院主办,来自全国近千名教师、学者、教育部门负责人参加了会议。新教育教师代表展现了缔造完美教室行动系统的基本理念、策略架构和实施路径,反映了新教育实验在缔造完美教室方面的积极探索。

这次活动并没有层层报名、严格挑选,而是尽可能原生态地呈现新教育教师的精神状态与真实情况。他们不一定是中国最优秀的教师，甚至不一定是新教育实验学校中最优秀的教师。但是，他们是真实的，他们仍然行走在路上。

研讨会上，教师代表从缔造完美教室的不同维度讲述了发生在平凡教室里的不平凡故事，谱写了一曲曲多样态、多元化的生命之歌。

这些老师之中，有远在新疆奎屯的张遵香老师，也有近在中原河南焦作的王璟老师；有高大的高波老师，也有娇小的王兮老师；有教小学语文的时朝莉老师，还有教初中语文的王桂香老师，有教英语课程的殷卫娟老师，也有从事教研工作的张硕果老师，还有网名为"大西洋来的飓风"的郭明晓老师……这9位老师来自不同的区域，不同的学校，不同的年级，不同的学科，他们有不同的性格，不同的年龄，但他们有一个共同的名字——新教育人。

新教育的种子教师们，站在北师大——国家最高的教育学府的舞台上发言，这无疑有更加重要的象征意义：这是种子教师对他们守望的教室的一次精彩总结，是对他们教育生命的一次完美叙事，是对全国各地800名教师的现场培训，也是请全国基础教育大家现场点评、点拨乃至点醒。

会议上，北京师范大学生命教育研究中心主任肖川教授从生命叙事的角度指出：新教育通过创造故事、叙说故事、分享故事缔造了一间间完美教室，构建了师生生命成长的场域和空间，让生命的活力充分展现，让智慧之花尽情绽放，实现了有效教学，为教育改革提供了有益借鉴。"新教育实验的教师通过继承、创造、实践和传播优秀故事，回归到教育的本真，诠释了教育改革的魅力。"清华大学教育研究院常务副院长石中英教授如是评点。

的确，2015年，在国家"卓越校长领航工程""乡村教师支持计划""万人计划教学名师"相继出台的背景下，新教育教师们的示范作用显得异常突出，成为一道亮丽的风景线。

同年6月，中国教育学会主办刊物——《未来教育家》重磅推出新教育教师专业成长专题报道，中国教育学会常务副会长、《未来教育家》杂志主编刘堂江写作了《点燃教师以教育家情怀育人的圣火！》一文，揭示了新教育教师成长的"秘密"。

对于新教育教师成长的实效与神奇，你不能不心悦诚服。一位普普通通、平平凡凡的老师加入了新教育，他（她）就会变得信心满满，激情满满；智慧多多，幸福多多；乐此不疲，乐而忘返。

奥妙何在？新教育给予教师的是"一个开阔无垠的精神视野"，是一个可以纵横驰骋的自由空间。这是教师成长的一种高端引领。究其"合理内核"，新教育给教师点燃的，是以教育家情怀育人的圣火。

这圣火，折射出八道夺目的光芒——师本之光，新教育实验把促进教师成长作为逻辑起点；理想之光，新教育强调过一种幸福完整的教育生活，不仅仅有对教育终极意义的思考与追求，同时还有对当下某些教育问题的担忧与不满；生命之光，"教育·生命"说是新教育的一种境界，更是其教师成长的理念支撑；崇高之光，新教育实验正是把崇高论作为伦理学基础，振臂一呼"与人类的崇高精神对话"；阅读之光，阅读是新教育人最关心的问题，他们认为"没有教师的阅读，就没有教师真正意义上的发展"；行动之光，正如种子教师所言"真我，在行动中逐渐强大"；共同之光，不仅是教师与学生共同成长，甚至是教师与学生、家长一起参与教育生活，共同成长；团队之光，共同体营造了一个成长的绿色生态环境，教师可以"站在团队的肩膀上飞翔"。

八道光芒，实质上就是新教育教师成长的八大特质，高端、前沿，紧接地气，别具一格。

教书育人是人世间最复杂的艺术。新教育又是探索教书育人的科学和艺术，靠几个几十个大脑的思考、攻关，远远不够，需要数以千计、数以万计的大脑紧张地运筹，以及相伴随的脚踏实地的行动。新教育的十万教师志愿者攻坚克难，数百万新教育学子踊跃参与，不可不谓兵强将广，占足了天时地利人和。有他们来突破坚关险隘，可谓"正堪大用"。

新教育实验过程中遇到的种种难题，尤其是教育、教学上的疑窦，例如理想课堂的境界问题，知行合一、家校合作共建以培育学子健全人格等问题，恰恰是新教育聚焦攻克的课题。

事实上，由新教育火种带头探路，悉心研究，戮力实践，已经和正在揭开一个又一个"老大难"的面纱，变难为易，变浊为清，变不可能为可能，成为教育史上最为壮阔的一次攻坚大工程。

第五节
实验大区，拼出八方联动的崭新版图

一

2006年11月11日，在中国共产党的诞生地——嘉兴南湖之畔的秀洲区，酝酿已久的新教育实验区会议召开，秀洲区教育局副局长张刘祥、山西绛县教育局局长陈东强等来自全国14个新教育实验区和部分准备申请实验区的负责人参会。

会上有人兴奋，因为喜讯太多，实验区初登新教育实验舞台，即担当起主演的角色，担负起实验的各类课题，进展迅速而喜人；有人犹豫，实验区推进的悬念也最多，面临内部"冷热"不均推广难、城市与乡村步调不一致等难题；有人质疑试验区的发展方向，甚至新教育核心团队对此尚有争论……

的确，当新教育人由四方散落的精英凝聚成一个团体，团队意识从自发走向自觉时，如何在更广大的范畴影响中国教育的走向，即成了根本性命题——避免"走得太远，以至于忘记了为什么而出发"，是创业者必经的现实挑战和心理难关。

当天的会议上，朱永新教授听过代表们的发言，推出做好新教育实验区工作的"十个关键词"，顿时让实验区工作的许多难题迎刃而解。随后，与会者讨论了《新教育实验区工作细则》《新教育实验三级培训规划》等文件，勾勒出新教育实验区发展的最初轨迹。

初心已定，天清地朗。那天的夜晚，许多代表看到南湖畔的那艘红船时都感到，实验区这艘新教育的航船一定会乘风破浪，驶向理想的彼岸。

转眼的2007年9月29日，在浙江省杭州市萧山区，新教育研究院组织召开新教育实验区工作会议，新教育研究院、各实验区负责人及代表参会，各实验区负责人及代表介绍本实验区实验的进展情况。

2004年9月，全国第一家新教育实验工作室在玉峰实验学校落成。
图为朱永新教授与全体课题组成员参观新教育实验工作室。

与会代表集体讨论了新教育研究院起草的《新教育实验区（2007年至2010年）三年发展规划》《新教育研究院访问教师制度》《新教育实验个体、实验共同体及实验区域共同体管理办法》《新教育实验课题管理制度》的讨论稿。

朱永新在发言中认为，政府推动、专家引领和草根行动，是教育实验发展的三股力量。新教育实验在坚持自己的草根性、民间性的基础上，应该依靠各地教育行政部门。身兼官员、博士生导师、教育家、政协常委于一身的朱永新，对教育实验区发展的认识是笃定的——尽管实验规模越扩大，不足之处也就越明显，但还要全域推进。实验区推进模式，是新教育发展实验学校、壮大实验规模、推广实验成果的重要形式，也是最具新教育特色的实验发展方式。

他注目教育的大历史，新教育的全国大棋盘。

在2014年5月的采访中，朱永新给笔者算了一笔账：我们把最好的教育理论和教育实践相结合，在当下的2000多所实验学校里推行新教育，为中国教育探路。如果1%成功，就是20所；5%成功，就是100所。100所是什么概念？是成千上万教师、几万甚至十几万学生走进新教育的幸福完整的教育生活啊！

"不谋万世者，不足谋一时；不谋全局者，不足谋一域。"四面八方去做，放手发动去做，显然，这是从面向全国教育发展的战略纵目，从尽可能让更多师生受益出发，展现的是国际人才竞争的大视野，有行动必有结果的行动前导观。

由此而进，接纳更多学校成为新教育实验学校，接纳成片的若干学校群为新教育实验区，便成为新教育发展的重要策略。"理想同样需要进行巧妙的市场推广，才有可能真正改变人们的看法与行为。"朱永新说自己是新教育的"拉拉队员"，勤勤恳恳地做着"市场推广"。于是，从 2004 年出现第一个实验区，到笔者行文至此时，第 150 个县级实验区已经挂牌，实验学校达到 5000 所以上。试验区的涌现，恰如雨后春笋，新教育的区域联动，势若迅雷。

这是个历史性的挺进与突破。普及新教育，向全国推进，从点到面，从一子而至全局。

倘若对形势把握不准，对困难估计不足，举措谋划失当，也会有一步错、步步错之险，一步走失、满盘皆输之忧。然而，唯其艰难，才更需勇毅；唯其笃行，才弥足珍贵。茫茫九脉流中国，纵横当有凌云笔。

推助区域联动，这对新教育人意味着什么？意味着必须承受更重的担子，做出更大的奉献，要求新教育人的品格、素养、境界更高，需要有百折不挠的坚毅，更需要高瞻远瞩的洞察和攻坚克难的睿智。

下面，只择写几种类型的实验区，来展现新教育发展到全国、深入到各地、播火到基层的澎湃之势，领略实验区发展壮大的各种类型，新教育实验区从诞生到成长的千姿百态——一个人的，怎么在战斗；一群人的，怎么在思考；一校人的，如何在实践；一个区域的，如何在集体行走。

二

新教育实验区的第一支雁阵，起飞在江苏省泰州市姜堰实验区。时间为 2004 年 5 月。领飞的头雁是时任姜堰市教育局党委委员、教研室主任的李宜华——一位拥有智者眼光、书生情怀、内敛而专注、理性而实干的人物。

2001 年金秋十月，江苏师院 1977 级政史系同学于苏州聚会期间，李宜华与朱永新促膝交谈，相通的教育情怀，将身份不同的两个朋友紧紧地联系在一起。说起新教育，二人的谈兴更浓。于是，李宜华当即打电话征得姜堰市教育局局长张逸群同意，面邀朱永新尽快到姜堰讲学。一个月后，朱永新专程来到姜堰，为全市中小学校长和城区骨干老师代表作关于理想教育的报告，这对姜堰市的广大教育人来说，无异于春雷春雨，新教育理念的种子也随之播入心田。

2002年，由李宜华提议，张逸群拍板，向全市中小学校长和学校赠送了《我的教育理想》一书，引发了校长、老师们浓厚的学习兴趣。2003年，李宜华连续组团，带领一些有强烈改革愿望的校长赴海门参会，去昆山玉峰考察。其时，李宜华敏锐地注意到新教育课题研究的特点——不以盈利为目的的公益性、师生有切实行动的操作性、全校师生参与的普及性，意识到此项实验的价值非同小可，会使姜堰的教育振兴获得新载体，获取不同寻常的能量。随即于当年5月、6月，他屡屡推荐区内学校参加"新教育实验"课题研究，引导众多学校以先驱者的姿态快速跟进，转变也随之发生。

王石中心小学是变化的缩影。这所普通农村小学条件很差，硬件滞后，新教育实验带来的是师生"软件"的升级。一年之后，教师们在省级以上报纸杂志上发表论文、随笔70多篇，学生在省级以上的习作、论文竞赛中屡屡获奖。该校又建立了"新教育实验成才俱乐部"，开展"农村学校师生在新教育实验中的成长"研究，走上打造学习型学校的新路。

里华中心小学则从更高起点出发。该校于2003年秋成立了人手一台电脑的信息班，进行了共创动画、电子小报、信息技术奥林匹克、汉字输入等方面的训练，促进了信息技术与学科教学的整合，实现了教学方式的根本变革，构建了以学生为中心，以学生自主学习、自主参与、合作探究为基础的全新的教学模式。

群雁高飞头雁领。所有这一切，都与李宜华有莫大的关系。他对新教育一见钟情，一片真情，躬身基层，倾心指导，将局长的强力支持和骨干教师的强劲支撑，化作了姜堰新教育的强势崛起。到2004年5月，全市有19所学校接到了总课题组认可子课题立项和学校作为子课题单位的批复，里华小学、南苑学校和姜堰四中则率先成为新教育实验的挂牌学校。至此，全国新教育实验第一个实验区宣告诞生。

姜堰实验区一出现就卓尔不群，尤其在三个方向上伸出了有力的触角：

一是大力营造书香校园，创造性地做实了育人的硬文章。他们编写了地方课程教材《三水鹿鸣》五套，包括语言特色、风俗习惯、道德传统、自然资源、商贸发展等地方文化内容，这套地方教材，是姜堰打造"厚重通灵"教育特色的一个标志性进展。

二是建构理想课堂，从践行和理论两方面做透文章。不仅深入解读了朱永新关于理想课堂的参与度、亲和度、自由度、整合度、练习度、延展度，还从教师、学生、师生互动三个层面——加以落实，编写出《姜堰市中小学学科教学常规》《姜堰市中小学教科研手册》。

三是带头开展数码社区建设，走在教育前沿。实现实验区教育资源网上共览共享，师生电子档案记录了成长的足迹，新教育实验课题的网上管理一清如水，迎来了2005年4月由姜堰承办的全国新教育数码社区项目会议。

长江后浪推前浪，雏凤清于老凤声。多年深度追随、践行新教育的姜堰市教育局副局长林忠玲，接替李宜华成为实验区的灵魂人物。

林忠玲提出，理想的学校教育，应该能为儿童的前行点亮几盏灯：好习惯这盏灯，可以让学生走得更从容；好德行这盏灯，可以让学生走得更完美；好体质这盏灯，可以让学生走得更轻松。

姜堰的实验尤为注重创新，以新教育本土化的"十个一"运作目标，打下了鲜明的姜堰印记：一书一世界、一人一博客、一周一行走、一生一舞台、一课一风格、一人一平板、一月一主题、一班一风景、一人一课表、一校一时空。这"十个一"的运作，则有赖于"三大"支撑。

一是阅读支撑。从营造书香校园、书香家庭到共建书香社会，姜堰的"大阅读"没有作秀意味，旨在让孩子和大众养成阅读习惯，积淀一生受用的营养，走一条精神发育的捷径。姜堰人说："得阅读者得语文，得语文者得素质，得素质者得人生。"大阅读活动已成姜堰实验区的品牌，仅2016年一年，就有省内外60多批次的考察团队赶赴姜堰，汲取他们组织"大阅读"等先进经验。

二是课程支撑。课程决定师生的生活内容和生命成长方式，从研发卓越课程到国家课程校本化，姜堰的课程实验已处处开花。有聆听窗外声音的"一周一行走"，有综合实践活动课程的"灵动周三"，有社团活动课程的"多彩周五"，以及一些先行老师的国家课程校本化的创新实验班。

三是评价支撑：姜堰新教育人在实施构建完美教室、完美办公室、完美课程、完美教科研等系列文化工程时，及时出台了相应的评价标准，又每每推出先行现场，旨在用创新评价机制为新教育实验保驾护航，营造教育文化大场。

姜堰还开通教育博客平台——师生共写随笔，成了霞光耀晨的亮点。十年来先后有5000多个注册用户在此登陆，有数百名活跃的博主在自己的"责任田"耕耘。在江苏省首届师生原创诗歌散文大赛上，全省10个一等奖，姜堰拿回了3个。第二实验幼儿园从园长到员工（含食堂工友）全员开博，那些朝气蓬勃的合同制女教师的博文，由稚嫩变得成熟进而隽秀。她们中先后有10多人，通过招考由体制外跻身体制内，实现华丽转身，其中有4人受聘当了园长。

"在新教育实验的历史源头上，姜堰实验区最早起步；在区域教育文化的提升上，姜堰品牌将不断地贡献'姜堰智慧'。"姜堰区教育局局长武晓明在展望姜堰实验区的未来时如是说。该区已经命名了1000多间完美教室，200多间完美办公室。包括完美教室、完美办公室、完美课堂、完美课程、完美教师团队等在内的"完美教育"系列校园文化，成为姜堰区所有学校的精神追求。"国家课程校本化""评价方式改革""创新班""快乐游考""梦想教室"……从新教育内化、延伸而来的一系列教育创新项目成为姜堰教育阶段性成就的关键词。

引领探究风气之先，最早收获硕果于前，姜堰实验区就这样崛起在新教育的发展史上，留下了闪光坐标、时代记忆和一个硕大的惊叹号。

三

在各领风骚的全国新教育实验区版图上，有一个被朱永新称为"全国新教育的重镇"的实验区。这就是江苏省海门实验区。

何为重镇？原指军事极其重要的要塞、要地。新教育的重镇，即新教育实验至关重要的实验地、扎根地。

在海门，流传着"全国教育看江苏，江苏教育看南通，南通教育十分好，海门占了九分九"的说法。笔者虽未能细致考究此语的来龙去脉，但海门教育在江苏的引领之势，确已得到了民意的认可。

教育是海门的一张名片。那里上上下下聚焦教育，重视教育，家家户户认同教育，投资教育，教育当仁不让地充当各行各业的领跑者。

新教育是海门的一个品牌。海门新教育实验起点高，路径对，策略准。

2003年4月至2005年8月的实验萌发期，面对面受到朱永新指导，海门东洲小学和实验小学率先加入新教育实验，点上探索，面上辐射，新教育以强劲之势，迅速扩展影响。

2005年9月至2009年7月的实验推动期，海门市37所小学成为新教育实验学校。这里的新教育人紧握项目抓手，聆听、践行朱永新提出的"新教育精神"，成功承办新教育年会，更提升了海门实验区的美誉度和影响力。2007年，江苏省教育学会新教育研究专业委员会成立于海门，许新海、吴勇分别当选为理事长和秘书长。

2009年8月至今的实验辐射期，海门各学校、各学段全面进入新教育常态化实验，新教育理念深入人心，新教育项目渐次展开，成果日益丰硕。2013年3月，海门市委、市政府批准成立正科职事业单位——新教育培训中心。

海门新教育是中国新教育的代表作。中国新教育的发展高度、推进广度、探索深度、收获丰硕度，到这里一目了然。

海门已成为新教育多项实验的前沿运营中心，海门新教育人对新教育在全国的发展做出了全方位多角度的特殊贡献。

为新教育的运作打样

自2013年起，海门每年在上、下半年各举办一次全国新教育开放周活动，吸引全国大批新教育人前来观览。上半年的开放周活动，为新教育在7月召开的年会做预演，相当于一次彩排。下半年的开放周活动，大都围绕某一个专题，为新教育打样。

由于海门诠释了新教育的内蕴和精彩，四面八方前来取经的新教育人纷至沓来，仅山东日照市组织的赴海门"跟班蹲点"人员，就达15批1000多人次。

给新教育的前行探路

在他人未曾进入的领域找矿，虽艰难却也幸福。在课程上，海门新教育人率先研究了名画、名曲、电影、儿童剧，并引入课堂，出版了百部名画、百部名曲、百部电影、百部儿童剧的欣赏教本。自2006年始推进"每月一事"活动，经十余年实践，摸索出"主题阅读，主题实践，主题展示，主题反思"项目操作流程。

在最难运作的课程建设上，海门新教育人构想于先，操作在前，最早探索出一条可行的轨迹。比如，创办于1908年的德胜小学，充分挖掘校名的内涵，积极打造以礼、智、勇为核心的德文化，他们视理念为课程——千淘万漉虽辛苦；视教室为课程——满架蔷薇一院香；视教师为课程——为有源头活水来。化难为易、无处不可施妙手，正是海门推行新教育的神髓所在。

用实实在在的改革为素质教育正名

在海门实施新教育，不局限于小学、小学语文的小范围，而是在小、初、高各级学校同时全面铺开。这里开展"营造书香校园"等十大行动，要抓就一贯到底，回归到读书、自学、思悟的教育原点，迎考也摒弃死抓蛮干、题海战术、挑灯夜战。结果如何？笔者访谈中得知，海门高考连续八年居南通之首。优异的学业成绩是对海门新教育的额外奖赏。在体艺科技各类竞赛中，海门捷报频传，难以计数，既展示了海门新教育的实力和魅力，也成为中国教育的一个极具价值的参照坐标。

将实验架构做实、做大，成系统化

新教育专业委员会、新教育学术委员会、中陶会新教育分会等机构落户海门，使新教育的事情有人问，有处管，落地生根。如近几年全国新教育榜样教师的年度生命叙事，都由海门市新教育培训中心勠力修改，使其完善。这对于提升生命叙事的品位，进而提升叙事教师的格调，颇有补益。

示范一套行之有效的方略

新教育没有行军图，只有方位示意图。如迈克·富兰所言：变革是一项旅程，而不是一张蓝图。而海门新教育人创造出颇具操作性的一套方略：满怀理想，以共同愿景作为新教育实验的发动机；创新运作，以完善机制作为新教育实验的推进器；突出重点，以行动项目作为新教育实验的主抓手；榜样引领，以卓越典型作为新教育实验的风向标；强化宣传，以多元媒体作为新教育实验的增值源。

当好全国新教育的培训基地

海门市新教育培训中心，为全国的新教育实验提供了一个培训学习、交流互动的平台，带领着成千上万的教育工作者迈入新教育的大门。

顺应全国新教育实验发展形势而诞生的海门市新教育培训中心，是海门对新教育运动的历史性贡献。其虽是政府批准的事业单位，却纯属草根运作，饱含民间色彩。全国各地的新教育人和教育同仁纷纷来此取经问道，近两年的年培训量都在15000人次以上，海门名副其实地成为全国新教育实验的培训基地。

作培训报告的专家主要来自海门的教育一线。其思想和言语与地气相接，贯以海门教育发展的精华，且寻得自己的逻辑脉络，创生概念，再造理论，每每让人怦然心动。他们不仅承接外地团队到海门培训，还应全国许多新教育实验区的邀请外出培训。

造就名师成长之路

海门的新教育团队中，先后有石鑫、何仁毅等16人被评为江苏省特级教师。许新海入选《中国教育报》"2010年推动读书十大人物"，俞玉萍被评为新教育"完美教室缔造者"、全国优秀教师、全国"五一巾帼标兵"，倪颖娟被评为"中国好教师"、全国优秀教师，殷卫娟被评为"新教育实验2015年度榜样教师"，倪颖娟、殷卫娟、夏冬平、高波的班级先后被评为新教育"十佳教室"，海门教育人实现了生命的拔节。

新教育培训中心主任吴勇，精于筹划，善于思索，工于运作，巧于文字。在协助许新海统领新教育实验的全程中，吴勇每每夜深人静或晨曦初显，总是习惯性地将亲历感受诉诸笔端，将所思所想嵌入屏幕，升华教师精气神，编织校园七彩梦。他捧出《海门教育的温暖记忆》《漫话新教育》《当好孩子的父母》等10部专著。每部专著均理据相宜，洗练朴质，风趣活泼。如描述新教育"三专模式"促进教师由内而外的成长时说："一个鸡蛋，由外而内破裂，是死亡，由内而外破裂，是生命的诞生。"酌奇不失真，翫华不坠实。其勤其钻其智其功，造就了思想行家，教坛俊才。

四

坐拥数千年历史，中原核心地带的邢台市南和县，历史上涌现出春秋乐圣师旷、唐朝名相宋璟、元朝户部尚书马亨、清代武状元王世清等知名人士。

这座不算富裕的农业大县在2017年摘去贫困县的帽子。与此同时，该县教育事业取得可喜的进展，在"新教育萤火虫之夏（2019）暨种子教师峰会上"，南和县第一小学、城关小学等 8 所学校被评为"新教育种子计划基地学校";南和萤火虫站获得全国十佳分站;李丽英、王文静等 10 名义工获得全国优秀义工荣誉称号。南和县新教育实验工作已然跨入全国先进行列。

提起南和的新教育忘不了一个人:南和县教师发展中心的王素平老师。是她把新教育的种子撒播在南和这片热土,日日灌以心血的滋润。

怎么让新教育在南和县落地生根?王素平曾多次组织人员先后到焦作、石家庄等地学习,邀请张硕果老师到南和做培训,并以第一小学为试点尝试实施,然后到其他学校去讲解什么是新教育,新教育能带来什么改变,以及如何实施新教育等。

但当时大家都不知道新教育是什么,认为她是在瞎折腾,很不欢迎她去作讲座,于是她就以帮助老师专业成长为理由争得校长同意,在这种情况下进行讲座,得到的待遇可想而知。最让她难忘的是,她在一所学校作培训,连讲了几个小时,口干得都发不出声音了,可是面前连杯水都没有,这时台下有位老师递过来一瓶水,她才能够继续讲下去。就是这样,她在一年的时间里几乎跑遍了全县所有的学校,进行了几十场讲座。可是结果呢,行动者还是寥寥无几。

怎么办?深思熟虑后她决定自己来做。2012 年 9 月,她开始在南和县第一小学小种子班跟班实验,自己来上新教育的晨诵和共读课。作为一名生物老师,要上好晨诵课、午读课,困难显而易见。为了提高自己,她参加了网师学习,读了大量的教育学、心理学、哲学等经典书籍。

王素平绝不是孤军奋战,新教育人一直在旁边守望,并且与她共同拓进。在全面推进有难度的情况下,新教育办公室的人员前来带班上课,同时编写了小学 12 册晨诵教材,为更好地实施新教育奠定了基础。

看到新教育带来的实实在在的变化,很多老师开始动心思了,王素平等人趁热打铁,把积极性高的教师集中起来进行共读、学习。为了激励老师,她自费买了许多本《新教育》《这一群有种的教师》等书赠送给老师。2015 年,南和县发展了 45 名种子教师,拥有了发展新教育的骨干力量。

耕耘数载,新教育理念已经深入人心,全县的所有学校都开始自觉实施新教育,南和的教育也因此变化显著。2016 年 11 月,邢台市教育局在南和县召开全市新教育现场会,与会人员被新教育实验带来的成效深深震撼,市领导对此高度赞扬，说这是邢台市教育局开得最成功的一次现场会。

南和新教育发轫于教师的觉醒，成长于骨干教师、种子教师队伍的壮大，真正的爆发点，则在于利用专业阅读、专业写作、专业发展共同体的"三专"模式进行拓展。

为让新教育的阅读理念催生行动，王素平自觉做起了阅读推广人，倡导成立了"局机关读书会""一中读书会""二中读书会"等。为了让社会上更多的人参与读书，她自2016年9月起，每周日下午3点在和阳书城举办故事会，至今已经举办了上百期。同时，她鼓励老师申请种子教师，加入新教育网师学习。

新教育同仁们纷纷关注南和县。2018年11月，儿童作家童喜喜及其团队进驻南和，给当地老师和家长作了19场有关阅读和写作的公益巡讲，受益者万余人。为让新教育课程扎实实施，新教育的志愿者们走遍全县57所农村学校，给老师上示范课，并指导交流。侯静老师参加研训营后写的文章发表在国家级刊物上，得到专家的赞誉。

对于南和县这样的农业大县，如何让家长们"苏醒"起来，用满是老茧的手拿起书本与孩子们共同成长，成为新教育发展的力量？

2017年，王素平等人推动成立了"茹云诗社"。为了让更多人参与读诗，她利用QQ群发布"每日一诗"，带领老师、学生、家长诵读诗歌，有近千人在读"每日一诗"，到现在已经坚持了近三年，读诗1000多首，集结两本诗集。她还带领老师、家长、学生进行"春之声""秋之韵"等诵读庆典。

为了让阅读走进每个家庭，2018年，南和县成立了萤火虫读书会，把阅读推广做到每个社区、每个村庄。倡议一经发出，老师、家长们纷纷响应，一起创造美好。至今，已发展义工200人，成立萤火虫站点40多个，分享故事1600多个，受益者两万多人。该县教育局翟振龙局长赞誉道："阅读已成燎原之势，萤火虫遍布社区村庄。"

从2009年至今，南和新教育始于一个人实践，扩展到一大群人前行。阅读理念已经深入人心，阅读蔚然成风。不仅学校成立了各种读书会，连局机关、政府大院也成立了读书会，大家利用闲暇时间共读一本书，交流心得体会。星期天、节假日，在广场、社区、图书馆，处处可见萤火虫义工在给孩子讲故事的身影。"过一种幸福完整的教育生活"的愿景，在一座县城内已经成真。

五

新教育实验遍地开花,其中包括陕西安康市汉滨区培新小学这一隅灿烂。

这所创办于1929年的老牌学校,获得过无数荣誉,2013年9月,该校主动参与新教育实验,打开一片新天地。

在该校影响下,安康市汉滨区中小学在2016年7月整体加入新教育实验,成为陕西省第一个县级新教育试验区。

2008年,果园小学校长程怀泉,头顶连续六年市区"小升初"成绩排名第一的光环,调到培新小学任校长。最初的五年,培新小学稳稳当当地走着"升学率高"的优质小学路子。可充满教育情怀的程怀泉要重整行囊,重新出发:"我们常说素质教育,但什么样的教育是素质教育?没有人能说得清。"他要找一种有规律可循、可操作的教育模式。在数次赴南方进行交流后,关于学校的定位、目标的考量越来越清晰。

程怀泉怀揣着一个梦想:让小学生接受一种全面的教育。他发现,朱永新教授倡导的新教育与自己的教育理念不谋而合。2013年11月,培新小学上了"新教育实验"航船后,程怀泉举旗引路,奋力奔跑,书写出享誉省内外的教育传奇,成为公认的"安康教改先锋"。

舟循川则游速,人顺路则不迷。程怀泉为这场教育实验规划出路线图:首先解决教师的素质;其次是解决读什么书、读哪些书、书从何来;再就是激活学生家长。

他每学期分批次派老师到江苏海门、常州等新教育实验区交流学习,为他们提供各种成长空间。借助"共读经典童书",把家长、学生、老师调到同一频道,避免成为"同一屋檐下的陌生人"。

他成立阅读银行,组织作家进校园,举办读书节、诗词大会、跳蚤书市、亲子共读交流会,激发和调动师生、家长的共读共写积极性;通过实施"晨诵、午读、经典诵读"3个项目,开发阶梯阅读书目,促进了"共读共写共成长"活动持续深入开展;通过《培新小报》、校园之声、校园网站、微信公众号等平台,全方位展示书香校园建设成果。他先后组织、指导编写晨诵教材12册,制作课件432套,编纂《新父母教育随笔》10册,汇编新教育实验成果集769册,评选表彰了3批50个书香家庭。

每个进入培新学校的人都会感到，老师们都有一种强烈的使命感——如果给我一个班，我该怎么规划？每位老师就像拿到一个课题的学科带头人一般，精心呵护班级的每一步成长，选择某一方向实现突破。

月季朵朵红班的81名学生在进班时收到的礼物很别致——班主任任毓萍亲手制作的精美名片。正面是学生名字的藏头诗，背面是理想或励志名言。学生黄渝城的名片上这样写道："黄氏家族出英才，渝川哲思得前程。成城之志不可摧，名满乾坤秀洪门。"老师的"创意"了无痕迹地激励了每一位学生。任毓萍还坚持给家长写信，近40封、20万多字的交流彻底打开了家长们的心扉，让他们加入到共读共写的行列中来。

该班学生彭凯乐因过度思念在外工作的爸爸，一口气写了7封信，竟然还用爸爸的口吻给自己回了7封信。任毓萍让学生分角色朗读这些信，全班同学几度哽咽。师生又通过"超级访问"和"新闻播报"的方式跟进读信活动。爸爸在大家的期盼中和彭凯乐相见，学生的感受力、表达力也在这段日子里骤然提高，一些性格内向的学生居然能够登台演讲。2017年1月，任毓萍被陕西省教育厅授予"德育工作先进个人"；当年7月，荣获"全国新教育实验榜样教师提名奖"；2018年7月，荣获"全国新教育实验榜样教师奖"。

如今月季朵朵红班的名称跟随她来到1年级7班，开展"新时光之翼""萤火虫亲子共读小书童联盟"等创意活动，开通班级微信公众号。她现任汉滨萤火虫亲子共读工作站站长，到汉滨区50个实验校的分站开展线下活动，坚持举办"亲子共读乡村行""故事妈妈进校园""小书童联盟""新父母研学坊""新孩子成长营""花之蕊讲坛"等一系列联谊活动，引领着汉滨区新教育实验蓬勃发展，成为远近闻名的新教育实验榜样教师。

在培新学校，任毓萍并非一枝独秀。该校陈杉杉老师的"花儿朵朵班"荣获"全国新教育实验完美教室奖"；蒋艳丽在全国新教育实验第十九届研讨会上的精彩叙事惊艳全场；张会芳老师和她的"天使之梦班"在家校合作方面走在了全校前列。

2019年4月，培新小学在中国教育新闻网、亲近母语研究院、心和公益基金会和新教育基金会联合主办的2019"阅读改变中国"年度评选活动中被评为

"年度书香校园"。

在培新小学的新教育探索中，学生与家长也在共同生活和阅读穿越中不断"复活"，在共同的空间和精神背景下成长。

李杰森、李浚哲父子开出的"花儿"惊艳了全校。爷俩用一年时间在学校的公众号上连载了19篇《三国那些事儿》、30篇《写在唐诗的边上》。从事修理行业的"民间领读者"朱德群深深认同学校的理念，自发购买图书、学习新教育理论，捐赠100本书给侄儿所在的班级。

培新人特别爱说："只要上路，就有庆典。"这句话出自童话《犟龟》，说的是一只小乌龟执意要参加狮王的婚礼，历经重重困难后如愿以偿的故事。"犟龟精神"是培新人心灵密码的偈子。培新小学虽然收获了无数的成绩与掌声——先后被评为"全国新教育实验优秀学校""陕西省德育工作先进单位""陕西省文明校园"等多项荣誉，但始终默默地保持着昂然奋进的初心，正如李如斌副校长所说的那样，"这一切仅仅是开展新教育实验的额外奖赏"。

六

绛县为山西省南部中条山区的农业小县。本世纪之初，教育处境尴尬：优秀的学生、教师匆匆外流；苦学、厌学，苦教、厌教，苦管、厌管互染成风；全县的中考合格率仅30%，高考达线生不及先进县的一个班。这块曾孕育尧帝造福子民传说、晋文公逐鹿中原故事的热土，亟待演绎出跨越式发展的教育交响曲。

在绛县教育兴衰攸关的时刻，陈东强就任了教育局局长。当他苦觅脱困之路时，恰与新教育不期而遇：先是山西运城市人民路学校做新教育的"六个一"材料让他怦然心动，网上新教育实验知与行的众多事例，打开了他的视界，对"朱永新教育文集"的阅读，让他卷起海潮般的共鸣。

引新教育入绛县，教育局班子发誓：要当全国农村教育改革排头兵，为农村孩子幸福成长示范。

很快地，以局长陈东强为总负责人的新教育实验办公室成立了，下设行政领导、组织协调、业务推广三个小组，形成三条线平行推进、相互促进、上下互动、左右联动的格局。

学校是实验的主战场，校长是实验的关键人。他们格外注重校长队伍的建设，给想干事的人机会，给能干事的人舞台，给干成事的人地位。

绛县教育人见贤思齐，务求有果；见优就学，学就有绩。想一件，干一件，成一件，见效一件。历经七八度春秋播种耕耘，绛县实验区脱颖而出，成为新教育实验四大地方研究中心之一，让天南地北的参观者"在绛县看到了中国农村教育的希望"。

香港凤凰卫视制作的专题片《启动黎明——走读绛县新教育实验基地》热播，真乃枯窘成绿洲，僻野飞凤凰。3万多名孩子用一首诗开启每日黎明，成了生存常态；3000多位老师中竟有2000多位将坚持写教育博客作为成长方式。

绛县的新教育实验自始至终摒弃行政迫使，那样会带来教师无声的抵制和沉默的对抗。他们在当前升学压力和学生今后发展需求中，探索着开辟新途径，在进退两难间，寻找最佳结合点，那就是把新教育实验与日常教育教学教研管理一体化，让教研室承担起实验指导与日常管理的重责。由教研机构牵头，从教学的实际出发，引导教师开展新教育实验，避免教学和实验"各吹各的调"，减少和消除教师的心理压力，既保证了新教育实验有条不紊地推进，又借助新教育的理念与课程，促进教学科研的创新。

2009年11月，新教育实验区工作绛县现场会成功召开。
新教育实验给孩子们带来的明显变化，一时吸引了海内外的目光。

绛县的新教育实验不是在做一般性的教育课题，而是力求对教育模式重新架构，最终剑指教育思想的解放，形成一种开放的有机的充满活力的教育文化。其路径，就是要用新教育的理念、思想、逻辑与框架来改造和建构日常教育教学,把新教育渗透到了教育教学的方方面面,而不是在日常教育教学之外再叠加一套新教育实验的系统。

绛县的新教育实验贯穿了实验者的大爱。从局长到工作人员,从校长到教师,都满腔热忱地视新教育为生命,实心实意地做,达至纪伯伦所言:"所有工作都是空虚的,除非有了爱;当你们带着爱工作时,你们就与自己、与他人合为一体。"

若问,绛县实验区为新教育贡献了哪些新的营养素呢?答案很丰硕。

——提炼了"行政参与,本土导航,区域推进,有效行动"新方略。

——推出了"校长引领、四课联动、十化课堂"新策略。

——运营了方方面面的新举措。

管理上的铁律:底线设置+榜样打造;

推广的范式:日常教学+项目实验;

工作室建设:课程研究+引领服务;

教师专业成长:共读自读+教育随笔;

开放周活动:常规展示+重点工作;

评价体系:综合评价+奖励机制。

实践业已证明,绛县新教育的方略完备而适切,策略明晰而对路,举措系统而精当。因紧贴地气,极具针对性;立足点高,富于导向性;适合操作,具有践行性;处在僻壤,更具农村地区推广的适用性。

从这些举措里,我们能看到绛县新教育的哪些诀窍呢?明眼人不难看出:领导内行有招,目标明晰有力,管理细实有法,机制架构有效,典范高特有彩,全员精进有梦,教育快进有路。

上导下动,外引内化,悉心构创,聚力落实,乘势续进,不断完善,绛县的新教育实验开采出中国新教育的优质富矿,产生了活生生的新教育的教育学、教学论和管理学。

在这里,你看得清教育人将全部身心交给教育的赤诚,量得出领军人物能将一个区域教育带向远方的能量,弄得懂真教育改变教育生态的神奇,认得准新教育生命力究竟有多强的真谛,你甚至还可以缅想沉思,新教育对嬗变一方地域的文化水土、民情民风何以有这般深的动因……

多少心血,多少智慧,多少运筹,多少操劳,在贫瘠的黄土高坡,唱响了一部超迈的教书育人交响诗，描绘出一幅豪迈的新教育长卷。

小药铺里有大人参，山区飞出了金凤凰。绛县先后荣获中央教育科学研究所"有效推进区域教师专业化发展"项目研究一等奖和实验工作先进单位，荣获山西省教育厅"三晋课改先进县""远程教育应用先进县"称号。

天南地北的教育同仁被震撼了，络绎不绝的来访者留下赞美之辞：大开眼界，不虚此行，获益匪浅……

教育界官员被感动了，山西省教育厅副厅长张卓玉说：怎样评价这样的课堂都不过分，你们的改革大有希望。山西省教育学会副会长张崇善对绛县教育有"三个没想到"：一是没想到运城市的课改先进典型竟是几年前基础教育薄弱的绛县；二是没想到绛县的基础教育课程改革是全县集体推进，每所小学都达到了标准化水平，所有乡镇初中均突破了传统教学格局，课堂教学实现了全局开放；三是没想到2003年以前从未从事过教育工作的陈东强竟设计和引领了这场全县教育的大变革……

教育家、学人被感动了，朱永新感慨万千地说："这是我第一次看到有人如此真诚地在整片的土地上播种，让大片的黄土地如此麦苗青青，生机孕育……绛县对探索农村教育的未来发展之路有着突出贡献，我们要让更多的人嗅到这里的芬芳。"

七

洛阳与新教育实验结缘，自有其内在逻辑。

最早将新教育实验引进洛阳的是洛阳市伊川县和高新技术产业开发区。2014年7月，在苏州举行的第十四届新教育实验研讨会上，这两个县区分别成为全国第45个和46个新教育实验区。

洛阳高新区在产业上向高新迈进，教育上则从低起点起步。在过去很长一个时期内，高新区教育发展落后，2011年，曾被洛阳市委、市政府考评为民生改善落后县区。当时全区校舍普遍老旧，图书、仪器等教学设备严重缺乏，教师很少参加学习培训和教研活动，观念陈旧，知识老化，大多缺乏目标和动力，职业倦怠严重。

2012年，该区党工委、管委会决定成立专门的教育管理机构，理顺教育管理体制，加快改善教育基础设施，改变落后的教育面貌。当年9月，文化教育体育管理局正式挂牌成立，孙健通作为首任文教体局局长，受命承担这一重任。

就在肩负起改造当地教育的重任不久，他异常幸运地找到了新教育——一个引落后教育走向新岸的行动坐标，一股化荒漠为绿洲的汩汩清泉。仅上任半年，孙健通就走遍了区属的每一所学校，与近百位老师谈过话，对每校校情和潜能，多数老师的特点与诉求，了然于胸。他带领局里一班人志不求易、事不避难，开展"招校引资"，制定系列制度，推行校长聘任制改革等举措，为新教育实验摆开大场，一步步在低谷中崛起，在追赶中超越，2015、2016两年，文教体局连续被洛阳市教育局授予教育教学目标管理先进单位，完成了由落伍到领先的历史性蜕变。

一个久离教育的人，凭着忠诚和睿智，何以能在教育贫瘠之地，从容开展新教育实验且书写了令人信服的教育传奇呢？笔者在探究中发现，孙健通做新教育，自有五大瑰宝。

一为思想引领，此为成就事业的灯塔。改变教育必先改造思想，让新教育思想之花香沁心田。他邀请朱永新、李镇西、卢志文、陈东强、童喜喜、张硕果等一大批名家、名师，前来做通识培训和专题培训，不断点燃广大教师的梦想和激情，提高他们的境界和能力；他审定每年的实验计划，要求安排不少于100名教师走出去，参加开放周活动和论坛，实地观摩学习兄弟实验区、校的好经验、好做法。他特别强调新教育实验与校情的结合、与日常教学教研的融合，让新教育成为教育的常态，让实验成为广大教师的自觉。

通过洛阳高新区孙旗屯乡第一中学等学校的嬗变，
人们看到了"素质教育的美好模样"。

二为精神感召，此为成就事业的燃料。孙健通把搞好教育当成了生命，以忘我、忘情的精气神投入其中。为教师排忧解难和尽心尽意做事儿，远胜过他自己的事儿，且引为自豪。

地处深山沟的引驾沟小学是教学点。2014年春节前，孙健通开车前去慰问。山路坡陡，寒雪未化，多年的桑塔纳旧车行到长坡半途，打滑厉害，一边是沟，情势危险，最后他只好把车一点一点地挪回沟底，和另外两名领导扛着大米拎着食用油翻山送到学校。夏俊强校长握着他们冰冷的手，动情地说："孙局长啊，雪后山路太滑了，汽车根本开不上来。难为你们这么关爱我们偏远山沟的老师，叫我们说什么好啊……"他宁叫自己受累，不让老师受苦。

三为行为示范，此为成就事业的根基。孙健通学在先，想在前，干在头里。要求校长老师们做的，他总是率先做到。他坚信"其身正，不令则行"，做出样子远胜喊破嗓子。

拿读书来说，新教育通识书系、蒲公英书系的书，他都通读过，批注过。他还读了陶行知、叶圣陶、朱永新和苏联苏霍姆林斯基、德国卡尔威特、日本铃木镇一等多位专家的教育著作，并和老师们一块儿参加新教育培训学习。

以调研而论，深入基层是他的行动常态。全区每所学校，他都多次蹲过点，对各校情况了如指掌。平时，只要有空就往学校跑，不打招呼，推门听课。每学期都听上几十节。大多数老师，他能呼其名，知其心，交为友。

四为选人精准，此为成就事业的保障。2013年7月，通过公开竞聘，洛阳高新区选拔了一批有干劲、有真才实学的年轻校长，成为运营新教育的当地带头人。这些年轻的校长创造性地做好教育，做真教育。

五为策略得当，此为成就事业的命脉。这里，处处讲科学，事事求方法，成立了以孙健通为首的领导小组，和以武艳艳名师工作室为基础的新教育实验推进办公室，强化了行政推动力和执行力。同时，点面结合，试点先行。选择实验小学等6所小学为第一批实验校。其他学校选择一个以上项目，量力而行。此外，注重与日常教育教学相融合，与各自学校资源条件相结合；先博采众长，再自成一体，形成特色；发现典范，树立榜样，优先为榜样老师提供学习培训和成长锻炼机会，让其走上更高的平台言说、出彩，感染人、影响人……

引入新教育的几度春秋，洛阳高新区的杏坛春色满园。在新教育实验的拓进中，洛阳高新区成长起来的优秀校长、教师层出不穷，难以枚举。这里涌现出"2016年度全国新教育实验年度智慧校长"——高新区孙旗屯小学校长徐良惠、2019年度智慧校长——第二实验学校校长武艳艳等，拥有把一所薄弱的农村学校打造成新教育实验示范校的校长李玉，将学校建成全国青少年校园足球特色学校的史静霞，以及榜样教师王俊霞、于少辉、赵域、杨俊峰、张会云、禹艳红、姚海鸽、谷书立、王灿锋、魏巧茹、苗亚静、赵云涛、冯丹丹、高晓楠、何佳乐、李辉等，一个又一个名字，在高新区以及洛阳市的教坛熠熠生辉。

教师的梦想被唤醒，激情被点燃，"三专"发展一浪高过一浪。过去全区能在市级优质课比赛获一等奖的教师屈指可数，现在全区各学科教师不断受邀在全市做公开课展示，优秀教师群体如雨后春笋般突起、拔节。在市级优质课比赛中，过去获得一等奖的教师寥寥无几，近年来集群式涌现。2019年，29位教师获一等奖、50位教师获二等奖。获奖人数占比在全市保持领先。

过去送孩子到区外就读的家长，如今发现好学校就在家门口，忙不迭又将孩子转了回来。区里学校从往年只招得三分之二学生到如今学位爆满……中小学在读学生由2013年的6000多名，增长到2016年的近万名。

与此同时，新教育的燎原之火，在洛阳大地上迅速蔓延。2015年7月，在第15届全国新教育年会上，洛宁县签约成为全国第56个实验区，经过先期加入、后期跟进、全面推开三个阶段，提升了学校的办学品位，诗化了师生的教育生活，促进了教师的专业成长，提高了教育教学质量；2016年，洛阳老城区加入新教育实验；2018年，洛阳栾川县、吉利区、瀍河回族区、偃师市携手加入新教育实验。

洛阳市新教育令人惊喜的嬗变大戏，从2018年4月11日进入新的华章。当日，洛阳市政府陈淑欣副市长到高新区调研。陈淑欣是我国对教育最富有激情，最有教育情怀和梦想的地市级领导之一，她对教育理论的研究和阅读之深、深入教育一线的次数之多令人感动。她的包里经常放着苏霍姆林斯基的著作，从《公民的诞生》到《把整个心灵献给孩子》，从《给教师的建议》到《和青年教师的谈话》等，每本书都认真阅读。

在洛阳高新区的学校里，师生呈现出的自然、阳光的生命状态让陈市长深受触动，原计划一个小时的调研，竟持续了5个多小时。她欣喜地说："高新区教育从无到有，从小到大，进步迅速，成绩喜人，得益于一个有理想和情怀的好局长，一个先进科学的好理念——新教育！"

随后几个月，陈副市长8次到高新区调研，从多个方面考察新教育实验——

4月25日，她冒雨到高新一中调研，先后参观了学生寝室、观看了学校拳击社团、音乐社团、科技社团的活动和作品展示等，她感慨地说这就是很好的生活教育。

5月12日，她参加《教育时报》在高新区举办的第十二届河南课改先锋公益论坛暨"新教育·新生活"观摩研讨会，倾听李镇西、张硕果、陶新华博士在高新区的新教育报告。她在会上感慨："洛阳市的师生若都能过上一种幸福完整的教育生活，那该是多么美妙啊！"

5月17日，她在洛阳市深化教育改革座谈会上指出，每个校长、局长都要看看朱永新教授的《新教育》。读这本书能把人的激情、热情激发出来。"若没有一股热情、激情，就不配做校长、局长，就有愧做教育管理者。"

6月2日，她主持并聆听了在河科大报告厅举行的朱永新教授专题报告。主持中，她对朱永新教授的报告做了深入解读。她强调：新教育解决了当前教育中教师、学生、家长、社会共同关注的问题，为洛阳教育的发展指明了方向。

2019年1月14日，在洛阳市素质教育现场会上，陈淑欣向全市发出号召，要重点选择一批实验学校进行先行先试，争取通过两三年的努力，让新教育实验模式在洛阳成为教育名片。

2019年6月，笔者采访陈淑欣副市长（中）及孙健通局长（左）。

涧西区率先行动起来，采取了"走出去、请进来""分类实施、重点突破、榜样引领、稳步推进"的方法，投身对新教育的追求与思考。全区学校以新教育理念为引领，组建项目核心团队，将新教育实验十大行动深入融合到教育教学的常态之中。在洛阳市中小学优质课大赛中，涧西区116名参赛老师全部获奖。

鹰隼试翼，风尘吸张。仅仅4个多月，涧西区的教育迈上了新台阶——5月22日，洛阳市新教育实验推进会暨涧西区新教育实验区授牌仪式在涧西区英语学校举行，新教育研究院常务副院长陈东强欣慰地表示，通过英语学校这一窗口，他切身感受到了英语学校师生美好的生命状态，看到了新教育已经在涧西这片教育沃土上茁壮成长、日渐丰盈！

干将发硎，有作其芒。此次挂牌会是一场庆功会，更是一场动员会！在陈淑欣的推动下，伊川县在小学阶段全面推进新教育实验，2019年在义务教育阶段全面施行新教育实验；同年，洛阳嵩县加入新教育实验区行列，全市9个实验区广泛开展"新教育"各项活动，正原汁原味地按照新教育理念设计的路线图全面推进。

河出伏流，一泻汪洋。新教育在洛阳铺展开来的幸福完整的教育生活，正在不断书写新的奇迹！

八

有顺必有逆，顺盛逆也强。顺时想逆境，逆浪变顺流。

新教育在区域推进中，已经接招于种种逆势：有些实验校，顶着应试弊端举步维艰；在中国教育一级一级管理体制下，人为的非规范管理太多，有时地方教育长官一换，便昨是今非，新教育人的行动就阻力加大。

如何扛好实验区的大旗，如何实现更好的坚守，如是命题使得新教育的核心成员魂牵梦绕，也让基层的追梦人踌躇不已。这关乎新教育实验的战略布局、未来走势、目标定位，关系到众多新教育人的心往哪儿放，根基向哪儿扎。

孙子说："故善战人之势，如转圆石于千仞之山也，势也。"下面，我们从新教育的借势、造势、态势等几个侧面解析一下新教育实验区的发展特点。

借　势

能借势者，既有识时务明大局之锐目，又有识人用人之韬略，还有掌控时空乘势而上的艺术。

从2006年开始，新教育在四川北川、湖北随县、新疆奎屯、甘肃庆阳、安徽霍邱、山西绛县、河南焦作、浙江嘉兴、江苏如东等地举办了10次新教育实验区工作会议，借时代发展与教育改革的契机，不断推动新教育实验波澜壮阔的发展进程。

借时代发展大潮的呼唤。浪涛滚滚的大潮所形成的大势，对改革者，乃是助力。新教育实验发起人盯准了改革的有利时空，恰到好处地借得了这种力，应和大流，顺风顺水。

借教育改革蓄之已久的大能量，引发张力。中国教育的积弊已久，教师、学生、家长倍感"痛苦指数"上升。新教育感触着人心之动，借势发力，以迥然不同的视界开辟教育的另一种境界，引出别一番风景。

造　势

在新教育发展当中，不只在规模上实现量的扩张，更在内涵上完成质的飞跃。无论是成果彰显还是人心大变，都需要新教育人不断为发展造势，累积优势，创造条件，蓄势待发，进而实现区域联动发展。

当今的中国基础教育界，正在兴起一场"教育共同体运动"。许多教育人为了追寻共同的理想，自觉地组合在一起，通过持续不断的相互作用而改变着原有的行走方式，推动着基础教育的发展。而新教育实验倡导的就是一种"新教育共同体"的集体行动。

它把全国属于不同组织机构、不同单位的500多万"新教育人"凝聚在一起，以教师专业发展为基点，围绕"十大行动"，利用教育在线、微信微博等共同的精神家园，形成一种独特的教育研究范式。它推出了六种共同体类型：一是市区学校协作发展共同体；二是城乡联动发展共同体；三是学科研修共同体；四是校长俱乐部；五是名师工作室；六是名品项目工作室。

六条脉络的分进与合流，不断建设与发展各个实验区内的区域教育共同体，再汇总贯通，遂形成了当今中国影响力最广、持续时间最长的"新教育共同体"。

态　势

新教育实验区的问世、发展和扩展，以其突进快、爆发强、能量大的特点，呈现恢宏态势。因各地域的历史、文化、经济、风俗等积淀不同，各实验区也随之显现出不尽相同的特征。

从一棵棵树到一片片森林，由一支支细流而成一条条大河，从一人一校实践操作走向群体运筹、团队作为、区域推进、板块移动。

一人动，动一点；一校动，动一片；一区动，动一域；连片动，动一方。

这是当下大格局下传火者美丽的互动。它有力地体现信息时代的蝴蝶效应：江南苏州、海门的新教育蝴蝶扇动一下翅膀，北国的吉林、西陲的奎屯就可能引起新教育的风暴。

这是撒种人借着东风细雨的联袂春播。它将集约型经济增长方式信手拈来加以借鉴并予以内化：依靠提升教师专业化的核心素养、研发卓越课程及追求理想课堂的境界，来收获教育的灿然秋色。

第六节
下学上达，"草根运动"的升扬气象

一

1999年之秋，当朱永新踏入湖塘桥中心小学的时候，或许不会想到，此次演讲，会激起新教育实验的第一朵浪花，形成了中国教坛的一段佳话。

1998年，奚亚英受命调任湖塘桥中心小学校长，此时的她上有身体羸弱的高堂，下有刚刚读书的幼子。她更要面对学校办学条件薄弱、生源师资流失的状况，湖塘镇给她立下"三年争创省实验"的军令状……

这一切让她夜不能寐。

1999年暑假，在一次全省报告会上朱永新教授作主题发言后，奚亚英第一个上台和他讨论问题，也第一个邀请他到校指导。当时朱永新礼节性地答应了，没料到随后奚亚英不断地电话邀请，她以真诚与执着感动了朱永新，让他觉得没有任何推脱的理由。而朱永新的到来，也引燃了教师们的专业发展之梦。

那年新学期开学不久，朱永新来到了湖塘桥中心小学，提出了"新教育"的基本追求："我心中理想的教师，应该是一个勤于学习，不断充实自我的教师；是一个追求卓越、富有创新精神的教师……"

老师们被点燃起来，他们表示，这里没有一流的校舍，但是有年轻的教师，这是湖塘桥中心小学最大的资源！年轻教师庄惠芬当晚就鼓起勇气给朱永新写去拜师信，朱永新也慷慨应允，与青年教师成为师友，并把一位位著名教师、学者介绍到这所小学，袁振国、李镇西、窦桂梅、高万祥、储昌楼、苏静等特级教师、教授专家纷纷到湖小收徒带教。

知与行迅速衔接，理论与实践发生着化学作用，甚至实践在倒推着理论的更新，湖塘桥中心小学成为催生新教育实验的"温室"。湖塘桥的老师们开始与大师对话，开始演绎他们自己的精彩。许多青年教师也开始走出校园，在全省乃至全国的舞台上崭露头角。

1999年，朱永新走进江苏常州湖塘桥中心小学，
与教师、学生亲切会谈，激发出新教育的最早灵感。

奚亚英是一位从普通农村教师成长起来的普通校长。她没有深厚的理论修养，没有很高的学历，但是她有一颗热爱教育的心，有着许多校长没有的那种执着与坚韧。朱永新在湖塘桥中心小学所说的每一句话，差不多都变成了他们的行动。差不多每隔一个月，她都会通过电话或者短消息与朱永新联系，汇报全校的工作。差不多每两个月，她就会邀请朱永新去学校检查、指导，朱永新总会收到奚校长真挚而感人的电话："您上次来布置的任务我们完成了，您来看一看如何？""我们最近又有一些新的举措，您来指导一下吧！""朱市长，我们的青年教师想见您，能否再与他们交流一下？"

在朱永新等人的指导下，这所小学迅速蜕变，深刻而令人惊喜：1999年，他们成功举办了湖塘镇中心小学首届教育节；2000年，他们被评定为江苏省实验小学；2001年，他们被评为江苏省现代教育技术实验学校、常州市少先队教育现代化示范学校；2002年，他们被命名为首届常州市模范学校，获区教学质量评估一等奖；2003年，他们获常州市课改先进集体荣誉；2004年，获得江苏省青少年科技教育先进学校、常州市和武进区课改先进集体、武进区教育质量评估一等奖、全国德育科研先进学校等。

在奚校长和年轻教师们的精神感动下，镇里投资3000万元建设了一所现代化新校,江苏省歌舞剧院艺术培训基地、刘海粟美术小学、江苏省艺术人才培训基地和蓝天艺术学校相继挂牌,学生百人管弦乐团、民族乐团、歌舞曲艺团先后组建,在全国、省、市各级各类竞赛、活动中,该校许多学生的书画作品、音乐节目频频获奖。

这所被誉为"新教育井冈山"的学校,以一种加速度的方式在前行。在新教育实验理论的引领下,奚亚英校长大胆在学校实施了三项改革:(1)课时改革。由原来的每节课 40 分钟改为 35 分钟。(2)课程体系改革。逐渐形成国家、地方、校本三级课程体系。(3)师生评价改革。奚校长明确提出,学校应该以人文精神为指导,尊重教职工发展的利益、价值和愿望,努力促进学校价值和教职工价值的共同实现。她特别强调从三个方面塑造自身形象:一要时时刻刻把别人的需要放在心上,只有这样才能得到真情回报;二要做教师的精神教练,不当管人之"官",要举着旗子走在前面,不拿鞭子跟在后面;三要以深厚的文化底蕴引领师生共同营造具有本校特色的学校新文化。学校每学期开展星级教师、星级学生评选。为了激发教师的成长渴望,她设立了学校"永新杯教学大赛",首届教学大赛上,来自全国各地的教师与湖小教师同台比拼,让该校教师们感受到了差距,更找到了信心。

一路行,俯身耕耘;回首处,桃李芬芳。湖塘桥中心小学成长过程中,与专家学者们对话过的教师们纷纷成长成熟。朱永新的学生庄惠芬,从区骨干—市骨干—市学代—市特后—省特级教师—江苏首批人民教育家首批培养对象的头衔中一路走来,成为武进星河实验小学教育集团校长,成为常州市最年轻的特级校长。同时,高级教师钱爱芙成为武进实验小学教育集团校长,高级教师张卫平成为武进马杭教育集团校长,特级教师王岚成为北京人大附中小学校长,高级教师吴群英成为武进刘海粟小学校长……因为新教育,湖塘桥中心小学先后为武进区贡献了 54 名校长和副校长,其中包括 5 名教育集团的总校长,两名特级校长;贡献了 5 名特级教师,其中 2 名为教授级特级教师。

2013 年,奚亚英从湖塘桥中心小学校长一职退休,接受区教育局的委任,赴清英外国语学校主持工作。主持"清英"工作以来,她处处彰显企业家的管理风范,教育家的育人情怀,始终以新教育的精神力量引领学校和师生成长。

为了让"清英"从卓越走向超越,奚亚英不断邀请名师专家指导提点、求助专家与领导规划学校蓝图。从2014年开始,朱永新教授4次走进"清英",指导学校各项工作,引领年轻的"清英"重构学校文化,再造学校生态。

短短几年,该校获誉无数。先后获得"全国德育先进学校""全国特色教育示范学校""中国民办教育百强学校""全国十大课改样本学校""中国校园足球特色学校""全国现代教学艺术研究实验学校""全国新教育实验示范学校"等殊荣,成为省内闻名、全国知名的现代化国际学校。

原湖塘桥中心小学校长奚亚英(左一)在清英学校建立书房,收录新教育著作。

"清英"的教师们探究出一套文化更浓、内涵更深、知识更全的新课程体系,并纷纷脱颖而出。壮亚芬老师获选《中国教师报》封面人物;路瑾老师虽年近50,依然向特级教师发起冲击;大量中青年骨干教师呈竞放之态。

因一粒种子,一个校长,带来一树硕果,满园花香。在这条平凡却卓越的育人之路上,新教育的种子因为被相信,而酝酿出无数奇迹。知行合一,奏响了领航卓越的超越旋律;岁月因为被相信,而捧现出无数感人的生命叙事。下学而上达,成为新教育这个"草根"学派的进取之路。

二

一项教育科研实验持续十几年几十年,并不少见。

若如新教育这般,唤同仁行动于四海,建实验点校在五湖,教育硕果愈结愈丰,则不能不说相当罕见,无论国内抑或国外。

加拿大著名教育家迈克·富兰撰著的《变革的力量——透视教育改革》,揭示了世界各国自上而下强力推行的教育变革大多是失败的,在轰轰烈烈开展之后多无疾而终。原因在于教育变革是一个非线性的、不稳定的动态过程,其结果是不确定的。

浩浩中国,茫茫教海,仅靠雪泥鸿爪式的楷模导引,显然力不从心。中国教育战线极为广袤,立德树人更是复杂的立体工程。若要带领中国教育奋然前行,必须有一支怀揣文化自觉、深悟教育本真、忘我打拼的队伍,聚成大团队,形成大气势,造成大趋向,做成大影响,方能带动中国教育雄立世界潮头。

正所谓时势造英才,英才导时势。时势与英才唇齿相依,相辅相成。时势涌起大潮,英才方能冲破窠臼,一夜而为天下知。正如唐代诗人罗隐所云:"时来天地皆同力,运去英雄不自由。"

孔子曰:"不怨天,不尤人,下学而上达。"以笔者之见,新教育人正是怀此心态,逐浪时代而不责于他人,长途跋涉,关山飞渡,风雨兼程。

下面,让我们简要梳理新教育实验之旅。

定标在起步。2000年,朱永新在著作里确立了"理想教育"基本思想的坐标。2002年6月,他主导的教育在线网站顺利开通;通过网络的对话与碰撞,一种新的教育思想逐渐成形且广泛传播。同年8月,实验在江苏省昆山市玉峰实验学校正式启动,提出了基本理念、观点和原则,并规划设计了"六大行动"实验项目,后被列入全国教育科学"十五"规划重点课题。课题凝聚了人气,汇聚了团队,积聚了睿智。

耕耘在路上。新教育人宵衣旰食,同心勠力,无数次讲座播种,研讨深耕,策划布局,支教传艺,考察身受,交谈心入,行动解疑,随笔提升……更有二十届大型年会及数次现场会、工作会、培训会的细细运营。实验的每个具体的项目,都是针对现行教育中的某一缺失而采取的补救措施。"一步实际运动比一打纲领更重要"。行动提炼了思想,拉练了队伍,熔炼了理论。

突破在关口。偌大课题,浩浩团队;广袤实验,处处展开;起承转合,步步较劲;上下左右,面面俱到;突出重点,层层深入。课题从哪儿下手?人员如何激活?机制怎样理顺?理念何处落地?师生如何幸福?父母何以跟进?教室何谓完美?课程怎能卓越?……20度春夏秋冬,数千个日日夜夜,大大小小多少次突破关隘啊。如果说,在路上是新教育人最常态的姿态,那么，突破难关则是新教育实验最优美的风景。攻关修养了心性，培养了魂魄，涵养了素质。

2015年1月，"缔造完美教室"叙事研讨会在北京师范大学举行。

深化在科研。理论重在超越性，实践重在落地性。再高再好的理论真正付诸实践即"入地"之时，才算找到生长点，才真正富有生命力。新教育呼唤着"上天入地"的教育科研，旨在与"假大空"的伪科研划清界限。初始提出"营造书香校园"为核心的六大行动，就是瞄准教育最棘手的弊端而提出的具有创建性的科研举措。新教育实验的全部价值，就建立在改造教育、改造人的科研基点上。科研凌越了常态，跨越了藩篱，超越了自觉。

收获在传奇。几多心血，几多收获。新教育实验由苏州一隅的脉动，如今已漫卷全国，广大师生共享新教育的快乐和幸福。一切经过实验，科研带来传奇。传奇解析了改革，解锁了师生，解放了教育。

近年来，关于新教育实验的研究汗牛充栋、资料丰富，笔者不想采用编年体手法，将新教育分年度做以叙述，而是力图从它一程程递进式延展中，精编年轮，绘出脉象，提炼神髓。

透视新教育实验20载的生命体，绘制它的成长示意图，笔者将其发展历程概括为三个发展阶段、两次机制转型、一条主干道。

三

第一阶段：实验初创期。

时间：从 1999 年 9 月朱永新在湖塘桥中心小学，提出新教育实验的主张，到 2002 年 9 月，第一所新教育实验学校挂牌之前。

实验初创期犹如植入一株苗，引人注目，让人赏识，容人鉴别。植苗人对其培育的目标和程序也初步了然于胸，即新教育实验理念的雏形也已形成。这个时期的特点是用理想和激情点燃，用理念和思想引领。

1999—2001 年，地火奔突，闪电掠空，一场教育大改革已经临近。

从务虚到务实，从理性前导到行动跟进，从一个人的念想到数百所学校数万名师生的崭新生活，激情喷涌，传播四方，播撒一粒粒实验良种，建造一个个新教育实验场，成了这个阶段的路线图。

此阶段的难题，是如何才能更快武装最早投身新教育的教师、校长乃至教育行政官员的头脑，让他们在理性上信服新教育，情感上融入新教育，行动上投身新教育。

这一步，新教育人做得很紧凑。

2002 年 7 月 31 日，朱永新在教育在线上发布了第一个跟帖："凡是实验者，我都会关注，有请必到（当然是休息时间）。"他确实如此，对各地各校有待宣讲的需求者，一概有求必应，起早贪黑，用足节假日，上下午连轴转。比蜜蜂还勤勉，比教徒还虔诚。20 年里，朱永新围绕新教育所作的报告达几百场，而实验初创期的三年里所作报告的密度最大。

教育在线网站，成了新教育人结伴而行的驿站，倾诉情结的心灵港湾，专业引领的模拟学校，一展才华的硕大平台。它"网来"了许多思维活跃、观念新锐、有梦有情的教育英才，形成了一种"批判反思""同伴互助"和"专业引领"的良好氛围，激发了许多校长和教师的教育激情。

新教育实验秘书长储昌楼此时主持总课题组，既轰轰烈烈又扎扎实实地把改革触角伸向教学一线、科研前沿、心理世界、活动空间及校园内外，调研、鼓动、出谋、解疑，让参加实验的师生心气激扬，充满阳光。

第二阶段：实验深化期。

时间：从 2002 年 10 月第一所新教育实验学校挂牌，到 2013 年 7 月在杭州萧山区举办第十三届年会以前。

实验深化期好比长起的一株树，在适宜的土壤、阳光、空气和水分里，迅速地壮大，抽枝，展叶，成为一道独特风景，给国内外教坛以强烈的视觉冲击。这个时期新教育实验全面启动。其特点是用课程和项目进行推动，用培训和现场活动拓展。

回望实验深化期的美妙年轮，清晰可见一串串坚实厚重的历史足迹：

新教育实验课题被列为全国教育科学"十五""十一五"规划重点课题；实验引领者推出了"过一种幸福完整的教育生活"的核心理念；江苏姜堰市、石家庄桥西区两个新教育实验区脱颖而出，各地纷纷效仿，实验区工作会议进入年度常态；力倡生命叙事理论、"三专"理论及新教育儿童生活方式适时提出；新阅读研究所、新教育基金会、新父母研究所、新教育教师成长学院等相继成立。新教育国际高峰论坛自 2011 年始，每年一次成了惯例。

举起旗帜，搭起台子，聚起队伍，"报幕演出"，新教育在潮涌般的发展中，一个甚为严重的问题越发突显，这就是需对理论进行更为深透、厚实的建构。理论如人体之骨骼，河体之堤坝，万万不可在此处薄弱。

偌大的新教育民间团队，并没有行政指挥的制约力，若没有高屋建瓴的贴身贴心的理论指南，只会成散沙一摊。

如果说，实验初创期属于新教育宏观理论的形的建构，让人们看清新教育理论的模样、体系与方位，一到实验深化期，则进入新教育自宏至微理论的神的构建，让人们从实验的深水区体味新教育理论的厚重、扎实与科学。这就需要集优广益，浚源深思，筑牢理论根基，实现教理、学理的重大突破，从而给新教育实验注入强劲动力，给新教育人的行动以坚实支撑。

此间，新教育人又交出较为完满的答卷。其理论建构可分为新教育的通识理论和教坛理论两大类。

通识理论，体现为连续八届年会上提出的新教育系列思考和重要命题：

过一种幸福完整的教育生活（坐标式核心理论）；

共读、共写、共同生活（切入路径理论）；

知识、生活与生命的共鸣（理想课堂理论）；

书写教师生命的传奇（教师成长理论）；

文化，为学校立魂（学校文化理论）；

活出中国文化的根本精神（中国文化理论）；

缔造完美教室（教室文化理论）；

研发卓越课程（课程文化理论）；

……

这些命题与论证所囊括的教育理论，虽无斑斓色彩，然朴质里见深邃，浅显中藏义理，一看就懂，直抵心窝。特点是鲜明、鲜活、鲜亮，实在、实用。

教坛理论包括"毛虫与蝴蝶"——儿童阶段阅读课程、"晨诵·午读·暮省——新教育儿童生活方式"和"新教育教师专业发展模式"的课程，还有生命课程、公民课程、知识课程、艺术课程、特色课程等。各地在实践中，均有不同的特色。

如果说，通识理论给了新教育炼钢的高炉和热动力，那么，新教育教坛理论则从技术层面予以具体指导，两者自宏至微相互映照。

诚然，新教育上述理论正在发展中，犹如刚刚建起来的房屋，尚须斟酌修整，不断完善。但是，这些新理论已经如巨大发动机，源源不绝地给新教育实践输送强劲的能量。

第三阶段：实验完善期。

实验完善期的新教育之树，已形成根深枝繁叶茂的新气象，在茁壮成长中须精心剪枝、整形，定向发展，实行有目标有重点的内涵升华。这个时期的特点是系统研发新教育课程，丰富完善理论构架。

时间：从2013年7月第十三届新教育年会之后至今。虽然仅过去了七年，但这个阶段会有漫长的延续。

新教育实验运作15载后，亦属进入了预定轨道，开始正常运作，赞誉声高，质疑声低，诋毁声弱。此时段的实验有两条路：一条是轻松运转的维持之路，一时半会也不见得能"洒汤"、离辙、崩盘；另一条是继续拓进的劳顿之路，理论上再开垦处女地，完善耕种田，行动上更上一层楼，延展至深远处。两条路一易一难，容易的路易平庸，艰难之路方卓越。

新教育团队选择了后者，目光对准了课程，迎着国家"一纲多本"的课程改革春风。

课程如一扇大门，也似一条跑道。培根曾言："读史使人明智，读诗使人聪慧，演算使人精密，哲理使人深刻，道德使人高尚，逻辑修辞使人善辩。"卓越课程造就卓越学生，以课程创新为汇聚美好事物的中心，设计出新教育的卓越课程体系，并在实验中践行、丰富、发展这些卓越课程，就会从育人树德的源头和载体上，实现"过一种幸福完整的教育生活"的核心理念，从而使师生生命愈加丰盈。

新教育团队扭住了这道难度系数极高的大课题，实验的发展轨迹也步步上扬。

"研发卓越课程""构筑理想课堂"的推进，标志着新教育实验向教学的纵深发展，得到了陶西平、王定华、石中英、刘铁芳等领导专家的高度评价。对"习惯养成"这一核心素质的探究，"家校合作共育"体系的建构，使新教育实验日臻完善。

20年来，新教育实验穿越坎坷，积蓄能量，风生水起，为中国当代教育史书写可圈可点的新篇章。

课程确立后的教材编写是个十分艰巨的大工程，十年八载也算短的。遵循国家的教材编写精神，新教育的生命教材、艺术教材、特色教材正在紧锣密鼓地编写中。

四

转型，是指事物的结构形态、运转模型和人们观念的根本性转变过程。转型是决策层主动求变，对体制机制、运行模式和发展战略施以大范围的动态调整和创新。转型似痛苦的分娩，实则是新婴儿的快乐出生，实属事物内在潜能与生命力的新迸发。

新教育的转型，是新教育人在实验中持续求新求真求善求美的深刻思考与大胆构创。这意味着新教育自身实现了一次蜕变，整个团队实现了智能再造。

朱永新道出转型的自省："新教育作为一种'适逢其时的理想'，在过去的几年中取得了非常好的成绩，感动了许多人，培养了许多教师与学生，这些都是事实，说它有过辉煌，一点儿也不过分。新教育的团队为这个事业付出了许多，更有许多让我终身铭记的故事。但是，在激情被点燃以后，我们用什么去维系？我们新教育的专业能力、核心竞争能力有没有形成？我们能不能走出其他教育实验曾经陷入的怪圈？我们能不能成为真正的百年老店？我们能不能实现自己的两个梦想——成为中国素质教育的旗帜和建立中国的新教育学派?"

问题激发动力,有梦就有远方。引领人的睿智带来了团队的清醒。

第一次转型——新教育实验完整的机构全面成形。

时间:2007年7月。

导火线:大规模实验与快速发展中累积了许多问题。

自2006年3月13日黄甫全致朱永新的公开信发表后,引起了新教育核心层的很大震动与警觉。回首向来萧瑟处,也无风雨也无晴。他们沉静下来,怀着诚恳的心对待批评甚至辱骂,决计把教育梦想细化,把理论研究强化,从回溯既往,梳理流程,查找症结,突破瓶颈开始。

朱永新首先向心灵深处狠下了刮骨疗毒的解剖刀:"我一直认为新教育是最好的教育理念,不应该拒绝任何希望参加的学校,所以导致了规模的庞大,而相对失去了控制;我一直认为自己的《新教育之梦》基本解决了对于教育基本问题的思考,用理想代替了技术,相对忽视了新教育对于具体项目的投入和对于具体行动的指导。我过分相信了行政资源的价值和业余团队的力量,忽视了微观的研究与专业队伍的建立。"储昌楼做了深刻的自我反思,检讨了12个问题。卢志文、许新海等人也各自发表了中肯的检讨意见。

此时新教育前行中表现的弊端为:统筹欠协调,研究不专注,指导少细化,管控乏监督,出现了"剧中人"也是"导演","运动员"又当"裁判"的情状;缺少可持续发展的功能,项目的投入与产出比失调,项目难以深入发展,没有造血功能。

教育虽属慢工细活,转型之于新教育却立见成效。转型之举如冲破黎明的霞光,交织成奇美的长卷,观照每一细部,自有几分精妙。

2006—2007年,在有着新教育"一号义工"之称的营伟华及朱永新的推动下,新教育实验团队架构一步步完成转型。其主要标志是:建立了比较清晰的共同体机制,成立了新教育研究院来全权负责实验的开展和推进。新教育理事会、新教育专家委员会、江苏昌明教育基金会、新教育研究院、江苏省教育学会新教育实验研究专业委员会陆续组建成立。新教育研究院作为新教育实验的主要执行团队,成立了办公室、研究中心、课题管理中心、培训部等部门,指导全国实验区、校、个人开展新教育实验。卢志文任新教育研究院院长和基金会理事长,许新海任江苏省教育学会新教育实验研究专业委员会理事长。

转型完成后,新教育实验的最高决策机构是新教育理事会,理事长为朱永新。

新教育实验组建起专家委员会,由顾明远、朱小蔓、陶西平、曾天山、程方平、万毅平、严文蕃、杨东平、周德藩、成尚荣、吴康宁、石中英等德高望重、学富资深的专家组成。这些杏坛大家、行业翘楚,绝不是在新教育实验里挂空名、任虚职,而是实打实地一次次参加新教育会议,发表一场场引领性的演讲,进行一番番实地指导——望闻问切,竭尽智慧为新教育实验细细诊断;高瞻远瞩,给这一民间最大的草根教育科研项目精准导航。

刚刚完成转型的新教育团队全力筹备在山西运城举行的新教育年会,在各方努力、配合下,年会成功召开,反响极好,为新教育的顺利转型,送上一份奠基礼;

作为新教育实验的研发机构——新教育研究中心,研究人员基本配备齐全,改变了前五年单纯靠兼职的实验"志愿者"来维持实验运转的尴尬境况,为新教育课程研究竖起了支柱;

新教育研究中心的基地学校——新教育小学,即江苏翔宇宝应实验小学于2007年9月开始运行;

新教育贵州项目——灵山支教,开辟了以新教育理论贯穿,通过报告、实验示范、共同阅读与写作、专业共同体等简单易操作的全新模式,超越了理论讲座加上课演示的输血思维,有效地唤醒教师心灵,更新教学思维,实实在在使被支教方的教育生涯拨云见日;

卢志文代表研究院同江西师大杂志社商谈,达成合办杂志协议,新教育创办的第一家刊物《新教育·读写月报》杂志于2008年1月正式出版;

展开一场实验校的"整顿行动",秘书处将原先500多所实验学校划分为核心校、加盟校和挂牌校三个不同的级别,又历时20多天对实验学校一一普查,对近百所"掺假"的挂牌校予以摘牌,确保实验的纯粹性,用自己的刀削自己的把,果断地回答了"新教育能走多远"的质疑。

第二次转型——新教育实验组织架构完善与提升。

时间:2010—2011年。

导火线：《国家中长期教育改革和发展规划纲要（2010—2020年）》（以下简称《规划纲要》），各方紧锣密鼓部署落实；"虎妈""狼爸"等教育问题在社会上引发争议。

大气候影响小天地。朱永新将2011年视作中国当代教育改革元年，自然也是新教育完善机制的转型之年。

今日的地球村，北美一只蝴蝶扇动翅膀也能卷起亚洲的风暴。耶鲁大学法学院教授蔡美儿出版的《虎妈战歌》在美国的反应不啻炸雷，在中国教坛更是掀起持续的冲击波，一些人将棍棒与打骂的教育说成是中国教育的"传统"，一些媒体貌似庄严地探讨中西方教育的问题，闹出了把封建社会的余毒当成中国教育"国粹"的超级笑话。

在此背景下，通过萤火虫工程开展对父母的教育，指导精彩阅读，实施对儿童教育的深入开发，成了新教育团队落实《规划纲要》，以及进行转型的主打课题。表面看去，这两项课题似乎距实验核心远了一点，细细琢磨，其实很近。中国在诸项教育中，对学生父母的教育绝对是个空白，致使教育的家庭背景趋于荒漠化。没有父母参与的教育是残缺的教育。此外，在儿童教育方面，学校死死盯住学生的课本学习，忽视乃至无视对学生的阅读指导，如此学习，是营养不全的学习。在一年多的时间里，朱永新领衔创办了两个专门机构，就为解决这两大困惑。即2010年8月成立新阅读研究所，2011年11月创立新父母研究所。

草创科研机构，自我完善机制，说起来容易，实则包含复杂缜密的多方面运作，苦心与汗水多多，智慧与努力多多。

新教育实验的各种共同体与基层学校、教育实验区、线上线下，皆横向联通，纵向支撑，助推新教育的事业壮大。

五

一条主干道，即过一种幸福完整的教育生活。

这里的"道"，是道路更是本源、规律、境界。这个由新教育人反复思索、论证、推敲、打磨而成，由朱永新在2006年北京年会上第一次正式推出、完整论述的路径，是新教育的核心理念、重大命题、终极目标。

核心理念源自核心理论。"过一种幸福完整的教育生活"之所以成为新教育实验的内在支撑，是因其具有深邃的理性思索（本体论、价值论、方法论），也涵盖厚重的实践诉求，更暗含对当下一些有悖人性、有碍人的发展的畸形教育的治疗方略。这是对教育本质深刻求索的高度概括。

重大命题源自高远立意。"幸福"是教育的目的追求，理应为施教人和被施教者首先获得，让教育生活充满诗意的快乐，教育人生贯穿灵魂的舒展，教育使命塑造美好的人性。"完整"是教育的路径要求，通过教育生活的全面化、全员化、全人化的宽广道路，实现人的和谐、健全，富有特色的生长。

终极目标源自终极愿景。此为古今中外莘莘学子、济济教师心仪已久的愿景式教育生活。学得快乐，教得舒心，教学相长，师生同进，有孔子渴望"浴乎沂，风乎舞雩，咏而归"的游学情趣，无王阳明揭示"视学舍如囹圄而不肯入，视师长如寇仇而不欲见"的厌学情结。

苏霍姆林斯基有言："我们时刻不能忘记有一种东西是任何教学大纲、教科书、教学方法、教学方式都没有做出规定的，这就是儿童的幸福和精神生活。而且，我认为，教育的理想是让所有的儿童都成为幸福的人，使他们的心灵得到劳动的幸福和充满快乐。"

新教育人与苏霍姆林斯基的精神世界灵犀相通。

这句凝聚新教育全部立意的独特理念一提出，立即唤来新教育人强烈的精神共鸣。他们将其当成前行的砥砺，手中的旗帜，彼岸的灯塔，皆因为此语饱含了无比渴求的生活：心里充满阳光，人格涵盖健全，浑身迸发灵气，师生生命的每日每时，都蕴含充实丰盈、激发智慧与创造的力量。

六

"新教育"究竟是什么？究竟在哪里？这往往是希望了解新教育者的第一个问题。

2011年，朱永新教授的答案是：新教育在新闻媒体的报道里，在新教育人的著作里，在新教育实验学校里，在山西绛县几十所农村小学的教室里，在常丽华老师"农历的天空下"——新教育晨诵课程之古典诗词的课程里，在"5·12"大地震后的帐篷学校里……

曾几何时，新教育实验就是这样摸索的。"新教育实验"不是所谓的"贵族实验",却始终倡导一种"上天入地"的科研精神,"上天"能够影响国家政策的同时,把根部深深地扎在大地之中。从开启最初的草根行走,到建立起自己的学理峰峦,新教育团队给了人们许许多多的启迪,笔者抽象为新教育运行的六大启迪。

启迪之一,点燃起教育的十大理想,演绎成新教育运动的前导

教育的意义,学习的目的,学校的价值,学生成长路径,这些教育核心观念的进化如指路明灯,决定育人形态,引领教育走向。

新教育人说,现在有许多孩子已失去了凝望世界的明眸,失去了追求理想的激情与冲动,失去了尝试成功的勇气与感恩的情怀……唯分数的教育是单向度的教育,是畸形的教育,是片面的教育,是漠视人的心灵成长和丰富的教育;而新教育提倡完整的教育,是身、心、灵统一的完整的教育。

在新教育实验的奠基之作——《我的教育理想》和《新教育之梦》两部作品中,细述了理想的学校、教师、校长、学生、父母,以及理想的德育、智育、体育、美育、劳动教育。新教育人把教育的本质扩大了,弥漫了,充实到人类文明前行的途程中。

正是这种前导性的超凡思维,充分洗礼了新教育人,完成了与其他普通教育人完全不同的思维嬗变与思维转型,开拓了新教育实验之路。

启迪之二,实验领导者的坚定信仰与献身精神,播种了新教育的奇迹

中国当下新教育人,完全从民族大义、国家大业出发,自觉自愿地以身相许,满怀筑梦为实的坚定信仰,四面八方播种星火,废寝忘食推进新教育的车轮,千方百计攻克隘口,即使新教育已经燎原依旧毫不松懈,仍在更高层面、更深领域、更广范畴上审时度势,修炼自身,破解疑窦,推进前行,走向圆满。

尤其是带领者朱永新——新教育奇迹的第一播种人,更是九死无悔的守望者,洞若观火的思想者,视新教育重于生命的献身者。他来到世间,似乎只为应答中国教育的一个邀请。

这种宗教般的情怀,其内核是信仰,其外显是执着,其载体是事业,其心神是忘我,其潜在的口号永远是:创造教育,超越自我!

启迪之三,以五大观点为核心,铸造出新教育崇高的灵魂

朱永新带领的新教育团队用五大观点武装自身:无限相信学生与教师的潜力;重视精神状态,倡导成功体验;强调个性发展,注重特色教育;教给孩子一生有用的东西;让师生与人类崇高精神对话。针对当前教育的重大弊端而立论,开阔、简约而通俗,已经帮助并将继续帮助更多的一线教育工作者从非理性的、落后的教育习俗中解放出来,走向教育的理想和自由状态。

广大新教育教师的自觉参加,才使新教育成为真正自觉的运动。为新教育自觉奋斗、志愿献身的教师,才是新教育运动的中坚和脊梁,他们本身,就是新教育崇高的灵魂。靠新教育"三专"发展工程提升教育者的能力,唤醒了教育自觉和文化自觉,将职业倦怠弃置枯井,达到对职业的最终体认和高度认同,人人写出了如诗如画如小说如戏剧般的人生传奇。他们每一个人,都成为了新教育的一部新颖之作。

皮亚杰说:"正像在医学和其他一些又是艺术又是科学的许多学科中一样,教育学中的令人痛心的困难是,最好的方法也是最困难的方法。"

时至今日,育人的目标与方法究竟在哪里?中国新教育人寻觅已久。几百万师生20年的实验,无计其数次的研讨,多元角度的选择——从改变儿童的生活方式上,从创造理想课堂的境界上,从家校共建上等,他们终于找到答案,即培育受用终身的第二天性——习惯养成,教给学生一生有用的东西——核心素养。他们体悟,习惯像人类心灵深处的发动机,一旦开始运转,就会悄悄操控着人生;虽是后天形成,却又集中而准确地体现着人的天性,不知不觉中塑造着人的个性。而核心素养,又只有在天长日久的习惯里才能形成。

与最伟大心灵的对话交流,成为新教育走向高境的源泉。最重要的,要师生走进经典,亲闻书香,净化灵魂,冲破眼前的浮华世界,让自己的精神丰富起来,让社会不断攀向高雅。

启迪之四,实验校为点,实验区为面,多元化合力搭建起教育实验的四重境界

新教育实验的基点牢牢地建在学校,从学校的实验场辐射开去,联结家庭、社区及整个社会。如是,学校就不是新教育的毛细血管和神经末梢,而是至关重要的基地,每一个基地的兴衰都值得细加研讨。鉴于加盟新教育的实验学校甚多,作为民间运作的新教育实验组织难以一竿子插到底,便创造性地建起了新教育实验区。一所所实验校为网眼,实验区就是网络,一个个实验区再联合织成偌大的网,织就了新教育实验的旖旎长卷。

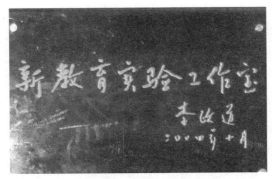

2004年12月,美籍华人、诺贝尔物理学奖获得者李政道教授为"新教育实验工作室"题词。

在此浩大的网络中,从事新教育的教师、校长、教科室人员、科员、局长,乃至专家学者和数以万计的家长,都是新教育的义工,来自天南海北,来自各级学校,来自科研院所,来自众多家庭,形成一股浪潮,开辟出新教育实验的四重境界:让实验成为教师实现专业发展的理想舞台;让实验成为学校提升教育品质的理想平台;通过实验让学校成为学生享受成长快乐的理想乐园;通过实验让学校成为"新教育共同体"的"精神家园"和共同成长的"理想村落"。

启迪之五,持续日新的新解读、新行动、新突破,形成令人惊喜的四大改变

有什么样的一种力量,能够抵抗时光的冲刷,跨越岁月的波涛,让新教育不忘初衷,永立潮头,永葆其兴起时的冲击力?

事物永在运动,运动总在发展,许多新问题、新困惑应运而生。新教育永远在行动的赛场、思维的路上。朱永新和新教育人在对中国教育和世界教育持续不停地重新解读,随之出手新行动,以便取得新突破,即在批判与建构之间、反思与行动之间切换频道,不断收获着令人惊喜的四大改变——改变学生的生存状态,改变教师的行走方式,改变学校的发展模式,改变传统的教育改革和教育科研范式。

他们对做了数年的课题,打开了仔细反思的显微镜,以求得清除瑕疵,臻于至善;对已初步形成的理论成果,安装广角望远镜,敞开更宽广更博大的眼量,更深刻地洞察、透析;对一个个有待深入破解的大问题,如家校合作共建、科学教育,他们正在全国范围内举新教育团队之力,动员150个实验区的大兵

团戮力攻关，予以深入肯綮的破解。

启迪之六，鲜活的话语体系，形成了新教育的理论自信

新教育、新教育人有着自己的话语方式、话语风格，形成新教育的理论话语系统。这一话语系统的核心话语是：过幸福完整的教育生活。围绕核心话语，新教育推出一组组关键词，显现了独有的话语风格。

一是彰显话语的生命性。如生命的长宽高、书写生命的传奇，新教育的生命照亮了教师的幸福和学生的光彩。二是彰显词语的行动性和建构性。如晨诵·午读·暮省及营造书香校园等洋溢着行动的活力，犹如田野上的耕耘、播种、收割、整理，一片生机勃勃的景象。行动、实践，在理念的引领下建构教育。三是词语的召唤性。如"为中国教育改革探路""书卷气是领导力""上天入地的教育科研"……召唤大家，鼓舞大家。为什么新教育实验能吸引这么多人，其凝聚力来自话语的召唤性。四是贴近生活的亲和力。新教育的话语让人有温暖的感觉，有倾听、倾吐、倾泻、沸腾的感觉，因为词语的"走心"。

正如许嘉璐评说朱永新的文章那样，"情与理的无缝衔接，正是从事教育工作和把理论研究单纯当作职业的最大区别，而且是成功的要素"。新教育的立言，有激情，有挚爱，有思路，有道理，听得见心跳，感受得到体温，情与理交融，身与心关爱，在诗意的深处是理论的支撑和理想的张力。

中巻

第七节
闻过则喜，七大矛盾体构成的"营养配餐"

一

2006年3月13日，华南师范大学教授黄甫全发表了题为"必须警惕当代教育研究中的'浮夸'风气"的公开信。信中激烈批评朱永新发起新教育实验"打造在国内外有影响的新教育的实验学校"的愿望，是"大口马牙开始直接吹牛了""吹牛吹得太大了""吹起了外国的牛、吹起了未来的牛"云云。教育界人士认为，这是新教育实验肇始以来所遭遇的第一次公开质疑，有人称其威力比10吨TNT炸药还要大些。

紧接着，华中师范大学教授郭元祥连续发表了《大规模教育实验：意义与局限》《再论大规模教育实验研究的局限性》《郭元祥致朱永新——关于"新教育实验"的几个问题》等文，通过网络和《教育研究与实验》杂志对"新教育实验"进行质疑和批评，认为"新教育实验"宏大哲学语境式的理论框架，模糊了实验目标、理论基础和实验因子，不能清晰明确地表述实验研究的理论假设，理论的逻辑严密性不够，而观点和策略的情感宣泄性过浓。

此番明显带有强烈个人情绪的学术批评，理所当然地激起了新教育人相当大的反响。朱永新却告诉众人不要争论批驳，要讲雅量宽容。3月27日，他写作了题为"在骂声中成长"的短文，设身处地托出被骂者的心曲，重在阐明应持"闻过则喜"的超迈态度：

被人骂的时候可能会有委屈，甚至会愤怒。骂对了，会有伤疤被揭的感觉；骂错了，又会有啼笑皆非的怨恨。这可能是许多被骂的人的共同本能反应。因此，对待骂的态度不妨改变一下。骂对了，笑一笑，从心底感谢，古人不是说

"闻过则喜"吗？别人帮助你发现错误，不是可以更好地改造并且不断地进步吗？骂错了，笑一笑，不知者无辜，或者可以提醒自己今后不要犯这样的错误呢。

结尾处臻入高境，明示新教育人要尊重、善解批评者，对其"怀着感恩的心"：

作为新教育人，我们有很大的梦想，自然可能有人说我们"痴人说梦"甚至"吹牛"。我们的行动哲学，一直在关注激发热情与六大行动，没有系统建构理论体系，自然可能有人说我们"浅薄"甚至"无知"。没有关系，那么我们就更加努力地行动，把梦想具体化，把理论研究强化。

我们也可能永远不能真正地圆我们的梦想，但是对于我们来说，没有梦想的生活更加可怕。我们尊重所有的人，尊重所有的意见。我们怀着感恩的心对待批评甚至辱骂，毕竟这是对我们的关注。我们有信心在骂声中成长。

何等的天地气度，何样的云海襟怀，无须赘言阐释。

新教育实验诞生以来，颇受追捧，甚至许多人将其誉为中国的"新希望工程"，然而几乎与此同时，质疑却几乎相伴它的每一步成长历程。

各界人士对新教育抛出如是怀疑：让教育"回家"的实验，在应试教育的镣铐之下能施展多少拳脚？加盟学校是否流于形式？为什么成功范例就那么几个？

犹豫者们似乎言之凿凿：新教育宣传者们的每一次"煽风点火"都很成功，不过那只是投了几个"理论炸弹"，真正进入到操作领域，就好比是战争进入地面巷战，可要艰难得多了……

踯躅者们在新教育实验大门之外，却似乎力不从心："学生太苦了，早上听鸡叫，晚上听鬼叫"，对实验本身实在是"想说爱你不容易"的态度。他们宣称，一项实验的完全价值，非但在于个案的成功与否，还在于成功的个案有无大规模推广的可能。

尖刻者们相信，新教育实验是可爱而不可信的，它最多只能是中国教育界的乌托邦。

苏州娄葑二小门前有一块石碑，上有朱永新亲笔写就的三个字：理想园。有"疑是派"人物感叹，新教育实验只能是朱永新及其弟子的理想园……

"疑是派"的怀疑之处，在于新教育实验的"红旗"，能否插遍全中国，"新教育实验"还能走多远？尽管新教育实验的点点星火，当时已蔓延到中国三分之二的省份。"疑是派"担心，最后的成功是否仅局限于经济发达地区和经济条件相对较好的学校？

　　新教育实验在创立和发展的漫长过程中，此间甘苦亦是如此。难题，上下左右丛生，东西南北齐袭，有时突如其来，每走一步，都隐藏新与旧的博弈，进与退的较量，守与弃的抉择。

　　其实真正之难，还在新教育内部。新教育人须在艰难行路里见仁，见智，见众生，方能羽化成蝶。

　　教育既要引领一个民族，自然会遇到千头万绪的困境。任何事物，都有矛盾。而对于新教育来讲，多种矛盾反而成为新教育成长的"营养配餐"，铸造了新教育大度包容的一大特色。

　　依笔者之见，新教育人面临七对矛盾体，并在对矛盾的处理上，取得了一定突破或明显进展。也正是在对矛盾的破解中，新教育壮大了自身，回应了质疑。

二

第一对矛盾体——理想与现实的对撞

　　理想和现实总是存在偌大的落差，古今中外，概莫能外。新教育人的动力，来自改变教育现状的愿景。教育改革注定是永恒的事业，新教育人的教育理想与教育现实的持续对撞，自然也是常态。

　　但有相当一些人认为，新教育人是理想主义者，在现实中行不通，这就有失公允了。

　　新教育实验是发起于趋近理想化的教育构思，然而，这个构思，并不是空想主义者的空中楼阁，而是根植于中国教育的现实基础；并非理论家危言日出的洋洋洒洒，而是基于对中外教育近30年的独特思考。因而，新教育人直面现实而无批判家的偏激，内藏火热的情怀与树德立人的济世之道。君不见，新教育实验犹如潮涌般的席卷之势，数百万师生如饥似渴的投身之举，不正是新教育人的理想与现实和弦共振的证明吗？

　　一位年轻的新教育人与笔者谈及朱永新时说：当下教坛，有浪漫情怀又有教育理想的人，很少。有教育理想又能为之奋斗的人，更少。有教育理想又为之奋斗且有能力实现的人，尤少。朱永新恰是这样的一位。

湖南随县的一间新教育教室。新教育凭借着朴素而崇高的理想，在中国各地深深扎根。

新教育人是扎根大地的理想主义者。他们心怀崇高的理想，却注重解决中国现实问题，十大行动本身即是解决现实教育问题的创举。新教育人又不是就现实解决现实问题，他们的每一次探索，都旨在为中国教育探路，助力于中国教育，大步迈向理想的明天。

新教育实验的确要求它的参与者对教育和生命怀有一种宗教般的虔诚、激情、期盼与信任；它用不断唤醒的方式，滚雪球般地推动着实验的进展；通过用激情点燃激情，用梦想推动梦想的方式，新教育在各地寻找着"尺码相同的人"。

正如朱永新教授在《中国新教育》一书中所说，作为精神飞翔的理想主义者，新教育人更多地采取集体的抱团行动。"人们因为有共同的东西而生活在一个共同体内……为了形成一个共同体或社会，他们必须共同具备的是目的、信仰、期望、知识。"同一种理想，同一个信仰，让他们生命的律动加快了节奏，见贤思齐，携手而进，"于无路之中寻求最短之路"。

他们知道，总有人去擦星星，去弄潮涛头，去寻路明亮的那一方。理想永在远方，自己总在路上。他们怀着田野精神长年累月地拼搏，就是在进行理想与现实的弥合，新教育之魂与传统教育之弊的较量。

第二对矛盾体——原地完善还是扩充体量的论争

在新教育实验的规模上,不外乎两个方向:或扩大辐射面,与呼应者薪火相传,让新教育的星火燎原全国;或集中精力,做细做精,在局部做成新教育的精品,以吸引教坛的目光。一个主张要扩,力主做大做强;一个主张要守,力主做少做精。这一矛盾,自始至今在新教育人心头萦绕,像雾如风,时重时轻。

前者姑且称为全域派,后者姑且称为精品派。

精品派认为,新教育实验搞规模扩张,扎不下根,搞不出精致的教育来,而走精英化道路,坚持高标准,严要求,精构思,细运营,用典范说话最有力,铺的摊子切勿太大太快,以有限的力量去指导众多学校力不从心;不如像雷迪创办艾伯茨霍姆学校、杜威创办芝加哥实验学校那样,在践行上富于示范性,在理论上颇具建树性,如此深入细致地运作,方可确保在教育史上留下可资借鉴的一笔。

全域派则认为,新教育实验虽新,所运用的却均是千淘万漉已然验证的中外教育精华和新教育人的智慧,有此等教育精髓在手,正可谓韩信点兵多多益善;单靠少数学校做精做成,对于偌大的中国教坛仍属杯水车薪;再说新教育摒弃坐而论道的"学院派",主张建设与行动的哲学和田野精神;形势不等人,让迅猛燎原和深耕细作两翼齐飞,必能以点带面,以面促点,在量的扩张中求得质的飞跃。

一个目标,两种观点。一个从历史、学术价值着眼,一个从实践、播种春天入手。新教育实验若要齐聚力,共演一出戏,还须做出取舍,甚至不惜承受壮士断腕之痛。

朱永新的思路和行动一以贯之。他所要的,不是虚无缥缈的理论阐释,而是切实可行的教育实践;不是虎头蛇尾的心血来潮,而是兢兢业业的默默坚守;不是个别教师的谨慎实验,而是改变众生的大势所趋。

他认为,尽管实验规模比较大,参加者已达几百万人,已有上百个实验区,是当下世界最大规模的教育实验,但真正全身心投入、深得其精髓,把新教育做到100%的还不够多,后来居上,大浪淘沙,总有正常的进进出出,你须不断寻找、发展尺码相同的人。

他坚信，新教育是富于前瞻性的美好教育，是利于当下造福民族的教育。这个社会需要它，家长学生需要它。我们不要求一下子做得很像，全部做好，哪怕一个学校知道"过幸福完整的教育生活"，哪怕就做一样——把书读起来，就行，就是学生们的一个福气。

他更坚信，新教育的基本理念，融会贯通了古今教育思想的精华，新教育实验的行动举措，是经过几千年教育实践所证明了的，这样的经验，应当让更多学校、教师、学生所熟悉、接受和共享。扩张只是方略上的侧重而已，绝不意味着不坚守阵地。这些年来，不断研发课程，包括生命教育、包括晨诵，就是在一步一个脚印儿地往前走。

第三对矛盾体——公益性与市场性的抵触

心中的天平倾向公益，不给基层增加负担，也出于不让神圣事业沾染铜臭味，以有别于教育的商业化运作，新教育实验从一开始就不向实验学校收一分钱管理费，不付给义工一分钱劳务费，释放出公益精神、悯人情怀的人性光辉，受到教育同仁的称赞。

然此消彼长，福患相依。一方面，新教育形成了强烈的吸引力，迅速把影响力拓展到了全国；另一方面，由于杜绝商业行为，新教育尚没有形成造血功能，也一定程度上造成了人才流失。

因属民间的草根的教科实验，国家不拨经费，建立教育在线网站，开一些会，发一些奖励，聘用一些人，很长一段时间依赖朱永新的部分稿费、全部讲课费，继而寻求对教育有公益情怀的人士解囊赞助。随着实验深入，事业做大，常常陷入捉襟见肘无能为力的窘境。有人建言，一所实验校收一万元管理费不多吧，一年就是几千万元，收费比不收费更有利于管理；当年"中文在线"与"教育在线"两家网站同时运作，如今"中文在线"已经上市了，"教育在线"仍未开启盈利功能。还有的知情者嘀咕，那么多商业机构要和我们合作，咱们怎么就不干呢？

瞻念未来，在市场化经济已经较为发达的中国，在人们物质生活水准极大提升之时，如果单单新教育不走向市场化的道路，完全靠义务奉献，等少数人的慷慨之愿，开"乞丐会议"，没资金招聘专业的精英团队，确是存在致命问题——旗帜究竟能打多久？道路到底能走多远？

对此,新教育人心忧,青睐新教育的人担忧。

20年躬身公益,新教育人付出巨大却无怨无悔,动机可嘉但面对的困难却不小,上下求索方能找到新的出路。在访谈中,朱永新透露:"向基层收缴管理费的做法,断然不能干,但我们必须寻找新教育的'造血'方式,比如最近我们精心编写的《新教育晨诵》,要由出版社经营,适当地产品化,产生的收益会反哺给新教育。有了资金,就会吸纳更多的一流人才加盟新教育,服务新教育,做好新教育,形成良性的循环与互动。"

放眼前程,出路渐明,新教育正在精心打造造血机制;心摆正,路看清,办法总比困难多。从根本上坚守公益精神与适度地开拓市场兼容,就能走活这盘棋。

自2004年9月,新教育实验工作室落成之后,每个月课题组有关人员要在这里开新教育实验工作会。图为2005年4月26日召开的项目组工作会议的场景。

第四对矛盾体——民间性与专业性的差异

曾记否,当年每逢节假日,朱永新被各地学校邀请,去作一场场关于新教育的报告,储昌楼等助手南来北往地进学校恳谈,不辞劳苦地让新教育扎根地下,从一人到众人,从一校到多校,从一乡一隅而至一县一地区,新教育就以民间推进的方式,积土成山、积水成渊地做起来了。

后来,它的光彩被社会看中,为党政官员看好,他们也相邀新教育,为当地百姓造福。借助行政力量之势,事半功倍,新教育如虎添翼,昔日的"野草"开始登堂入室,散放芳香,供人赏识。实验区的模式就此浮出水面。不过,民间性与专业性的差异,也必然会在新教育的推进过程中造成或多或少的矛盾和问题,届时当如何取舍?

需要注意的是，新教育有不可丢弃的前缀词：民间·草根。生于民间，扎根田野，耕耘到位，越长越盛。此乃新教育之根之源，倘若无此根源，新教育也就不复存在了。谁还会对它刮目相看？在此基础上去化解民间性与专业性差异所引发的问题，还须注重变通性和灵活性。

在当下，众多教育改革的方式路径异彩纷呈：新课程改革依靠的是行政力量，形成由上而下的贯穿；新基础教育改革凭借着专业力量，从教育系统的内部进行渗透；新教育实验则结合了行政、专业、民间的力量，形成了三股力量合一的全方位影响。

扫描中国现当代各类教育实践，民间推进已是新教育实验的特色，行政、专业、民间的力量整合则成了新教育的最大优势，进而形成了蓬勃而起的洋洋大观。

第五对矛盾体——素质教育与应试教育的比拼

素质教育与应试教育的矛盾，是人类教育的一大根本性矛盾，而不是中国的一时一事的短暂矛盾。新教育能横空出世，盖因为应试教育越演越烈，成了吞噬青少年活力的"头号杀手"。

纵观新教育实验的发展思路，始终以开展中国素质教育为使命，寻求教育与素质之间的紧密关联。虽然，作为素质教育样板的新教育，并不怕答卷，不惧应试，不少新教育学校的学生，素质智能强，应试分数也高。

应试教育与素质教育，一个急功近利地追求高考分、高升学率，一个谋求人才全面健康地成长。两者本质不同，当下却发生定义上的粘连。有的地方自称素质教育，而衡量标尺仍对准了升学率、应试分数。

新教育开门见山提出的第一个愿景是：努力成为中国素质教育的一面旗帜。对于新教育人来说，素质教育缺的不是理论，而是扎扎实实的行动。

尽管对"素质教育是什么"有不同的论述和标准，但有三个标准应该是公认的。第一个标准是，素质教育是面向全体学生的教育，这与新教育实验"为了一切的人"是一致的。第二个标准是，素质教育是全面发展的教育，这与新教育倡导的"为了人的一切"，与新教育的发展论、崇高论是紧密关联的。第三个标准是，素质教育是可持续发展的教育，这与新教育实验强调的"教给学生一生有用的东西"息息相通。可见，新教育实验的内涵与素质教育的意涵高度契合。新教育实验就是素质教育的一种尝试与探索，是为素质教育奠定最重要的基础的教育。

乾乾日新。新教育推进的一次次学习活动，成为克服各类矛盾、实现超越的充沛动力。

当然，应试与素质也并非水火不容，好的教育是不怕考试的。新教育之所以快速成长，也得益于它给予师生厚实的素养，解决了应试问题。江苏海门市九项高考指标排在江苏省第一名，湖北随县也是一个参加新教育后学生考得好的范例。

当下，中国教育正在寻求教育体系的内涵重建，提升教育品质已经上升为国家战略，"核心素养"正在成为理论研究和教育实验的"高频词汇"。其实，素质教育和核心素养是同心圆。新教育人对此洞若观火，从未在概念上打圈子，而是奋力将行动做实，自实验起始，就秉承着鲜明的行动哲学和田野精神，通过"每月一事"项目，养成学生们的第二天性，形成稳定的价值观，塑造良好的人格，创造幸福完整的人生；同时让"每月一事"与其他九大行动产生深刻的联系，让十大行动发挥融会贯通的强大效应，帮助学生们形成节俭、守规、环保、公益、勤劳、审美、健身、友善、好学、感恩、自信、自省的核心素质。

第六对矛盾体——国家教育层面的要求与新教育层面倡导的联通

这是一些学校和老师在教育、教学和管理中遇到的难题。比如新教育倡导的大量阅读、排练童话剧与叙事剧及其他许多饶有意义的活动，存在时间不够，与教学时间冲突的现象；使用新生命教育的课程教材及晨诵教材等存在着政策制约、社会认同不够等窘状。这样的实际问题有时让校长和教师们进退维谷。

其实，两个层面的要求与倡导，一点也不矛盾。如新教育的晨诵，做到了提升境界，激活灵魂，滋养灵气。再如新教育的生命教育课，浓缩了心理教育、生养教育、健康教育、安全教育等多门课程，表面上加一门，实际上融合了多门功课；新教育的"每月一事"，把班会教育、主题教育、仪式庆典等做到了融会贯通。

新教育如此整合运作，不是叠床架屋地做着加减法，而是对现代教育课程进行一些新的改造，让它效率更高；从教到学，从内容到形式，从过程到结果，旨在为人才的造就，为中国教育的发展探求更完善的答案。

国家的指令要求，即新课程改革和常规教育教学改革，是就全局而言，是造就人才的普及性要求。新教育实验的十大行动等若干倡导，则属于前沿引领，是造就高素养人才和优化民族基因的导向。一个让你走，一个帮你飞，在前行的方向上，两者所倡导的理念息息相通，相辅相成，本质上毫无二致，并无不合之义。

关键是使两者巧妙联通，让国家课程、地方课程和校本课程有机地整合，进而融为一体。

取向是因地制宜，因人而异，因时而动。一切从实际出发，切不可一刀切，违背人们的意愿。在不适宜播种的时空播种，是注定不会发芽的。待到时机相宜，新教育东风化雨，师生们自然面向大海，春暖花开。

第七对矛盾体——草根与学派的共融

"新教育最吸引我的，是它的平民教育价值，以及行胜于知的探索精神。它从解决中国教育的实际问题出发，而不是源自学术化的教学实验、为满足学科建设或课题的需要。它是面向农村、面向基层、面向大多数普通学校的，而不是面向少数重点学校，满足它们锦上添花的需要。它是面向普通教师的，明确地将教师的专业发展作为主轴，从而抓住提升教学质量、改善教育品质的核心。新教育实验远远超越了提高教育质量这样稍显功利主义的目标，而直抵教育的真谛：为了孩子的健康成长和终生幸福，给教师一种充实、美满、有尊严的生活，从而走向了崇高的人道主义。"杨东平此语含义颇丰。

他相当全面地解剖了新教育实验的平民教育价值。

他尤为深刻地揭示了新教育运动的草根运作主轴。

他直抵灵魂地提炼了新教育学派的理论追求真谛。

乍看这对矛盾体，草根属下里巴人，学派乃阳春白雪，一个天，一个地，是不能共融相通的啊。

错了！对立的观点是将学派神秘化了，或对古今中外学派的产生不甚了了所致。

对内行人说，创建学派只是一种学人勇气与学术立标，一种目的更明确、知行更合一的理论自觉。有无这个目标、这个自觉，不仅仅视界不同，路径不同，速度也会不同。朱永新创立新教育学派，就极大地加快了新教育共同体的建设，在为共同目标的奋斗中，加速了基本主张的统一，学术风格的形成，话语方式及做事方法的趋同，成为共同体的基本范式。

对局外人说，呼"某某学派"，只是对某一种人的一种称谓，一种叫法，如同当下对一类青年称"追星族""啃老族"。

任何学派都有根。根扎于营养之地。新教育学派扎根于有代表性的实验基地、实验学校。在这里，广大教师和学生自觉而真实地参加到新教育实验中，用新教育理论自觉地武装自己，不断激发其学术意识和学术自觉，渐渐地达到用学术理论思考，用头脑走路。

从这个意义上说，新教育学派发在草根，长在草根，优在草根。它向人们昭示：越是深扎大地的草根，就越显十足特色，越具有较高的学术水准。

行于高远，又回到实际；扎根深层，又能仰望天空。这是一个透辟的辩证之法。

理想教育，不是好高骛远，而是扎根实际，返璞归真。这是新教育和新教育学派的终极所在。

草根草根，草的生命力最为旺盛，能达于天涯；根深扎沃土，才会枝繁叶茂。草根定位，学派立论，实则崛起的妙法。

三

"我没有什么惊天动地的大作为，我所做的工作，前景是迷茫的，看不清前面的方向，这是'静悄悄的革命'。所有支持'新教育'的老师都是'戴着镣铐跳舞的义工'，尽管跳得很悲壮！"在实验初期，朱永新如是说。

新教育的行走何其艰难。这绝不是一曲单纯的牧歌，朱永新在接受央视采访时说："在戴镣铐面前很多人有不同的态度，有一些校长倒不干了，反正是戴镣铐了；还有一些校长在挣扎，挣扎得很痛苦；但是还有一些校长呢，戴着镣铐，在跳着很精彩的镣铐舞，像李镇西就属于戴着镣铐在跳舞的人，你看他活得很潇洒，他和孩子们都很快乐。如果说没有好的分数他不会这么快乐的……"

是和光同尘，也是与时偕行。实际上，当舞者拥有极高的水准、极深的造诣、极熟的经验以后，这些"镣铐"反而成为音乐的节律、成为舞者的工具，扩大着舞蹈的美感与张力。中国陶行知研究会前会长、北京师范大学教授朱小蔓评价说："事实证明，这种开放性、公益性的教育实验改革与我国学校发展的实际以及师生所处的生存状态极其符合，确实促进了学校以及师生真实生动地发展。"

"在当今这样的一个时代，只要稍微用心地思考，我们都能体会到教育的苦，时代的难，新教育人，就是这样的一些人，他们以自己的微薄之力，在教育变革、时代进步的潮流中，发出了自己的声音，贡献着自己的能量！"许新海的话，代表着新教育人的行走态度。

新教育实验上路10周年之际，新教育人予以回眸与展望。

新教育人对自身的矛盾乃至中国教育的若干问题，之所以能坦然面对，不偏颇，不偏激，不偏执，原因即是立足点高，视界广阔，辨析力强，他们能从古与今、中与外、继承与扬弃的坐标之上观照教育，透析育人，谙生命之运律，悟灵魂之羽升，拥有观古今于须臾、品一瞬于永恒的超越眼光，迈出融中外之美善、汇知行之德智的前行脚步。

立于历史的高山之巅，朱永新及新教育团队，直面上述矛盾，相信其并非无法解决，并认为上述矛盾，只是不同发展阶段所面临的瓶颈，横看成岭侧成峰，只需正视眼前的难题，寻找解决的章法。可贵的是，正是在这些矛盾的运动与碰撞中，形成了新教育学派独有的发展历程，即立足当下、通达古今的思想体系，着眼人性、对话中外的开放路径。

这七对矛盾体之于新教育实验，与其说是发展困境，不如说是行到艰深时的处境，甚至可以说是自身本质的体现。认识至此，新教育人既感如临深渊，战战兢兢，又甘之若饴，闻过则喜，在寻求纾解之道中，将这七对矛盾体转化为汲取能量、完善自身的"营养配餐"。

能够解决这些矛盾的基础，在于新教育人的性格张力。新教育人是行走在大地上的理想主义者，而不是脱离现实、脱离国情的空想主义者。面对教育现状，他们"进亦忧，退亦忧"；出发上路，不惧"阴风怒号，浊浪排空"；回首征途，"不以物喜，不以己悲"；凯歌面前，"波澜不惊""宠辱偕忘"；眺望远方，时刻准备着"长风破浪""直挂云帆"……

驾驭这些矛盾，锻炼着新教育学派的智慧和力道。所有病症都可以从自身寻得解药，新教育人用开放性的心态对待矛盾，用辩证的思维分析矛盾，用超凡的耐力承受矛盾，他们知道，许多矛盾往往是因为空间的局促而出现对撞，或因为时间的顺序而形成龃龉，他们让矛盾的对立面在融通中整合，而不只是单纯地做加减法。

化解这些矛盾的过程，成就了新教育学派的宽广胸怀与博大视野。勇敢直面矛盾，才是解决矛盾的开始；智慧分析矛盾，便解决了一半问题。新教育也正是在这些矛盾体的缝隙中打开出路，从必然之境走入自由之境。

四

20 年来，新教育成为中国新闻界的一个重要"热词"。"新教育实验"作为一项从"理想"出发的改革创新行动，之所以由点到面地快速传播，进而树立起改革破冰者、深水探路者的先驱式形象，与立体式、多视角的新闻报道有一定的关联。

关注即是力量，关注即有改变。各类媒体的接龙式、轰炸式、追星式报道，先是很自然地将新教育实验演绎为 21 世纪之初具有重大影响的教育"传媒事件"。继而各类媒体的诸多播报,形成了对新教育实验长达20年的"现场直播",不仅客观上发挥了"公益广告"似的宣传作用,而且激浊扬清、褒贬互动,形成了破解各种矛盾的舆论助力。

就中央电视台而言,2004年6月27日的西部频道、2005年10月26日的央视论坛、2007年11月11日的《新闻调查》、2009年4月27日的《教育人生》、2010年9月12日的《对话》栏目,相继对新教育实验进行过报道。

另外,《中国日报》《中国教育报》《中国教师报》《中国青年报》《人民日报》《光明日报》《新华日报》《解放日报》《新京报》《新民晚报》《南风窗》等数十家报刊,也对"新教育实验"进行过报道或多次报道。例如,《中国教育报》相继以"朱永新和他的'新教育实验'""一个理想主义者的言说方式""一场教育实验生发的故事与思考"为题,《中国教师报》相继以"总得有人去擦星星""新教育:追寻中国文化的根本精神""新教育实验:像农夫一样守望教育的田野"为题,对"新教育实验"进行过持续报道和评论。特别是非教育类的主流经济类媒体,例如《21世纪经济报道》《上海证券报》等对"新教育实验"的关注,是前所未有的事情。

"新教育"已经不仅是教育现象,也成为一个新闻现象。章敬平编写的《新希望工程》一书中认为:新教育实验不仅可以作一篇教育的博士论文,而且可以作一篇新闻的博士论文。

在新教育发展之初,有坊间人士评论道:"无论结果如何,一群理想主义者的新教育实验,在行动力困乏的当下,最起码,对坐而论道的中国知识分子群体,是一面镜子式的昭示。"随着对新教育报道的深入,媒体已经能够与新教育同频共振,甚至媒体的认同与期待同时也是鞭策和鼓励,恰恰可以为实验的自我组织、自我建设、自我修复和自我完善树立更为立体的镜子式的启示。

"莫听穿林打叶声,何妨吟啸且徐行。"尽管外界有"公开信"抨击新教育实验"浮夸虚泛""言过其实",有的学人发出"疏于指导""贪多勿得"等质疑,各类矛盾看似难解,新教育实验依然得到了各个地区、各级领导、各级单位多种形式的鼓励和支持。正如朱永新教授所言:"一些地方的行政领导,通过媒体报道,走进了新教育;通过亲身接触,走进了新教育;通过不懈努力,践行着新教育。"

早在 2004 年 1 月，江苏省张家港市教育局及泰州市姜堰区教育局，就已大力推进新教育实验，开始以行政方式打造区域教育共同体。

2005 年 12 月，当时的江苏省委书记在新华社国内动态清样《朱永新探索"新教育实验"推进素质教育》上给苏州市领导批示说："可否在苏州普及'新教育实验'？"时任苏州市委书记王荣批示："永新同志，支持你开展'新教育实验'并推广。"时任教育部部长、国务委员的陈至立也两次批示，希望教育部了解、研究、推广"新教育实验"。

笔者采访朱永新时，他情深意挚地说起 2008 年春节前，他去看望民进中央老主席、全国人大常委会副委员长许嘉璐的一幕。许嘉璐读懂了朱永新，曾给他的作品集写了三千言文理俱佳的序文。此次，他们的话题很快地进入新教育。

朱永新作简要汇报，许嘉璐边听边连连点头，待汇报结束，许嘉璐沉吟须臾，语重心长地说："永新，你什么都可以丢，新教育绝不能丢！"继而说："新教育的概念是西方的，你一定要抓住中国文化的根。"他又诠释说："许多人认为根在美国杜威、德国海德格尔，我们的新教育要扎根在中国的土地上，活在中国的土地上……"许先生的话不多，分量很重，句句点到命门处，有叮嘱，有点化，高屋建瓴，一语破的，让朱永新愈加前程清透，心里明亮，步履坚实。

"新教育实验在朱永新教授的带领下，取得了丰硕成果，产生了良好的社会效益，为我国教育事业做出了积极贡献，也因此成为推动中国教育事业发展的一支重要民间力量。"教育部原基础教育司一司司长、教师工作司司长王定华如是感慨。

当新教育人经过各类矛盾的不断锤打与反复试炼以后，心量、性格、境界也伴随着生发出质的嬗变，从而进入更高层面：从敢为天下先阶段，中经不断锻造、舍弃小我而更上一层楼——创造自己，知人善用，从善如流，理事无碍；再步入天人合一阶段——踏实做事，躬身修己，解读生命，由深入浅，返璞归真，而为天下示范。

剪裁欧美新教育之神，承中华传统之根，新教育实验边歌边行，且行且思，行知合一，早已形成了独特的行为哲学，拥有强烈的理论自信，回首向来，早已是中国民间教育最为成功的探路者。

第八节
书香校园,新教育交响的华彩乐章

一

这是一段新教育的前史,是新教育酝酿书香校园行动的一段秘史,却孕育着朱永新推行新教育、发展新教育的精神史。

早在担任苏州大学教务长期间,朱永新在调查中发现,许多大学生根本没有很好地阅读过中外名著,80%的大学生竟然没有通读过四大名著。阅读的问题是中华民族面临的一个很严峻的问题:中国人每人每年大约读5本书(包括教科书),如果再不重视阅读,我们这个民族的前途、命运就令人担忧。

"不和人类崇高的精神进行对话,眼界怎么开阔?"于是,他为大学生开出一批必读书的书目。可是读书的黄金时间在中小学,中小学学生在各个阶段应该读哪些基本的书,这个基础性的工作往往被忽略了。长期从事教育管理工作,朱永新还有一点感触,那就是我们的教育管理、教育评估不乏高标准的示范典型,但对大多数普通学校而言,却缺乏一些基本的考核标准。譬如不少教师对一些教育名著、教育家的重要观点几乎一无所知,这怎么能保证人类灵魂工程师的质量呢?这使朱永新萌生了为师生精选必读书的愿望:"一定要把人类文化中最精华的东西展现、推荐给师生,让师生们在有限的时间里,和书本拥抱,与大师对话,与人类最崇高的精神交流。"

尽管工作繁忙,朱永新还是下决心去主持"新世纪教育文库"(400种)的编辑与出版工作。他认为:"多做一些雪中送炭的工作更有意义,虽然我自己可能因此少出两本专著,但是,家庭和学校里有这么一套精选的图书给孩子们,我同样有成就感。"为了保证文库的质量,朱永新曾和国内外近百位知名学者取得联系,有的他还亲自登门拜访。

经国内外著名院士、学者的精心推荐，在对海内外著名学人及近万名大中小学生调查的基础上，在新世纪开启的2000年，"新世纪教育文库"第一批图书终于与读者见面了，其中包括中国第一个系列的教师必读书目。于光远评价说，编辑这套文库，其意义不亚于建造一条高速公路，而这套文库的立意本身，就是一个很好的研究课题。

站在新世纪的起点，朱永新想得更多的是：教育的理想与理想的教育都需要创新。

新教育实验的大幕一拉开，阅读就开宗明义地被定位为核心命题；新教育向世人宣告诞生的那个瞬间，朱永新便把阅读烙进了新教育的灵魂当中。

在太湖之滨的那场《我心中的理想教育》的演讲中，他诚挚地向听众举例："我给大家介绍一位创造教育奇迹的年轻人，这个年轻人在青岛，叫苏静。她大专毕业，教小学五年级。才教了一年多，她班上的所有孩子都会写诗。不仅会写儿童诗，而且会写词。教育部的同志不相信，特地去考察，拿着秒表计时，结果两分钟，学生就能作出词来……"

他又顿了顿，留足了时间来让听众惊奇和议论。继而他说："苏静的确让我们大开眼界。教书一年多就能做到这样，而我们有的老师教了20年、30年的书也达不到这种境界。我觉得她就是教育创新方面的典型。我和她进行了比较深入的交谈，发现她起码有两条是值得我们重视的。第一，她读了大量的书。她在大学期间就阅读了大量哲学、文学、教育方面的书，她自己就是个诗人。厚积才能薄发，有创新能力的人都是具有良好基础的人，没有基础，也就谈不上创新。第二，她年轻，初生牛犊不畏虎……从苏静的身上我们可以看到教育奇迹是可以被创造的，这种奇迹的创造我觉得就是一种教育创新。"

2002年的10月28日，在办学刚满一周岁的苏州玉峰实验学校，一块"新教育实验学校"的铜牌挂上了墙壁。作为实验项目的负责人，朱永新在授牌仪式上充满深情地说："我把它作为我教育思想、教育理念的一个实验基地。我要求新教育实验学校的孩子在离开这个校门的时候，至少要做到最基本的五条……"

第一条，学生在校期间必须至少读满100本课外书，如果一个孩子在人生的最初阶段，读一点最最经典的书，与大师对话，和人类最优秀的文化遗产、文化财富进行沟通，这是孩子们一生的财富。

第二条，孩子每天要坚持写日记……

第三条，我希望我们玉峰实验学校的孩子们至少听100场教育报告……

第四条，这所学校的孩子们能讲一口流利的双语……

第五条，所有的孩子能使用计算机……

回应朱永新五条倡议的，是在场全体师生、家长代表经久不息的掌声，以及一场持续不息的行动。

后来，这五条倡议逐渐演变成新教育"营造书香校园"等六大行动、十大行动。而新教育所推动的十大行动无一不与阅读有关。

2005年4月16日，"营造书香校园"研讨会在镇江索普实验学校举行，来自全国20多个省（直辖市、自治区）的100多位代表共同研讨"书香校园"的建设。

2002年11月，朱永新组织"21世纪教育沙龙"，主题为"营造书香校园"，宣言是《阅读，让全民族精神起来》。宣言指出：一个人的精神发育史实质上就是一个人的阅读史，一个民族的精神境界，在很大程度上取决于全民族的阅读水平，阅读是民族复兴的基石。倡导阅读，倡导好读书、读好书，是21世纪中华民族新的文化觉醒，是关系民族素质的一个浩大的全社会系统工程，并以此推动学习型社会的形成。

2003年11月9日，朱永新发起第三届"21世纪教育沙龙"活动，旨在促进人的全面发展，以读书活动为载体，组织和引导中小学生、大学生以及广大教师读书学习，为师生的共同成长打下坚实的精神基础，以建设书香社会、推动学习型社会的形成。

参加这次沙龙活动的有来自全国各地的教育专家、学者，教研部门的领导，和一线的中小学校长、老师。朱小曼说："现在我们的教育从规模、数量，从物的层面看，发展很快，但同时又失落了很多，校园现在最缺的就是精神性的东西。中央教科所愿意一起推动这件事情。"本次沙龙还审订了"新世纪教育文库"2004年版小学生、中学生、大学生以及教师阅读推荐书目，讨论了《"营造书香校园"行动计划》（草案）。新教育人希望看到："每一位中国公民都能捧起一套经典……与知识为友，与真理为友，用最精心的阅读，来填实比天空还广阔的心灵。""每一个中国家庭都能坐拥一壁藏书，上至天文地理，下至草木虫雨，大至立身处世，小至人情物理，情的萌动，语的呢喃，灵的呼唤，尽在其中。"

北京师范大学教育学院副院长石中英如是总结道：这次活动在我们民族的阅读史上是一个非常重要的事件；阅读是一扇窗，是一条路，帮助我们通向美好的精神境界。

多少年来，朱永新孜孜不倦地力倡师生阅读、社会阅读、全民族阅读。自2003年全国"两会"起，他一次次提议设立国家"阅读节"，并为此撰写一篇篇文章，作了一场场演讲，从人类精神进与退的视角谈经论道，自中外阅读比较的窗口洞若观火，更对当下学生厌弃阅读的现状条分缕析，让社会为之心动，舆论因而注目，开启了人们对读书价值的重新考量、重新评价、重新面对。

请看一句句振聋发聩的"朱氏箴言"：

阅读是教育中最核心的能力。

无限地相信书籍的力量是教育思想的真谛之一，一个学校可以什么都没有，只要有了为教师和学生的精神成长而准备的图书，那就是学校。

没有阅读就不可能有个体心灵的成长，不可能有个体精神的完整发育。

人类精神的阶梯就这样随着重复阅读不断延伸。如果没有这样的重复，人类的精神就会退化，就会衰落。

阅读改变我们的一切。

阅读不能改变人生的长度，……但可以改变人生的宽度和厚度。阅读不能改变我们的长相，但可以改变人的品位和气象。

教育是唤醒……而阅读能够唤醒这种蕴藏着的美好与神奇。教育又是给予……需要教师和家长按符合生命成长的规律，慢慢地通过阅读，通过故事传授给孩子。让阅读成为我们的生活方式，让阅读成为教育的主要内容，让阅读成为我们的国家战略!

……

在全民读书的低潮期,新教育人行动了,为师生们开启阅读闸门。新教育人在推进阅读中,提出了五个重要的理论观点:

一个人的精神发育史就是他的阅读史;

一个民族的精神境界取决于这个民族的阅读水平;

一个没有阅读的学校永远不可能有真正的教育;

一个书香充盈的城市才能成为美丽的精神家园;

共读共写共同生活才能拥有共同语言、共同价值和共同愿景。

新教育实验的最大的亮点在阅读,最大的勋劳在推广阅读,最大的成功在培植阅读习惯。有的人曾评说:"退一万步,新教育实验即使什么都不做,仅把阅读这件事做好,就已经很了不起了。"

要让阅读成为教育的方式,成为教育的主要内容,首先要成为新教育人实验的内容。美籍华人教育学者严文蕃对笔者说,自新世纪之初,他一直关注新教育实验的发展进程,给他印象最深的,也是新教育实验最成功之处,即实验的核心——阅读。此见地甚为精辟。

阅读是新教育大交响乐的华彩乐章,阅读是新教育长轴画卷的浓墨重彩之处。

造化心灵之举,势必应者云集。数以百万计的师生汇集在阅读的旗帜下,同声相应,同气相求,上演了连台好戏。

二

银瓶乍破。在一次次的宣言之后,新教育学校走上通向美好精神境界的新路,一批批学校发生了令人惊喜的嬗变,更熏陶出书香名校的底蕴。

张家港高级中学每月出版《大语文阅读》,内含时代精品、古代经典。校长高万祥每期撰写卷首语,如《有书的冬天不会冷》《阅读是旅行》《阅读拯救自己》。高万祥有如此做法是因现行语文教育仅是应试工具,如果没有以自由阅读和超量阅读为支撑,精神不会卓越。他向全校教师推荐并统一购买了苏霍姆林斯基的《怎样培养真正的人》等几十种教育名著,每学期开学,第一件事就是以考试的方式检测老师们的读书数量和质量，然后，根据成绩，发放"假期读书奖"。在高万祥的倡导、组织下，如今与该校一流教学设施相辉映的，是全校师生一流的读书风气。

苏州工业园区一所小学每年老师发表文章的数量为零，参加新教育实验两年半后，40%的老师在公开刊物上发表了文章，教师文章发表数量由当地的倒数第一变成名列第二……

新教育人力倡读书，对国民"有如时春风雨化之者"[①]。他们破解了阅读中的几大关节性难题，细化了推进阅读的关键性举措，为阅读的落地生根，制定了细致招法，提供了渡河之舟。

一是选亟待阅读的好书，精制出导赏手册。

世间的书林林总总，汗牛充栋，浩如烟海，选准了好书最为要紧。

何谓好书？新教育人眼里的好书，应该有如下的特质：

其一，对形成良好习惯和核心素养，给予定向、立标、树魂的书；

其二，对发展和健全人格，极具正能量、深启迪、高效益的书；

其三，对开拓创新思维和多元智慧，起统领、唤醒、推助作用的书。

新教育人为不同学年段、不同性格、不同兴趣的学生，量身定做了各自不同的优秀图书。如是，"阶梯"阅读的黄金律产生了。

由朱永新牵头，新教育新阅读研究所精心研制，全国数十位著名教育专家联袂推荐，又在规模实验、广泛征集意见的基础上出版的《中国幼儿基础阅读书目导赏手册》《中国小学生基础阅读书目导赏手册》《中国初中生基础阅读书目导赏手册》和《中国高中生基础阅读书目导赏手册》，是目前中国最专业、深受学生群体喜爱的阅读经典书目。新教育人期冀用这些美好的书，缔造更美丽的童年、少年和青春。朱永新说："如果说阅读就像一次精神的游历，这四本书则是一个非常细致的导览手册，甚至堪称四份藏宝图，父母和老师们完全可以带着孩子按图索骥，选择自己需要的图书。"

下面以《中国小学生基础阅读书目导赏手册》为例。

中国小学生基础阅读书目（30本）：

[①]《孟子·尽心上》。

学段	类别	书名	作者（译者）
小学低段 （10本） （1—2年级）	文学	蝴蝶·豌豆花	金波 / 主编，蔡皋 / 主绘
		稻草人	叶圣陶 / 著
		没头脑和不高兴	任溶溶 / 著
		小猪唏哩呼噜	孙幼军 / 著，裘兆明 / 图
		猜猜我有多爱你	（英）麦克布雷尼 / 文，（英）婕朗 / 图，梅子涵 / 译
		不一样的卡梅拉·我想去看海	（法）约里波瓦 / 文，（法）艾利施 / 图，郑迪蔚 / 译
	科学	第一次发现·濒临危机的动物	法国伽利玛少儿出版社 / 编，（法）雨果 / 绘，王文静 / 译
		神奇校车·在人体中游览	（美）乔安娜·柯尔 / 文，（美）布鲁斯·迪根 / 图，蒲公英童书馆 / 译
	人文	千字文·三字经·弟子规	郝光明、罗容海、王军丽 / 译注
		中国神话故事	聂作平 / 编著
小学中段 （10本） （3—4年级）	文学	千家诗	谢枋得、王相 / 编选，李乃龙 / 译注
		三毛流浪记	张乐平 / 原作
		宝葫芦的秘密	张天翼 / 著
		安徒生童话	（丹麦）安徒生 / 著，叶君健 / 译
		长袜子皮皮	（瑞典）林格伦 / 著，李之义 / 译
		亲爱的汉修先生	（美）贝芙莉·克莱瑞 / 著，柯倩华 / 译
	科学	奇妙的数王国	李毓佩 / 著
		让孩子着迷的77×2个经典科学游戏	（日）后藤道夫 / 著，施雯黛、王蕴洁 / 译
	人文	林汉达中国历史故事集	林汉达 / 著
		书的故事	（苏）伊林 / 著，胡愈之 / 译
小学高段 （10本） （5—6年级）	文学	西游记	吴承恩 / 著
		城南旧事	林海音 / 著，关维兴 / 图
		草房子	曹文轩 / 著
		我的妈妈是精灵	陈丹燕 / 著
		夏洛的网	（美）E·B·怀特 / 著，任溶溶 / 译
	科学	科学家故事100个	叶永烈 / 著
		昆虫记	（法）法布尔 / 著，陈筱卿 / 译
		地心游记	（法）凡尔纳 / 著，杨宪益、闻时清 / 译
	人文	孔子的故事	李长之 / 著

中国小学生推荐阅读书目共70本。（略）

难怪新教育的新阅读研究所荣获全国阅读推广机构大奖，在中国，如此精细、缜密地为各个年龄段的人量身研究和推广阅读，并深受全国各地欢迎的公益机构，目前仅此一家。北京大学中文系教授、博士生导师曹文轩评价说："朱永新老师推荐的书目，是中国最靠谱、最权威的书目。"

二是选最适切的路径，导航阅读。

最适切的路径，是把每一所学校建成"图书馆"，为每一个学生指明最合适的阅读方法，让每一位教师成为虔诚的阅读者。

新教育自2006年始，开展"毛虫与蝴蝶——新教育儿童阶梯阅读"项目。此名称来源于毛毛虫蜕变为蝴蝶的美丽故事。

该项目着眼于孩子们的懵懂阶段，将最核心的人类文明价值通过故事的方式，循序渐进地传授给少儿，为其打下人生的文化底色。所采用的实验项目名称，极富思维张力和想象魅力，又充满了童话色彩，易记，易学，易做。

顾舟群回忆说，2006年8月15日，是她教育生命转折点的日子——她参加了"毛虫与蝴蝶"研修班。她第一次听到"毛虫与蝴蝶"这个名字，觉得新鲜又好奇。她被眼前一群人的热情吸引，当他们如数家珍地说出一本本童书的名字、提炼一本本童书的主题、道破一本本童书后面的秘密时，她完全沉入其中：童书，竟会这么神奇？她开始萌发构想：何不在自己的班级开展"毛虫与蝴蝶"的实验，通过设计有趣的课程，和孩子们一起阅读，引领孩子们爱上阅读，一起蜕变一起破茧成蝶？她的新教育实验就从那时起步了，她本人也蜕变成了新教育的一只靓丽的"蝴蝶"。

三是提出最适合的方法，即师生、亲子的共读共写。

"共读共写共同生活，是过一种幸福完整的教育生活的必由之路。"此为新教育第七届年会上的报告主题内容。这既是对前一段新教育实验的总结，又吹响了深入实验的号角。

共读，是指一个班级、一个家庭、一所学校、一个社区通过阅读继承共同的文化遗产，拥有共同的语言密码和价值。其中，低年级的学生注重听读绘说，中年级的学生要进行大量阅读，高年级的学生则要采取整本书共读，有针对性的共读更有奇效。

共写，是指同学间、师生间、亲子间通过反复交互的书写，彼此理解，并在不断的自我反思中加深认同、体认存在的过程。

共同生活，是指同学间、师生间、亲子间通过共读共写共做等途径彼此沟通，逐渐拥有共同的愿景、共同的未来。

一句话，以共读为纽带，达成社会成员间的深度理解和凝聚，使社会文化形成深层凝聚力，创造新的更加美好的未来。

苏州市苏州工业园区星港学校教师吴樱花一直清晰地记得并实践着朱永新的那句话："一名教师如果坚持每天写1000字教育教学随笔，坚持十年一定成功。"作为年级组长，吴樱花在新教育的指引下，把教学提高到了一个新高度。她的语文课堂趣味盎然：春天，她带学生到返青的田野里去阅读朱自清的《春》与莫怀戚的《散步》；教完《对联六副》后，她让学生拟写对联，"赏风赏月赏中秋，尝喜尝悲尝乡愁""一桌一凳一个人，满树满园满眼春"，学生的创意远超出老师的想象。

2007年，在新教育运城年会上，吴樱花与新教育实验者王丽琴老师共同约定：用30年时间，吴樱花跟踪记录30个学生个案，王丽琴跟踪批注30个一线老师，她们一起用30年的时间来呵护和实现共同的教育梦想。

表面上看，倡导师生共读共写、进行精神熏陶，是让眼睛从死盯分数的小胡同走出来；从深层看，则是以人文情怀为旗帜，引导师生走上人生梦想的大舞台，潜移默化予以精神润泽；从高处鸟瞰，是对民族精神背景的一次深刻改变。

四是怎索出最适宜的程序，即倡导、发展"读写绘"。

若要懂得"读写绘"，首先要懂得绘本。

"绘本"，英文称"picture book"，译作图画书，是一种主要以丰富的图像语言来传达思想的书籍形式。优秀的绘本往往以其极具风格的图画、直观的表达、生动的题材、丰富的细节、优美的色彩，对儿童形成吸引力和感染力，为填补低幼儿童因文字阅读能力不够而阅读不足提供了有效途径。

据儿童心理学家、认知心理学家皮亚杰的研究，儿童从4岁到7岁处于直觉思维阶段，该阶段思维主要形式是具体形象。基于学龄前儿童思维具有直观性和具象性等特点，以优美图画为创作核心的绘本，是儿童早期阅读的最佳读物和有效工具。在欧美和日本等国家，整个社会从教育界、出版界、文化界到个体家庭，对绘本的教育功能都极为重视。

鉴于我国对此领域的研究和推广较晚，新教育实验为实现弯路赶超，将这种少儿教育样式，揉入大量中国元素并迅速推出，开拓出绘画、朗读、文字等人类文明表现形式高度融合的绘本故事，在叙述中完成心灵教育、语言教育、审美教育、知识教育、能力培养等多元的教化功能，形成一种效果极佳的课程。

该程序先由老师有声有色地给孩子读绘本故事，而后孩子们复述或改编故事，再为故事配画，继而由孩子自己或爸爸妈妈在图画旁写下画面的意思。这种整合了图画、语言、文字的"读写绘"作品，贯以老师和学生、家长和孩子之间的联袂互动，构建一种新型的教学样式，成了很符合儿童心理和思维发展规律，让孩子们喜闻乐见的阅读样式。

"读写绘"开启儿童思维想象空间之旅，是绘画语言与口头语言的奇妙结合。它以"读"为核心，用绘与写来丰富发展孩子的想象与表达能力。"读写绘"吻醒了童真的梦，让稚嫩的心学会飞翔，使丰富而神秘的幼小心灵得以痛快淋漓地展示。在这里，笨拙或涂改得厉害，都不是问题，而展露孩子们心中的故事才是最该关注的焦点。严格地说，每一幅"读写绘"作品不是绘画，而是由看得见的绘画语言、文字语言和看不见的口头语言组成的生命故事。

力倡"读写绘"，是新教育助推中国教育改革的精彩之作。它从理性述说进入教育行动，返璞归真，教儿童回归儿童，让教育复位于美好。对于儿童来说，早期"读写绘"的学习，会将儿童早早送入有梦圆梦的轨道，并在悠远的岁月中一路伴随。

五是开辟行之有效的阅读课程，品最好的文化。

书籍选好、路径选准、方法选对之后，要在什么时间读什么书呢？新教育人在借鉴古人优秀文化遗产的同时，探寻并开创了晨诵·午读·暮省的儿童生活方式。

晨诵·午读·暮省，聚焦一日里早午晚三个时间节点，该做的有意义的事儿，该过的有生命力的生活，既是一日之中系列文化的缩影，也是师生们以学习为轴心的朝气蓬勃生活的写照。

晨诵，应了古人那句真言：一日之计在于晨。清晨，用一首诗擦亮每个日子，开启孩子文化生命中的黎明，拉开一天生活的金色大幕，使其渐而养成与黎明共舞的生活方式。这该是何等的舒心与惬意！曙光初上，气畅神爽，心智饱满，灵感飞动，记忆超拔，在此美好的时刻，用自读、齐读、领读、诵读、背诵等方式，或像山泉咚咚，或如河水滔滔，让古典诗词、儿歌与儿童诗、现代诗的清词雅韵、诗情画意从生命的黎明穿越，唤醒灵魂，涵养身心，储存知识，充实智慧，领略乐感，滋生神圣，真乃荡气回肠般的大美大乐。

新教育的晨诵在发展完善中，已走出语文老师独自领衔的小舞台，而拓展为数学、英语、自然、美术、音乐等诸学科教师齐来参与，多门学科协同登场的大天地。

午读，孩子们阅读那些符合他们年龄阶段的书，尽享阅读的无穷乐趣。"读书之乐乐何如，绿满窗前草不除。读书之乐乐无穷，拨琴一弄来熏风。读书之乐乐陶陶，起弄明月霜天高。读书之乐何处寻？数点梅花天地心。"（翁森，《四时读书乐》）若问，古人此种读书之乐，今人还求得到吗？新教育人回答：能！古今人心，灵犀相通，喜读之趣，人皆有之。只要将学子们引入古人痴迷于读书的情境，再供之以囊括古今中外的精神食粮，那阅读的乐趣，自当如旭日之喷薄而出。新教育实验所达到的境界，已做出了充分印证。

暮省，是对曾子"吾日三省吾身"的继承和弘扬。新教育提倡的暮省，要学生们每天完成学业以后，思考、梳理与反省一天的学习生活，用随笔、日记等形式，记下生活剪影，进行追问与思悟，是与非、对与错、进与退、立与废，都将在暮省的镜子前一一审视，吐故纳新，这是很有意义的生活过滤和生命吸纳。毕竟，"一个未经省察的生活是不值得一过的生活"（柏拉图语）。

日照市高兴镇中心小学金星班的师生，每当夕阳西下，都进行别样的暮省。在组长带领下，面向"组徽"鞠躬话别，述说自己的收获，道出自己的小错误和不足，诚恳接受组员的建议和监督。

新教育以阅读为主导的晨诵·午读·暮省儿童课程，已成了新教育实验的重要组成部分，并渐渐演化成了日常的生活方式。

晨诵·午读·暮省，这一新教育创造和力推的儿童生活方式，既连接了古风古韵，让历朝历代的学术佳境穿越时空，在当下复活，又蕴含新气象，使融汇古今的学习生活，伴着现代化的旋律和节奏，信心满满地走向未来。

三

新教育人执着而真诚的行动，悄悄改变着当下的阅读生态。在天长日久的耕耘中，朱永新被国家新闻出版总署聘请为"全民阅读形象代言人"，《中国新闻出版报》也在他并不知情的情况下，评选他为2012年阅读推广的年度人物，颁奖词这样写道："毋庸置疑的是，在过去的十年里，朱永新一直站立在中国阅读推广的精神之巅……"

为推动广大教师阅读，进而在学校、家庭、社会织就一张爱书之网，《中国教育报》于2004年开始，举行每年一度的"推动读书十大人物"评选活动，评选面向全国各级各类学校的1539万名教师，最终选择出十位引领读书、推广阅读方面功绩显著的读书人，表彰他们用智慧、勇气与行动诠释着推动的意义，为全民阅读的愿景贡献着不容忽视的力量。令人艳羡更让人称奇的是，新教育的教师总是独领风骚，从2005年到2018年，每年都有1~3人荣膺"推动读书十大人物"。其中2012年、2014年、2016年有3人登上榜单，更是难能可贵。

特别是2010年，张硕果、梅子涵、李庆明、许新海四位新教育人物荣获大奖，这四位人物出身不同，反映出新教育阅读领域之广、方向多元，人才济济、影响至深。

张硕果组织策划了焦作市"润德屋书友会"。在她的带动下，河南焦作市的师生读书热情被唤醒和点燃。

梅子涵从1999年开始倾情推广儿童阅读，被誉为"中国儿童阅读推广第一人"。

李庆明不但以丰富的形式在校园内支持师生读书，还定期带领教师赴边远贫困地区做阅读推广活动。

许新海，一个热衷于阅读推广的教育局长，迄今已开展阅读讲座200余场，云南、贵州等地区均留下了他的声音。

张硕果是焦作市教科所研究员、焦作市新教育实验负责人，更是新教育在焦作的第一粒种子,她坚持十年,带领了一个地区的教师和父母。她遇到新教育之前,孩子在读小学二年级,孩子对她说:"妈妈,我不想读书。"她非常震惊。走进新教育之后,她就带动自己孩子的班主任加入第一批新教育实验教师队伍。如今,她那原本厌学的孩子成长为一名全面发展的名校高中生;张硕果也在这个过程中坚持阅读,致力于"毛虫与蝴蝶"儿童阶梯阅读项目的推广,影响和改变了一大批师生的生活状态。

梅子涵是上海师范大学教授,新阅读研究所所长。他号召成人牵起儿童的手到文学中漫步,被誉为中国儿童阅读推广第一人。

2000年开始,梅子涵在北京和上海的重要报刊建立"子涵讲童书"专栏,那些世界优秀的儿童文学经他的文字叙述和优美分析,成为无数成年人选择儿童文学作品的"坐标"。许多城市的教育部门向儿童推荐阅读书单时,梅子涵推荐的篇目常为必选。梅子涵所著的《阅读儿童文学》《相信童话》已成为关心儿童阅读者的必读书,赢得小学语文老师、幼儿园老师的青睐。

不少城市的"文化讲坛""阅读讲坛"和图书馆,包括幼儿园、小学和中学,纷纷邀请梅子涵演讲儿童文学,讲述童话和成长的关系。梅子涵到哪里,哪里就有儿童文学阅读。他的演讲充满情感和诗意,他对儿童文学的理解和分析独特而深刻,是一个幽默而又富有激情的演说家。

可以说,近十年来,梅子涵为中国的儿童阅读,为世界优秀儿童文学的阅读普及,为儿童文学阅读成为学校的教学内容,为童话进入家庭生活,均做出了杰出的贡献。

李庆明,中央教育科学研究所南山附属学校校长,在学校中倡导"田园教育""文化阅读""活力教学"。

在他的引领下,麾下学校开辟学科文化阅读、大主题文化阅读、经典文化阅读、当代作家系列阅读,以课堂阅读、班级阅读、亲子阅读、自主阅读等为主要形式,以星级阅读评价机制为主要支撑,儿童阅读文化生态灿然生成。

李庆明的一大创意是,发起作家进校园活动。曹文轩、张嘉骅、宫西达也等一大批海内外优秀作家先后走进该校,在校园掀起文学阅读潮。

此外,李庆明大胆推进学校课程改革,设置相对独立的阅读文化课程。他主张围绕童话、亲情、游戏、生态、民俗等主题开展"大主题阅读",并亲手主编了一套大主题文化读本。他主持编写了《天堂鸟书林阶梯阅读手册》，通过"晨诵·午读·暮省""班级读书俱乐部""田园文学社区""与作家对话""讲述、诵读大赛"等形式开展丰富多彩的阅读活动，使阅读成为学生生活中不可或缺的部分。

许新海获奖，是因时任海门市教育局副局长的他努力创造条件，让农村的孩子和城里的孩子有同样的阅读机会，以推动整个区域阅读的魄力而冠绝全国。

许新海走上工作岗位之时，就定下一个教育目标："无论城乡、无论贫富，让阅读成为每个孩子腾飞的双翼。"2005年，许新海带领同事们到当地每所农村小学考察，面对孩子们无书可读的情况，他倡导"图书漂流"活动，从单本书的"移动书架"到师生共读书的"图书漂流箱"，漂流的形式根据实践中的问题不断调整。为了监督阅读的有效开展，他想出了在全市统考中必有2～3分课外书内容的招法……

满市书香中，海门教育在攀升。许新海应邀到各地做推广阅读的讲座200余场，相对于中国香港、新加坡等大城市，他去的更多的是云南、贵州等偏远地区，他的目光始终没有离开那些和当年的自己一样，只能靠读书改变人生的孩子们。

新教育教师遨游书海，他们的学生、家长也与阅读相伴。变化尤为明显的，是新教育的学生。阅读让他们拥有了一片美丽丰饶的精神家园和蓬勃日进的生命气象。据美国休斯敦独立学区研究员叶仁敏大量调研的结果："新教育学生在阅读能力测试的成绩，极其显著地高于非新教育学生的成绩。这充分表明在小学阶段，新教育的精神、理念、改变、行动和措施在学生阅读能力的教学和阅读素质的发展上取得了非常有效的成果。"（叶仁敏，《行动的力量》）这一结论，有科学的严谨，含数据的厚实，支撑它的是大量的鲜活例证……

四

倡导阅读，文章万千。阅读道法，路径纵横。

书香校园行动，实为在各个实验区、各所实验学校、数以万计的师生中兴起的一场深刻的教育革命、学习革命，正构筑一个书香弥漫的时空，形成了生命激荡、智慧迸发的宏大交响。

新教育基金会成为阅读行动的重要推手。仅2011年,就捐赠大中小型童书馆17个,精选优质童书12万本,并针对阅读,进行了一系列教师专业培训工作。

江苏淮安市天津路小学的王艳老师是新教育电影课项目组的副组长,她研发的"光影阅读"课程,有效地把新教育电影课与阅读结合起来,在雕刻时光的电影艺术中,让孩子们的精神充分生长。课程开设不到两年,在全区教学质量突击性抽测中,王艳所教年级摘取了两个"第一":语文均分全区第一、语数英三门综合评定第一。

她把"光影阅读"课程分为三种类型,拓进学生们的阅读深度。一是"常规光影阅读课程",即通过组织观看由名著改编的电影,将单一、平面化的文字阅读转化为生动、直观、形象的立体化阅读。二是"生活光影阅读课程",即通过选择与生活相关的影片、书籍,有机链接起阅读和生活,让学生们的知识与生活、生命产生共鸣。三是"主题光影阅读课程",即以主题的形式引导学生观影、阅读、研讨,将读与思有机结合,提高学生深度阅读、思考的能力,同时整合多门学科,提高各个学科教师的参与度。

忻州师范学院教师、新教育实验网络师范学院执行院长郝晓东,与实习支教大学生一起,组织、指导上万名山区孩子开展阅读。

从2009开始,郝晓东担任忻州师范学院扶贫顶岗实习支教工作队队长,先后在海南省五指山市和山西省原平市开展实习支教工作,指导2000余名实习支教学生开展近200场专业阅读。多年来,郝晓东利用专业优势,协助城乡中小学组建专业发展读书会,促进区域教师的生命成长。他在忻州市云中路小学、原平市大牛店镇联合校等学校组建教师读书会，定期阅读朱永新教授的《新教育年度主报告》、阿德勒的《儿童的人格教育》等专业书。

八年来，他通过教师读书会、网络在线授课等方式，指导了4000余中小学一线老师开展专业阅读，有效促进教师专业发展。此外，他还发起了融开放性、公益性、民间性为一体，由忻州市大学、中小学教师组成的专业发展共同体——"常春藤读书会"。读书会以开放、自由、公益、深度为原则，每周举行一次，旨在通过阅读经典书籍达到对话交流、升级认知、自我成长的目的。

新教育造就的阅读时空，以生命发展为主旋律。在心与心的碰撞，气与气的涌动，情与情的濡染，智与智的助推中，飞迸最美丽的音符，汇聚成雄浑磅礴的交响。

五

新教育实验力倡阅读，伴随而来的则是教师的践行与思悟。阅读是学，践行是做，思悟是提升。提升的表现形式，则是言语和书面的表达，淋漓尽致地道出自己的主张，写就有生命体温和真知灼见的文章。

阅读是出发点，口头表达和文字写作是检验方式和归宿地。

2016年，新教育主导的全国领读者大会在国家图书馆盛大开幕，来自全国各地的上千位阅读推广人齐聚北京，共话阅读。

新教育提倡的教育写作，并非作家式苦心孤诣的创作，不为立传不求扬名，乃是记录自己从教之旅的一路风景及体悟，对全部教育生活进行及时回顾、梳理、剖析、总结和升华。新教育倡导以"师生共写随笔"为行动统领，其形式包括教育或教学的纪实、案例、故事、随笔、经验、论文、诗作、日记等，具有及时性、客观性、坚持性、精思性、发展性等特点。

新教育研究院现任院长、名师李镇西反思自己的成长之路，对教师的专业成长提炼出了"四个不停"："不停地实践，不停地思考，不停地阅读，不停地写作。""写作，是一个教师从优秀到杰出需要打通的'最后一公里'。"这推心置腹的话语，道出了一条名师的打造之路。

这四种程序彼此连续，缺一不可，方为全程。阅读是积累，实践是应用，思考是优化，写作是结晶。

从阅读到写作，是阅读的深化和发展，是一次化蛹成蝶的嬗变。

行笔至此，笔者油然想起郭沫若的那首《天上的街市》。诗人由盏盏街灯遐想到天幕上的点点明星，又由点点明星推及眼前盏盏街灯，将人间天上连成一体，创造出一个充满幻想、诗情画意的意境，驰骋了美丽的梦。

而新教育人，不也极像一盏盏传承薪火，为复兴伟业增光添彩，为学子照明引路的群灯吗？他们照耀的，是学子们眼前的路，远方的景；是新教育当下的行，未来的梦。

第九节
克服倦怠，世界难题的中国药方

一

这是一次站在世界潮头回眸中国的经历。在西方最高学府的讲坛上，讲述着东方正发生的故事。

美国东部时间 2016 年 4 月 23 日早上 9 点，哈佛中国教育论坛 2016 年会在哈佛大学教育学院举行。本次年会以"21 世纪，中国教育何去何从"为主题，从农村教育、音画教育、中国教育体制改革、教育科技、教育创新等角度对中国教育进行探讨。开场的主题演讲即由中国民主促进会中央委员会副主席、第十二届全国政协副秘书长朱永新承担，演讲题目为：过一种幸福而完整的教育生活。

在这庄重的讲坛，朱永新实则代表一个崛起的民族做一场生动的教育展示，讲的是在今日中国已形成燎原之势的新教育实验。他特别谈及，新教育最大的特点是关注教师成长。

如何点燃教师的教育激情？如何让教育理论、教育思想走进学校？这是世界性的难题，是所有教育问题里面最难的问题，也是美国教育学者最感头疼的问题。

现在，许多老师不买教育专家的账，老师不肯看教育理论的书。那么，老师是不是真的不需要理论呢？当然不是！一线老师一旦被思想武装，所迸发出的教育能量是非常强大的。中国的新教育实验恰恰解决了这个实践中的难题。它卓有成效地引燃广大教师的教育情怀，在教师和教育理论之间，架起了一条畅通无阻的桥梁……

无须赘言，这场新教育的演讲所形成的思想风暴，直抵与会者的心灵深层……

进入 21 世纪，世界教坛将目光聚焦一大难题——教师的专业化发展，首先需解决的就是如何让教师的心志雄起及智能重塑。在中外教师军团里，数量相当多的人沾上职业倦怠的病症，这简直成为世界性的"顽症"。

初任教师时，往往激情满满，活力迸发，而在教旅途中，渐而蜕变，生显病象：激情流失，活力枯萎，斗志衰微。

这种病态的倦怠，不只因到了一定教龄，更因躲不过的难关：

一是教龄 3 至 6 年时，即一个教学循环周期时（初高中各 3 年，小学 6 年），自以为入了教门，事事已通晓，闻鸡起舞似的状态开始懈怠，激情和梦想悄然蒸发；

二是成家添子、上有老下有小时，琐事缠身，矛盾加剧，捉襟见肘，如牛负重，身心疲惫，美梦远遁；

三是高级职称搞定，再无目标可索时，追求怅怅然，眼前茫茫然，心里空空然。

这就是患上了职业倦态综合征，即面对高期待值、大工作量、强竞争压力，在重压与烦躁中心志滑落，而在身心上产生的高度疲惫症。

这个偌大的黑洞，像蛀虫一样慢慢吞噬教师的心，让其主动性和创造力神不知鬼不觉地丧失，事业坐标轴发生缓慢性的错位：目标呈现一片空白，激情犹如船帆没了风助，重复编织着人生经纬。久而久之，知识旧化，能力退化，观念老化，大脑僵化，思维固化，文风套化。

就在职业倦怠氤氲了许多教师的双眼以至心灵，网络化、信息化、智能化迎面扑来，知识的更新翻番式加快。新教育人早已看清了情势：时代招引与环境所迫皆在眼前，再不修身再造，师者必落伍于时代。

二

新教育实验的逻辑起点和基点在哪里？新教育人坚定地认为，是教师。

2009 年，在江苏省海门市召开的新教育年会上，朱永新在《书写教师的生命传奇》的主旨报告里，第一次提出了教师摆脱种种虚无与倦怠的上策良方，即以孔子为职业榜样、人生典范，发展自己的"三专"模式，书写教育人的生命传奇。

提得适时，持之有据。

笔者深深感喟，新教育实验精深洞察、精当概括、精确推出的新教师成长的"吉祥三宝"——"三专"之路，是一条冲破迷途的路，一条自我解放的路，一条教师发展的优化之路。

专业阅读——站在大师的肩膀上前行；

专业写作——站在自己的肩膀上攀升；

专业交往——站在集体的肩膀上飞翔。

联合国教科文组织等四个组织曾联合提出一个口号：复兴始于教师。一个民族是这样，一个国家是这样，教育、学校更是这样。

用朱永新的观点来看，教师的讲台决定着教育的未来，也决定着民族和国家的未来。

与许多教育实验不同，新教育实验一开始便牢牢地锁定了教师的专业发展。

为此，朱永新做了非常简洁的解释："所有的教育问题，里面最重要最关键的就是教师。谁站在讲台前，谁就决定教育的品质；谁站在讲台前，谁就决定孩子的命运。教师是所有问题的出发点，教师是课堂的生发点……教师也是课程的出发点，不仅是课程的执行者，同时也是课程的研发者。"

接着，他从相反的角度进一步论证："没有教师的发展，学生的成长就成为无本之木；没有教师的研发，课程就成为无源之水；没有教师的实验，课堂就成为水中之月。"简洁的解释，正反两个方面的阐释十分深刻。

新教育不仅提出了"三专"模式，向教师推荐了基本书目，还打造了教师专业发展的系列平台：以"教育在线——教师专业发展论坛"为主阵地，汇聚热心于专业发展的实验者组成共同体；在"海拔五千——新教育教师读书会"QQ群、构筑理想课堂QQ群的基础上，正式建立了新教育网络师范学院，在网上开设许多课程，将专业阅读、课堂教学彼此打通，使一大批实验者借助专业发展共同体提升自己的专业化水平，构成了新教育亮丽的风景线。

当目标与需求双双签约，当心灵开采与载体发掘连体齐动，当教育生态与自身发展高度合拍，就是新教育人走上时代舞台，担任重要角色的那一刻。

三

专业阅读是教师发展的第一级台阶,也为基础台阶。

自古至今,阅读为上。海纳百川,阅读化人。阅读以智慧给人生供氧,用书香为生命奠基。

假如教师的文化库存枯竭了,事业就搁浅在沙滩了,精神就窒息在暗室了。

古人云:修净土者,自净其心,方寸居然莲界;学坐禅者,达禅之理,大地尽作蒲团。阅读之于教师,既是随时随地又是永永远远的准备。

这很像非洲草原上长得最高的尖茅草,最初半年,只有一寸高矮,半年后雨水一来,它像施了魔法一样,三五天便长得一米六至两米高,完成"一鸣惊人"的蜕变。原来前六个月,尖茅草的根部一直在生长,根扎地下超过20米,为雨季的跨越做足了准备。

教师专业阅读的根本任务,就是以广阔的智力背景滋养生命,构造一个睿智的大脑,一个用深博学识和宏富智慧武装起来的大脑。

新教育所倡导的专业阅读,不是随意的、零乱的,仅出自兴趣的,而是从建立教师终身受用的职业核心素养出发,将自己变得丰饶、灵慧、强大的主要手段和路径。

新教育的阅读方式,属于带有咀嚼性质的研读,通过对书籍的聆听、梳理、批判、选择,进行正能量的吸纳、内化。

教师该读哪些书?网师课程及新教育研究院为教师力推的书目,大致包括以下几个方面的书:

一是处于学科前沿的专业书,建立学术高地的"孵化器"。这些书犹如精品细粮,需要细嚼慢咽,来厚积学科知识,激活学术智慧。每个教师应该立足自身实际,纵览事业发展的宏阔学识背景,确定一份属于自己的专业阅读地图,并扎扎实实加以落实。

二是多棱镜似的人文科学书,如文学、哲学、历史、社会学、科学、美学、伦理学、人物等多方面的书,造就健全人格的"定海神针"。这些书广开视界,全息思维,纵横支撑,多元建构。

三是搭建"教学后台"的教育理性书,如教育学、心理学、管理学、学习论、方法论等方面的书,带给教师教书育人的"内功"。有了"内功"做根底,教师在教育、教学的践行中,就能打开一扇扇心门智窗,搭就师与生的情感虹桥,让师生过一种幸福完整的教育生活。

"读书十大人物"之一、新教育人张硕果堪称教师读书的典范。她经历过两次不同效果的阅读。

第一次在2000年,她入选河南省中小学百名教育教学专家,进行为期一年的脱产进修,听顶级课程专家全新的教育理论,读《课程与教师》《新课程的理念与创新》《多元智能理论》……选购的书大部分是客座教授的课程理论书籍,和自己的实践之间还存在一段真空地带。这个阶段,书虽读得多,读得深,却因不清楚自己的知识结构,也不知晓该具备怎样的知识结构,便无法借助阅读来解决在专业成长和教育实践中的诸多问题,反而一下子迷失在这些书籍和词语中,陷入更深的焦虑。

在河南省焦作市,曾经因为一个人带动了一个团队的成长,又因为一个团队影响了一个地区的教育。这个人,就是张硕果。张硕果的成长历程,正在影响着成百上千的新教育人。

第二次是在2007年春季,她赴贵州省凤冈县参加支教。在与新教育研究中心专家及优秀同仁的邂逅中,阅读开拓了她的教育生命。《学校是一段旅程》《静悄悄的革命》《朗读手册》……这些针对性极强的书让她如获至宝。疯狂地阅读,紧张地思考,她步入了快速成长期。在交流碰撞中,她慢慢学会了"啃读",尝试通过对一本书的聆听、梳理、批判和反复多次的对话,吸收内化书中的信息,完善自身的知识结构，形成教育智慧。如此阅读，使理论和现实、阅读与实践之间的距离一点点缩短。华德福的教育理念、阿莫那什维利的课堂教学实践、帕尔默的教师职业认同等理论，如水之浸润，气之弥漫，光之照耀，使其先前阅读的教育理论慢慢复活并相互融通，她也拥有了自己思考教育教学及阅读其他书籍的坐标系。

当下，每每谈到阅读，一些教师常将脑袋摇成拨浪鼓——哪有闲工夫读书啊。错了，阅读时间靠挤，靠抢，靠咬。

四

专业写作是教师发展的第二级台阶。如果说，专业阅读是信息的输入，其输入的形式是在广博精深的吸纳中，完成一种至关重要的积累（间接的生命积累、思想积累、表达积累等），那么，专业写作则是信息的内化，其内化的方式以反思为主线，在梳理、取舍、重组、深化、发展、润色中，实现一种与他人沟通、与世界对话的跨越，将活得精彩、做得精彩，深化升华为写得精彩。接下来，则通过再实践，达到信息更高层次的转化。

2009年7月12日，在新教育实验第九届年会上，朱永新提出"一个人的专业写作史，就是他的教育史"的理念。教育生活由无数碎片组成，这些碎片往往会形成破碎的未经省察的经验，使教育教学在比较低的层面上循环往复。而专业写作则能有效地对经验进行反思，从碎片中提取有意义的东西并加以理解，形成经验融入教育生活，使我们的教育实践更加富有洞察力。这样，这些碎片就可以经过拼合成为美丽的图景，就像散落的珍珠串成美丽的项链。

新教育教师的写作分为教育感悟、教育叙事、教学案例、教育案例、师生共写随笔等五类。

可以说，此种由新教育人力推的教师专业文体的写作，是新教育团队对中国教育的一大贡献，是献给中国教师的一份实实在在的厚礼。

在很长时间里，教师为完成派下来的各种写作任务，往往东拼西凑，书抄网摘，其结果是心口不一，言不由衷，既费时耗力，又劳心伤神，于自己成长无补，对事业收效甚微。

这一回，我笔写我行，我文书我心。从虚到实，由远至近，自身至心，践行的案例，案例的叙事，叙事中的感悟，再不用生编硬造，专做给别人观赏，而是做得踏踏实实，叙得真真切切，悟个明明白白，心里亮亮堂堂。对广大教师，这是事业的解放，心灵的歌唱，思维的修炼，表达的提升。试举一例：

在昆山市玉峰实验学校初中教师吴樱花的班级里，有一名来自单亲家庭的"另类学生"——宋小迪。这是一个矛盾的个体：脑子聪灵而性格乖戾，兴趣盎然但习惯极差，向往上进又破罐破摔，个性张扬却恶作剧不断——随意顶撞老师，辱骂同学，挑衅打架，把同学的牙刷粘上粪便，洗掉后再看着人家刷牙，把自己喜欢的女生名字用刀片刻在胳膊上……他被同学们公认为"天地间第一恶人"。

为了改变宋小迪的成长轨迹，吴樱花倾洒了一腔心血，动用了全部心思。每一天她都仔细记录并思考宋小迪生命成长中的每一个细节：行走坐卧、喜怒哀乐、读说写绘、举止言行、心路历程……记不得有多少次谈心、家访，也记不起有几多回点赞和欣悦的眼神，以及一番番进步—反复—再成长的曲折经历。三年如一日竭尽心力地引领与守望他，坚持不懈地赞美和欣赏他，积累了大量鲜活的第一手资料。

吴老师说："不管将来成功与否，这都是一份珍贵的研究资源，至少能为'另类学生'的教育提供可参考与研究的依据。"就这样，为一名学生，三个年头，她整整写了15万字的观察日记。一行行浸满灼灼目光、带着暖暖心温的文字，无声无息，却如涓涓细流，点点滴滴滋润在岁月深处；亦如轻轻熏风，丝丝缕缕软化了扭曲的心性。宋小迪以吴老师的日记为镜子对照反省，开始一步一步地蜕变，渐渐地知错了，懂事了，感恩了，转化了，奋进了，令人难以预想的是，他竟以昆山市第一名的成绩升入高中。

救人一命，胜造七级浮屠。在新教育教科研的田野上，吴樱花用日记拨正了一个孩子的人生轨迹，改变了他的命运走向，育出一株茂盛的生命之花。她荟萃15万言日记的一本书——《孩子，我看着你长大》出版了。她在扉页上道出心曲："让往事凝固成记忆，让琐碎串联起美丽，用真心见证你成长，用执着雕琢你希望。"

五

专业交往形成的共同体是教师专业发展的良好生态环境,宽松氛围的人脉土壤。

传统共同体的课题组、教研组和备课组,构成了教师历练的熔炉,而读书会、名师工作室、项目工作室、课程研发小组、网师和萤火虫工作站等,则成为新教育教师在互动中成长的坚实链条。

就像一株树之于森林,一滴水之于河流,教师有了专业共同体,便可以彼此呼应,互相拉动,取长补短;就有了兵团作战的气氛,群策群力的环境,集思广益的平台,形成长久不衰的态势,可以飞渡关山,携手走得更远。这样,也摆脱了独木生长的尴尬状态:孤立无援,孤苦伶仃,或像堂吉诃德挑战风车一样地蛮干。

他们互相接力、借力、给力,结成更大的合力。2006年8月16日—21日,在苏州市苏大附中,新教育实验举办第一次"毛虫与蝴蝶"阶梯阅读高级研修班时,还只有常丽华、顾舟群等少数新教育的火种教师参加,很快,王丽君、刘思远等人通过"网师"的招生简章跨进来了,更多人读懂了这些探路者不平凡的经历跟上来了。时朝莉看顾舟群的帖子走进来了,李霞听到时朝莉执着、勇敢的故事赶上来了,姚修萍深受李娟《一年级,我们曾经这样走过》主题演讲的影响而怀揣着梦想上路了……

专业交流,是新教育人的联络方式、存在方式和行走方式。他们在心田上播良种,为生命引清泉。让智慧与人性同时入住,教育的内核与生命的坐标一起入席,个体心灵成长的地图与改造教育生态的脚步相映成趣。新教育人的践行证明,思想建构不可唯我独尊,更多是建立在个人的差异性思维或认知之上的,且还须进行一系列的碰撞才得以生成,唯有涵盖多元思维、多样认知时,才有可能构建起相对完整的视野。

自古有"同行是冤家"的说法。当下一些学校,同事间往往讳莫如深,经验和发现不愿与他人分享,此种同仁犹如路人的情态,与根深蒂固的传统旧习俗有内在关联,一些渴望成长的年轻教师处于被封闭状态,须自己长时间在黑暗中摸索着行走。

新教育反其道而行之。同仁是伙伴，教友是知己。教育追梦团体乃是专业共同体，专业共同体更是事业共同体、命运共同体。因此，开诚布公的对话，推心置腹的交流，针锋相对的碰撞，不遗余力的扶持，群策群力的攻关，彼此接力似的进击，乃是其相互关系的常态，越来越多"尺码相同"的教师彼此激励和互相温暖，创造了一个立足于网络、以真知为精神食粮的互动空间，这也是他们成长和发展的宽宏世界。

如是，新教育要打破千百年的同行间的壁垒，把内心的赤诚、和谐共赢的翠芽，植入中国当代教师的队伍里。

新教育的专业共同体是在向人际间千载陋习发起一次认真挑战，从而为教师们创造一片"乐土"。

2012年11月9日，"新教育种子教师喜悦汇聚令"发出。此"汇聚令"彰显了621名种子教师乃至数万新教育人的生命状态。气势磅礴，激情喷发，有赏有析，有叙有议，看得见旌旗奔突，听得清鼓号嘹亮。请看他们的宣言：

生命，总在天空与大地之间。生活，总在理想与现实之间。

我们追寻着，或许，已是满心疲惫，正在坚持与放弃间挣扎……

我们相信着，或许，已然疑窦丛生，正在叩问与麻木间犹豫……

我们行动着，或许，已经伤痕累累，正在前行与退缩间徘徊……

可我们相信——人心不会熄灭，但它可能蒙上灰烬而不再燃烧。灰烬本来是燃烧的产物，但它反过来又抑制了燃烧。拨开灰烬，你会看到重新燃烧的人心。

我们不是脆弱的理想主义者。我们是柔韧的现实理想主义者。如果你迄今仍然没有放弃拨开灰烬的努力，欢迎与我们在"新教育种子计划"公益项目里并肩。

我们呼唤这样的你——种子计划公益项目呼唤符合以下特征的一线教师（含实习教师）汇聚，共同组建学习共同体：（略）。

我们习惯了仰望，却孤独站立在茫茫大地之上。我们不愿跪倒，因此默默生活在现实重压之下。

孤独沉默了太久，以至我们几乎忘却：每个生命的诞生，本都是一个奇迹，一场胜利。我们每个人的存在，本应自有价值。眼下我们正在度过的，是自己唯一的人生。

而今天，恰恰是此生最年轻的一天。

倘若你心为火种，此刻何不倾情燃烧？——点亮自己，照亮他人！

六

教师的职业倦怠是世界性的，其态势是深度陷落又没有底线，无论制度约束还是物质刺激，似都无法从根本上让倦态止步。

新教育从"心病还须心药医"切入，精神的疾病还须精神力量来解决，力倡以孔子为楷模，以文化为魂魄，以共读、网师和教育在线为载体，点亮教师的盏盏心灯，在"专业阅读、专业写作、专业发展共同体"中抱团精进，挑战自我，超越自我，克服职业倦怠，使许许多多原本普通的教师，生命从此由平凡变得壮丽，成了教育思想的开发者，精神世界的飞翔者。

美国麻州大学教育领导学系系主任严文蕃体悟很深。他跟随、观察新教育达10余年之久，觉得新教育实验做了很多开拓性工作，才探索出一条教师成长的内在途径：懂得如何用教育理论武装一线教师，让他们有了成长的渴望，有了对理论的兴趣，培养了一大批活跃在教室和课堂上的榜样教师，因此破解了这道世界性难题。

让我们立于高远的文化视角，解析新教育实验是如何从克服教师倦怠、激发教师灵魂出发，穿越以下六个层次，进入到幸福而完整的教育大乾坤的。其六个层次，可理解为六个文化侧面，亦可视为六重文化境界。限于篇幅，笔者在此简列提纲。

第一重文化境界：穿越课堂教育。

《书经》中的《兑命》有言："敩学。"前面一个字读 xiào，后面一个字读 xué。教是一半，学也是一半，拼起来是教学，即教师一半是教，一半是学，学生一半靠旁人教，一半靠自己学，这就是"敩学"。教的主导在学，学的主导在教。好的教师永远把自己当学生，而学问的有些至深之处，只有为师才更能领会。一旦渐入佳境，发言吐句，往往惊人又惊己。师与生教学相长，共同进步。

教学相长，长是目标，相是核心。

新教育极好地解决了这个核心性的关键难题。该实验抓住教师理念陈旧这个罩门，极为重视教师心智、知行的科学化与艺术化的修炼，突出唤醒教师施教的教育自觉与文化自觉，调动起教师巨大的生命能量、蓬勃的生命状态：一是通过创设一种平等、民主、和谐、愉悦的课堂氛围，真正做到了教师和学生共读共思共做共写，一起攻关克难，一起成长。朱永新提出理想课堂的六度思考（参与度、亲和度、自由度、整合度、练习度、延展度），透辟地阐释了此问题。二是通过教师专业阅读、专业写作、专业交流的自我重塑，加大与学生沟通与互动；学生开展自主学习，将人类文化知识与自己的生活体验参照融通，通过对话，师生共同穿越所有课程的总和，达到理想课堂的三重境界。两者相辅相成，水涨船高，互为表里。

锁定并抓住了转变教师这一个入口，教育教学改革之路，就会一通百通，难题迎刃而解，展现"潮平两岸阔，风正一帆悬"的豁朗风光。

第二重文化境界：穿越学校教育。

一个学校犹如一个小社会，古今中外知识俱全，各个国家与民族，无不希望把人类智慧凝华于学校当中。如何实施更科学的理念，更现代的方式，更有效的方法，至为关键，极大影响着这个国家与民族前进的脚步。

学校教育看似简单，融通全世界的文明积淀，贴近国情世情即可。实际操作起来则甚为艰难，失之毫厘，谬之千里。当下学校教育尤难，往往陷入应试的简单、直接、填鸭式的模式之中。校校相袭，家家如此，将斜当正，以丑为俊，以至于忘记了出发时的初衷。

新教育实验反其道而行之，从关注教室里发生的事情、关注师生的生存状态起步，走出了一直困扰学校教育的"沼泽地"。推进十大行动，启动"三专"工程，实行"四大"改变，深化生命教育，成人艺术之美……这联动的"舞步"，别开生面，直抵灵魂，悄然重塑着中国的广大校园。

从理念到践行，从风采到心魂，从师生到家长，从学校到社会，从眼前到长远，新教育从文化、心理层面切入，为中国教育的深重积弊除疾去病，唤起师生与家长的文化觉醒，为学生、教师和公民的整个人生打下精神底座。

毫无疑问，新教育实验的学校教育给教育以真灵魂，给师生以活生命，给社会以正能量，给历史以牵引力。

第三重文化境界：穿越地域教育。

中国教育，有教育部的指挥系统，各省市区又有管理机构。虽然国家依照现状与需求制定了教育发展的战略规划，却因幅员辽阔，民族各异，各地区发展不平衡，政策很难——适切。教育管理也因条块分割，教育系统内缺乏整合，致使无法满足各地域多层面的需求。

中国教育到哪里去找寻"最大公约数"？新教育人试着解题。

新教育为了一切的人，为了人的一切。

在城与乡、富与贫的地域内，新教育都可以落地生根，开花结果，而且，越是乡村，越是穷乡僻壤，新教育越能接地气，服水土。中条山区的山西省绛县，桐柏山、大别山、大洪山三山环抱的湖北省随县，新教育开出鲜艳的教育之花，就是明证。

海门市新教师成长学院

在应试教育和素质教育之间，新教育视二者间并无鸿沟，围绕提高学生核心素养，像庖丁解牛那样得心应手，运用自如，从而证明为民族复兴打造人才的高素质与为个体发展追求升学的高目标，共有一个并行不悖的主题——求得生命健康、高雅、强劲的发展。没有分数，学校过不去今天；光有分数，学生过不了明天。因此，新教育人聚力素质，笑对应试，于前者登峰，在后者夺魁。

在政府办的教育和民间草根的教育实验之间，新教育人以纵览全球文化的眼光，自觉地为中国教育的若干薄弱处攻关克难。举一例，新教育对生命教材、智识教材、特色教材等教材进行了源头开发，犹如古人钻木取火、浚渠泄洪，在育人命脉上聚精会神，这是极艰难、极高深的对思想文化的传承活动。

第四重文化境界：穿越社会教育。

社会大潮滚滚沸沸，教育不能独居"桃花源"。今日之社会影响今日之教育，今日之教育影响明日之社会。社会问题，一定会显性反映在教育上。教育则从人才这一根本上，左右着社会。

《学记》说："君子如欲化民成俗，其必由学乎。"其意是说，君子想要教化百姓，并形成好的风俗，就一定要重视设学施教。化民成俗的"俗"，亦是鲁迅一生所重视的国民性。

新教育对社会的影响，对民风的改造，是通过对社会的细胞——家庭的改造、重塑、提升来实现的。

新教育从文化的视角透视了家庭，认为家庭是家校合作共建的主体，父母是孩子的第一位和终身成长的老师，是完成育人重任的奠基性力量。

新教育用文化的元素改造了家庭教育——家庭的风气习惯、家教的方式方法，大力倡导共读共写，加深了家长和孩子的关系，建立共同的心理密码与语言系统，让父母与子女和谐，合家和乐，进而扩展到全社会。

新教育以文化理论培训出胜任的家教教师。他们建立新父母学校，开展读书会、报告会、优秀父母养育经验交流会，讲授儿童生理与心理发展的理论和教育学的理论，帮助父母更新观念，掌握方法，成为内行，科学育子。

新教育立足大文化的背景，努力对家庭的文化重组。其路径是让千千万万个家庭，成为学习型文化型的家庭，融入大社会之中，让千帆竞发，百舸争流。

新教育将大社会纳入统一的文化大场里观照。新教育人视天下为己任，所作所为志在中华民族的文化复兴。从此出发，社会各角落的文化，尽在视野之内，关注之中。如朱永新两次赴河南省焦南监狱，调研新教育与监狱施教相结合的情况，并给予精细指导，使新教育之花，亦能在狱中开放。

第五重文化境界：穿越民族教育。

亚里士多德所著《政治学》结束于教育。在这部著作里，政治、经济都归结于教育。《论语·子路》中有这样的记述："子适卫，冉有仆。子曰：'庶矣哉！'冉有曰：'既庶矣，又何加焉？'曰：'富之。'曰：'既富矣，又何加焉？'曰：'教之。'"这里牵涉有三，首先是人口，人口多了要靠经济致富，致富以后要靠教育来提质升档。

教育之大者，在于整修或优化民族基因，影响民族灵魂的景深之处。大凡在历史转折、民族转折之时，也是教育转身的节点之际，要求教育为转折提供从思想到精神、从人才到人力的强大支撑。如果历史呼唤教育，教育没有及时应答，则一个民族很难完成转型的重大任务。历史上的无数教育大家，无不为本民族思维之提升，为祖国之发展，自觉地做出不辱使命的贡献。

当下，新教育实验处于中国从崛起走向强盛的转折当口，正以清晰的理论、优化的方案、踏实的践行、科学的引领，荟萃古今中外的思想，聚集五湖四海的有识之士，推进着重塑教育、再造新人、优化基因、影响社稷的事业。

新教育缘起的动力，是实现中国教育的"乌托邦"之梦。

新教育思维的源泉，来自源远流长、生生不息、千载颠沛精魂不散、万般磨砺浴火重生的华夏文化。

新教育推崇的楷模，为位列"世界十大文化名人"之首的孔子。

新教育行动的方位，贯穿中华民族精神、道德、伦理的崇高而神圣的追求。

新教育道德图谱的最高境界，饱含儒家"惠泽天下"的仁爱境地。

新教育实验的本质，是借鉴传统教育精华的"师道"说，以教师成长为起点，以十大行动为途径，以帮助师生过一种幸福完整的教育生活为目的的大型综合性的实验研究。

新教育引领的生活方式，是融汇民族文化元素的晨诵・午读・暮省等系列课程。

新教育的理论视界，是打造"面向现代化、面向世界、面向未来"的中国本土新教育学派。

新教育持续推进的中坚，是一群为新教育之梦竭尽全力的"尺码相同"的人。

新教育彼岸的胜景，是成长起政治有理想、财富有汗水、科学有人性、享乐有道德的中华栋梁才俊。

由此观之，新教育不愧是生于斯、长于斯的中华民族的新教育。

第六重文化境界：穿越人性教育。

苏霍姆林斯基曾说过："教育者最可贵的品质之一就是人性，对孩子深沉的爱，兼有父母的亲昵温存和睿智的严厉与严格要求相结合的那种爱。"

人性教育应为教育者的最高境界，是看起来无比简单思来也不高难的境界，实则是教育难以做到的返璞归真之境，亦是人类教育的合流之境。孔子提出最高的准则"君子"为道德楷模："学而时习之，不亦说乎？有朋自远方来，不亦乐乎？人不知而不愠，不亦君子乎？"这些看起来似乎简单，实含人性至理、至高至难的境界。

新教育无比重视人性教育。在教育沦为单向度、片面畸形、唯分数模式，如何立德树人成了一大困惑时，"新教育要做的，就是给教师和学生一个开阔无垠的精神视野，让他们对人的内心的复杂性有更为深切的体验，不但要了解生命的伟大和宇宙的博大，而且要感受生活的丰富与人性的丰厚"。"通过浪漫精神的引导来塑造个性的心灵、通过理想信仰的生成来积淀人性的底蕴则是第一位的"。痛感人文精神远离教育实际的惨淡现实，朱永新把关于人性若干深沉的思考，写入了《我的教育理想》《新教育》《致教师》等多部著作里。

新教育人如是而行。他们视每一个学生皆为鲜活的有个性的独一无二的生命，加以敏锐发现、欣悦赏识与顺势开发；让世间最美好的东西与他们相遇，催助其创造并拥有美善的人生、人格和人性；将每一个生命随时随地推向出彩的平台，让其最大限度得到展示与发展；观照每一个生命的些许进步，为才露尖尖角的"小荷"喝彩，为每一个生命颁奖……

如是，我们自会知晓，新教育缘何而美丽？因激活灵魂而忘记倦怠，因思想的灵光直入人性，因文化的雅韵润泽心魂，因天光与地气相映，因大爱与历史同行。

在2018年新教育年会上，陕西安康市汉滨区培新小学教师任毓萍（前）获得"榜样教师"奖项。

第十节
相信种子，耕耘岁月的十大行动

一

如今的孩子怎么了？怎么变得有些陌生？

一个读小学的男生，给同班小女孩写去"我对你的爱很深很深，像无底洞一样深"的情书，经网络传播，让大人们感慨嘘唏。

一场高三毕业前的疯狂撕书行动上演时，上前制止的老教师竟遭6名学生用拖把棍暴打，老师的头上脸上鲜血流淌……

一名高一男生给父母留下遗书："假如我死了，请不要悲伤，也不要找老师，找学校，我在很久以前，就想品味一下不靠任何飞行器在天空中飞翔的感受了……"随后纵身跃下教学楼。

说来惊心，听来错愕，然事出有因。

2012年1月10日，中国人民大学图书馆，在《朱永新教育作品》新书首发式暨新教育新年报告会上，来自石家庄四维小学的4名小学生，用诗歌表演的形式，表白内心诉求，抗议异化教育：

我要上学了，邻居大姐姐告诉我，上学就是做题做题还做题。不好玩。

我要上学了，邻居大哥哥对我说，上学就是考试考试再考试。很可怕。

我要上学了，妈妈说，上学要听话，不然会被老师批评，还会挨罚。

我要上学了，爸爸说，上学要听话，不然回家挨揍，让你屁股开花。

我不想做题做题还做题，我不想考试考试再考试……我不想上学，我还想玩耍！

泰戈尔说："我们把世界看错了，反说它欺骗我们。"是的，当下的孩子涉世不深，面对社会转型期的矛盾丛林，文化大环境的万花筒，家教小环境的盲角区，难免困惑多多，是非模糊，进退维谷，有的心灵异化，急需社会环境的激浊扬清，老师、亲人的点化与助力，没有大人们的正确前导，便不会有孩子的茁壮成长。

二

当下的青少年，究竟是具有怎样特质的一代？该如何恰当地面对他们？如何精准地为他们把脉？这是一个时代大课题。脉把不准，认识不清，路就引不正。

对此，新教育人有一个常常说在嘴上、铭记心头的标志性话语、统领性理念：相信种子，相信岁月。

"两个相信"看似简单的八个字，却蕴含了新教育人的教育观、人才观。

"两个相信"的着眼点和归宿点，聚焦于下一代莘莘生命。相信里饱含着望穿秋水般的期冀，包藏着坚如磐石般的信誓。

"两个相信"的理论基础，是新教育五大理念之首的"无限相信师生的潜力"。潜能的开发，是对生命价值的体认。只要唤醒潜能，激发力量，就能促进教师和学生走向成功。"皮格马利翁期待效应"和"期望值与孩子成长正相关"的心理学实验表明，如果在相信和挖潜上下大功夫，必将赢得成长的风景线。

稍稍展开"无限相信师生的潜力"理念，即是：

——相信每一个独一无二的生命个体都有成功的机遇和可能；

——相信每一个活生生的生命都蕴藏与生俱来的能量，都有待于教育的唤醒与发掘；

——相信每一颗种子在岁月的土壤里，通过科学、艺术的耕耘，定会回赠以世间的珍奇；

——相信每一位教师都是阳光雨露，能带给每个受教育者出彩的人生。

"两个相信"的现实基础，是对丰富而复杂的青少年群体的透骨剖析。

新教育人看透了当下的青少年：其神采日趋开朗、开通、开放；其向往求新、求美、求特；其才干走向思考、思辨、思悟；其心灵趋向自尊、自爱、自我；其性格日益自主、独立；其学情尚有几分呆滞、古板、拙笨。他们面临着精神断乳期、心理中心期、青春躁动期的"人生三期",一些孩子时而表现出:是非糊糊涂涂,做事马马虎虎,错误反反复复,成绩起起伏伏。无疑,这一代青少年是困惑多、气象新、舞台大、担当重的一代。给多大的舞台,他们就可以演绎多大的精彩。

"两个相信"的本质,是相信教育巨大的力量,相信生命无限的潜能,相信心智付出的必然结果,并做好了接受未来种种挑战的充分准备。

笔者曾参观苏州市一所进行新教育实验的爱心学校,学生多是脑瘫儿和少许智障人。教师们没有放弃,积年累月,帮助他们恢复健康,为使脑瘫智障儿成为一个正常人而千方百计,取得的成果令人感动。

朱永新曾举广西一位母亲的事例,她通过艰苦的努力,把自己的脑瘫儿变成了正常的孩子,送入普通学校就读。该女士还倾其家底创办了一所培智学校,要把更多的残疾孩子培养成人。

"两个相信"的哲学思考,是对立德启智育人这门科学的洞彻。

教育是潜移默化中的精工细活,是《牵一只蜗牛去散步》所言的慢的艺术,等待的艺术,水到渠成的艺术。它不是短跑,而是一场马拉松,并不会输在"起跑线上"。

自野至文,从知到行,遵循生命成长规律,需要等待,需要观察,需要顺势,需要反思,需要积淀;人的成长有"明心见性"的顿悟,也有水滴石穿的渐悟;有年少早熟,也有大器晚就。切勿急功近利,拔苗助长,竭泽而渔,只想毕其功于一役。

新教育人的"两个相信",不仅有理性根基,更有实践依据;不但仰望星空,而且脚踏实地。它凝聚了教育者的无比自信。

对此,新教育人深有体会。如果说种子是希望与愿景,岁月是坚守与意志的话,那么这两个词前都用了"相信",则表达了这种对世界对生命的根本信任,是对自己职业的最终的体认与认同,是坚信自己所从事的育人职业,终将如草木萌发,葱茏繁茂。有了如此信任、信赖、信仰,职业生涯中冬的寂寞与夏的炎酷,都能够视若等闲甘于承受。所有的酸甜苦辣,都能看成必尝的人生百味而从容以对。

"我看透了这个世界,但我仍然热爱它。"(罗曼·罗兰语)这应是为师者的襟怀、境界和勇毅。一个真正的教师，应该让学生，也让自己，在跨越重重困难以及怀疑之后，仍然能够建立起对于世界、人类、自我，以及存在的根本信任乃至于信念。这种信念一旦发展为信仰，便成为一名教师立身的坚不可摧的基石。

三

新教育实验始发在校园一线，凝集起草根队伍，聚焦于热点疑窦，突破于攻坚克难，紧贴地气，直抓人心，有的放矢，深入肯綮。

回眸新教育之旅——从星星之火，经程程突进，到步步登高，无时无刻不基于对师生尤其对学子成长的细致调研和悉心思考，而后施以适切对症的举措。

这样，新教育对中国教育问题的破解，绝非浅尝辄止，而是注定要扎根在行动中，行动必然是历史时空里的定影。

2003年4月，朱永新教授、昆山市人大副主任赵松坤与学校教师一起研讨学生日记教育。

新教育实验的大幕一拉开，开宗明义地确定用行动来上路。

2003年3月27日，朱永新在吴江市实验小学作《呼唤"上天入地"的教学——新教育实验的追求》的报告时，除了谈"追求成长""追求生活与实践""追求开放"之外，着重讲了新教育实验做的"营造书香校园""写日记""抓校外的报告""生活化的英语教育""计算机教学"。这虽然还属"原始股"那几条，但"营造书香校园"的行动坐标已经定格，其他条文有些许变动，个性化教育、理想教育也以附带的形式提了出来。

2003年5月23日，新教育实验提出成立六大行动"专业组"的构想，以六大行动为核心的分项专业组成立。"营造书香校园""师生共写随笔""聆听窗外声音""双语口才训练""建设数码社区""构建理想课堂"，六大行动接近于定型。

2004年4月确定为"七大行动"，增加一项"优化家校合作"。但似乎并未叫响传播开去，后几年仍称为"六大行动"。

从2006年开始，新教育实验一直在思考如何把"交给学生一生有用的东西"的理念，落实到学校教育的具体实践中去。经反复讨论与研究，朱永新决定开展"新教育每月一事"的尝试。从2006年11月起，在新教育实验学校推行了"每月一事"的实验。

2013年年初，朱永新经过几年的酝酿、商讨、梳理、推敲、润色，将新教育六大行动最终改造为十大行动——"营造书香校园""师生共写随笔""聆听窗外声音""培养卓越口才""构建理想课堂""建设数码社区""推进每月一事""缔造完美教室""研发卓越课程""家校合作共建"。

炽热的教育情怀、急切的现实需求与强劲的时代脉搏相碰撞，遂产生强烈共鸣。

这一切已属果熟蒂落，水到渠成。

行动！六大行动！七大行动！十大行动！

每一个行动都树起一面鲜亮的旗帜。

每一个行动的背后，都是对中国教育一个重大问题的一种彻悟、一方应答。

上述行动囊括了课上课下、校园内外，涵养着德智体美劳等全人化教育的方方面面，唤醒了大脑、心灵和人格，盘活了知识、智能和个性。

临渊羡鱼，哪如退而结网？坐而论道，何抵起而行动？行动比纲领重要十倍、百倍。因为它将虚的变成实的，将看不见的变成看得见的。

只要行动就有收获，只有坚持才有奇迹。

杜威说："一切教育的最终目的是形成人格。"十大行动是从千百种有助于形成人格的教育行动中，通过前沿实践探索和高端理性论证的融合，一步步优选提炼而来，又经过投身新教育的几百万师生二十度春秋创造性的反复实验和检验，证明是对形成人格最为给力、最见成效的行动。

由此观之，起源于现实渴求，扎根于圣园热土，推进于践行运作，打磨于知行合一，完工于顶层设计——新教育实验十大行动之所以有如鹤立鸡群，与那些凭空杜撰的、想入非非的五花八门的"教育"和"动作"划清了界限，就因其时刻紧贴地气，在与教育改革的粗糙地面的碰撞中，不时迸发出耀眼火花，还因其不断攀向就事论理、以行增知、由知到智的高境，于是，也就拥有了清醒的头脑、明亮的目光、结实的骨架和不可撼动的力量。

十大行动将如诗如画般的教育展露给杏坛。

十大行动遣多彩多姿的生活走进师生心灵。

利在当下，功在久远，其走势将超越时空，正牵动踏实而悠远的足音。

当新教育实验的"十大行动"以一个重要知识产权，亮相于中国教育的舞台时，它其实已经将代表中国声音、饱含中国特色的创举，展示在世界教育的前沿展厅，让各国聆听到铿锵有力的中国教育宣言，品赏生机勃发的中国教育画卷。

四

朱永新阐释："中国教育有弊端，但怒目金刚式的斥责和鞭挞，虽痛快却无济于事。对于中国教育而言，最需要的是行动与建设，只有行动与建设，才是真正深刻而富有颠覆性的批判与重构。"

新教育的实验旗帜高标着"行动"，价值取向定位在"行动"，实验成果体现在"行动"，理论源泉开掘于"行动"，行动是到达新教育目标彼岸之桥。说新教育是行的教育，实不为过。

新教育实验的十大行动，已在教坛产生热烈反响，师生生存状态，业已发生显著而深刻的变化。笔者愿同读者朋友一起探究。

一是营造书香校园，此为精神追求层面。

通过创设浓郁的阅读氛围，使学校成为学生享受成长快乐的理想乐园，让阅读成为师生最常态化的生活方式，进而推动书香社会的形成。

在常州市湖塘桥中心小学，新世纪之初就建成了书香校园。该校创建了"三级"书香网络：学校图书馆和阅览室组成的300平方米的"书苑"，供学生自由选择，自主性阅读，每学期奖励学习型教师与小小读书迷；班级设有图书架，存书量不少于300本，课间随时阅读。书架有形，引领无形，有形的阅读场所，无形的读书习惯，提升了学生的人格、品位、素养，打好成长的底色。

每个教室开辟"书墙"，推荐新书，粘贴书报，展览读书笔记、读书成长册。书成了最高级别的奖品，奖给运动会高手、课堂智人、读书迷、成长幅度最大者。

学校选择《经典诵读》为晨读教材，班级自编了古诗词赏析教材。全校通过诵诗词、品诗味、唱诗歌、写诗字、画诗意、演诗情、办诗报等多种方式，品读经典，触摸时尚，诗化环境，诗化管理，诗化交往，诗化培养模式，使该校成了国内最早的书香校园之一。该校学生也以知书达理、外秀内慧的形神而出彩。

二是师生共写随笔，此为读写能力层面。

欲写得精彩，先学得精彩，做得精彩，活得精彩。新教育倡导通过日记、随笔、故事、案例、教育叙事等形式，反思教育和学习的点点滴滴，促进教师的专业成长和学生的自主发展。

江阴市环南路小学参加新教育实验半年，就出版了《放飞希望》两本日记集。教导主任说："过去孩子们讨厌写日记，写东西都像挤牙膏一样，现在都是从心里流淌出来的。"

三是聆听窗外的声音，此为扩展视界层面。

充分利用校外的教育资源，开展报告会，通过参加社区活动、游学、综合实践等形式，拓展师生视野，接触人生榜样，使教材"小课本"与生活"大课本"、校内"小课堂"与社会"大课堂"有机结合，引导学生热爱生活，关注社会，形成多元的价值观。

在边陲小城满洲里的第六小学，新学期的一个午后，刘颖老师的六年级"彩虹班"沸腾了，在文化长廊里，各小组的孩子守着各自的文具货摊，招手，亮嗓，叫卖不停：

"快来买呀，大算草、大笔记、大英语五本四元，多买几个不亏，留着用您放不坏！"

"瞧一瞧看一看，咱卖的中性笔样子多，品种全，超便宜，机不可失啊！"

从楼里奔来的同学们拥向摊位,转眼间围个水泄不通,不一会儿,各小组的钱盒子里装满了零钱,还有几张百元大钞在最下面压着。

刘颖老师穿梭于各摊位间,抢拍一些瞬间,留住孩子们的成长故事。这些文具,都是她和几名学生干部假期里从批发部购得的,专意让孩子们演练经营,理解服务的吃苦精神。

大课间结束,孩子们收摊时,石忠岩校长赶来:"孩子们,你们有没有红笔?我给老师们买一些。"

莹莹不慌不忙介绍着:"校长,我们有两种红色中性笔,都是12根一盒,一种是8元一盒,但不太抗用,另一种是10元一盒……"她一口气介绍完,瞪大了眼睛等待回应。

校长当即决定:"我买五盒,若不多买几盒,都对不起你这张巧嘴啊!"

四是培养卓越口才,此为口才能力层面。

人才未必有口才,有口才大抵是人才。"把话语权还给学生",通过讲故事、演讲、辩论等形式,让孩子愿说、敢说、会说,从而形成终身受益的自信心、沟通能力和表达能力。在日益国际化的今天,卓越口才自然也包括英语或者双语的训练。

2004年4月,"聆听窗外声音"项目组请来了四位澳大利亚客人讲学,图为澳大利亚客人与中方人员合影。

贵阳城乡结合处的野鸭中学青年英语教师寇艳,曾为本班学生的英语学习苦闷得寝食不宁。他们大多是农民工的子女,家境窘迫,父母为生存操劳,顾不上他们，他们的学习基础和习惯异常糟糕，从小学到初一，26个字母还分不清。

寇艳开始了"探索之旅"。她采用团队合作的方式激发孩子们，按学习程度分成A、B、C三大组，A组基础较好，B组是有潜力的中等生，C组为后进生。名单公布后，让A组的学生自由选择B组和C组的学生，形成一个团队，全班48名学生，就诞生8大团队，每个团队推举一名队长，带领团队想名字、起口号、设计队徽……孩子们选队长，并未都选A组学生，有两三个组推举的是C组有胆量、有号召力的孩子。寇艳要求一周内制作好团队海报。孩子们开始分工，有想口号的，有画队徽的……结果每一组都保质保量地完成了。8个有生命力的团队就此产生。第一组组名：希望之星；口号：一息若存，希望不灭。第三组组名：王者归来。第六组的海报上写着："面对困难，我们挺直身子倔强地抬起头来不服输，倒下去，就马上爬起来，即便翅膀断了我们也能飞翔！"

变了，班级生机勃勃，孩子们精神抖擞。晨诵英语，课间讨论英语，课堂出现了意想不到的风景，为了给本组争得勋章和荣誉，平日里连句"excuse me"（打扰一下）也说不好的学生，都争相站起来抢答，英语课从一潭死水到波涛滚滚。孩子们不知不觉地投身其中，情满课堂，开心对话，各组间你追我赶，课堂效率自然节节提升，他们不断突破自己，有三分之一的学生能用英语脱稿演讲，到初三时，英语的平均率、及格率和优秀率已在学校中独占鳌头。

五是构筑理想课堂，此为主渠道核心素养层面。

这是新教育人的一个重大贡献，即在教改处于心浮气躁的2008年，相当准确又深刻地提出了理想课堂的三重境界说。更具有现实意义的是，新教育广大教师无论在实验的宏观规模上，还是在实验的运作深度上，都自觉自愿地将三重境界作为理想课堂行动的圭臬，不仅心驰神往，更努力践行，下大气力给予历史性的推进。

朱永新在《新教育》一书里，代表新教育人如是提出了三重境界——

理想课堂的第一重境界：落实有效教学框架；

理想课堂的第二重境界：发掘知识这一伟大事物内在的魅力；

理想课堂的第三重境界：知识、社会生活与师生生命的深刻共鸣。

这三重境界，不再囿于教学方法，也未陷入教学模式，还不拘泥于教学结构，而是慧眼识珠，在这些运作的景深里，卓有远见地关注了应该达到的内在层次。

诚然,这三重境界,饱含着无数教育实践求索者和教育理论研究者的大量创造性的优秀成果。提出三重境界说,是对迷途中的教育及时地拨正,聪明地点化,理智地导航。践行三重境界说,是将搁浅于滩头的教育探索引向深水区,是给力的举措,科学的范式。

此三重境界,从宏观处纵目,恢宏而大气,茁实而厚重,自知识外延、内涵,直逼掌握了它的师生的精神嬗变;若从微观处细察,简约而了然,确凿而邃密,从精准的界定、深入的发掘,达至知识与人的互动所产生的力与美。

六是建设数码社区,此为开放式网络学习层面。

此为通过学校内外网络资源的整合,建设学习型的网络社区,让师生利用网络学习和交流,在实践中培养师生的信息意识和信息应用能力,促进学习方式的伟大革命。

信息技术革命是新教育的助产婆,是新教育得以实现的桥梁和通道。新教育实验学校无不重视这一重大工程,激励孩子长出网络学习的"翅膀",变传统学习方式为借助网络资源,快速提升获取信息的能力,学会网上表达与交流,利用校园网制作个人网页。目前,相当多的实验学生已建立了个人主页。

七是推进每月一事,此为修炼习惯与培养全人层面。(后文有详述,此处略过。)

八是缔造完美教室,此为以个性文化助推成长层面。

缔造完美教室,即在新教育生命叙事和道德人格发展理论的指导下,利用新教育儿童课程的丰富营养,晨诵·午读·暮省,并以理想课堂的三重境界为所有学科的追求目标,师生共同编织生活,建构知识,书写一间教室的成长故事,形成有自己个性特质的教室文化。

新教育人将这间教室看作师生的中心——含天地之精华、集众美于一身,努力在教室里过一种幸福完整、诗意盎然的教育生活,每一日都用心去擦亮,每一人的潜能都得以最大发掘,每一个生命都书写出独一无二的故事,每一间教室都给未来留下以文化人的佳话。

一位宜宾的新教育女教师,与孩子们在教室里晨诵暮省,海量阅读,增补教材,挑战思维,诵诗作诗,写日记班志,记生命叙事,排演多部小型乃至大型生命叙事剧,激发孩子们的幸福感和获得感。

班上有个男孩,与人极少交流,内心又很坚硬,对班级的事漠然不睬。在"白露"课程中,读到韦应物的"秋草生庭白露时,故园诸弟益相思"时,他对老师说:"古人好无聊哦,自己做自己的事就是了,干吗去相思哦?"在"霜降"课程中,读到曹丕的"援琴鸣弦发清商,短歌微吟不能长"时,他又对老师说:"好奇怪啊,读着这样的诗,我心里有一种说不出来的感觉!这种感觉从来都没有过,这是什么感觉啊?"就这样,在晨诵里,这孩子学会了相思,内心有了温暖的风,柔和的光。对于秋天,他这样写道:

秋天来了,秋风吹落了树叶,那树叶飘飘落下,让人相思,真是"自古悲秋多寂寥"。我喜欢范仲淹的《苏幕遮》,"明月楼高休独倚,酒入愁肠,化作相思泪"。我也在这个秋天里有了浓浓的相思。我思念奶奶,想得心里空落落的;我思念爷爷,想得心里暖乎乎的。我写的思念奶奶的习作《等鸡下蛋的趣事》和思念爷爷的习作《爷爷的方便面》,我觉得写得很有趣,让人一看就知道我在思念爷爷、奶奶。在这个秋天,我知道了思念既让人伤心,又让人感到暖和。我更珍惜和爸爸、弟弟在一起的日子了,我在享受亲情带给我的幸福。

一间小小教室啊,给予稚嫩生命的,远远超越知识泉、能量块,更有那精骛八极、心游万仞的绵绵情思,和比天宇宽宏、比大地广袤的精神世界,以及天地间真善美的人性光焰。

九是研发卓越课程,此为以课程为载体开发生命层面。

剧本,一剧之本。教材,教学之材。课程,是开发学生生命载体的本源工程。

教室是河道,课程是水流。课程以人为中心,承载着师生生命成长的历程。课程的丰富和卓越,决定着生命的丰富和卓越。

新教育实验鼓励教师对教材进行二次开发和新的整合创造,带领学生经历体验、合作探究,建立知识、世界与自我的内在联系,将所有与伟大知识的相遇转化为智慧,使生命更加丰盈。

在湖北随县大山里的净明小学,14名教师都是县级以上的骨干教师,学生大多为留守儿童,孩子们对种子的发芽、成长很好奇,王云想校长就带领老师们研发了种子课程,编写校本教材《神奇的种子》,又建起种子馆,以"每天成长一点点"作为馆训。

二年级的王朝霞老师是一个爱花的花痴,春播季节,她班的孩子们将带来的芝麻、绿豆、黄豆、花生、秋葵、黄瓜、豇豆等种子小心翼翼地种在自制的花盆中。他们用笨拙的小手捧起泥土放进盆中,精心挑选种子放入土中,再细细浇水。平时最爱美、爱干净的蒋辰泠汀的手上沾满了泥巴,可她毫不在意。一双双小手都脏兮兮的,一张张小脸全这么专注,一颗颗心带着温暖的期盼。

学生们都有一本成长日记,将每天的守望、观察,记录在上面。乔晨姿:"一个星期过去了,种子的四周土层开裂,我的种子破土而出啦!两颗小芽,它只有两片小小的叶子,分别向着两头,可爱极了……"种子课程的学习,也提升了学生的绘画能力和想象力。朱彦仪在"读写绘"的本子上画了两幅图,第一幅画了种在石缝中的种子和山脚下的野草,并写上种子和野草的对话。种子说:"这地方又小又不舒服,我很难想象你是怎样长大的。"野草说:"别着急,你看我的小伙伴们,也有在石缝中生长的,而且比我长得还好呢。"第二幅画了长在山岩间的松树竹林和小草。说明词写道:"我知道山岩中的种子力量多么强大。小草、松树、竹子的种子那么小,生长环境那么差,但它们一点儿都不嫌苦,小草长出绿绿的叶子,松树长得高高大大,竹子长成一片浓密的竹林。"

其实,孩子们不都是种子吗?虽长势不同,却自有其美,各展特色。

十是家校合作共育,此为育人的合力层面。

英国著名政治家、文学家切斯特菲尔德(1694—1773)给儿子的书信结集为《一位好父亲胜过一百个好老师》,被称为"生存教科书",其子也成了杰出的外交家。

说一位好父亲胜过一百个好老师,不免有些夸张,但父母是孩子的老师却毫无疑问。父母从骨肉亲情出发,使孩子耳濡目染、潜移默化、入耳入心,自然莫能相比。

而在我国,家教缺失,科学的家教尤缺。不少操劳在社会底层的家长以为,教育孩子是老师的事,把孩子交给学校就行了。

新教育实验通过家校联动的机制,将家校合作共育列为一项重大行动,视其为学校文化建设和制度建设的重要内容,意在通过亲子共读、新父母学校、家校合作委员会等形式,建立新型的家校合作共育方式:2005年3月,玉峰实验学校的《玉峰新父母校报》正式印发。2006年，全国教育科学"十五"规划重点课题"新教育理论的实践及推广研究"结题报告中，详细介绍了新教育实验"优化家校合作"的行动。

2007年7月，新教育运城年会正式提出"共读共写共同生活"的理念。2012年，新教育宁波国际高峰论坛上，"家校合作共育"正式成为新教育实验的十大行动之一。新教育实验从践行到理论，开始了家校合作共育探索的新时期。

家校合作共建，是新教育的基本底色之一。

所有这一切，旨在努力发掘父母在学校教育和家庭教育中举足轻重的潜能，让家校共育机制落地生根，让家庭深度卷入教育之中，家校交融，家校一体，家校共赢，为学生的成长创造翔舞的蓝天碧野。

2017年新教育年会上，各地家校合作共育的故事感人肺腑。山西绛县新父母学校一点一滴地汇聚力量，他们以阅读为经线，以家教为纬线，以心灵唤醒心灵，因读而聚，因爱而行，因智而强，共同编织起一张亲子共读的网！

南京市芳草园小学的小曹爸爸在亲子共写日记中，发现儿子做事丢三落四、虎头蛇尾，毅然做出决定——戒掉抽了28年的烟，要给儿子做个榜样，让孩子学会坚持。小曹每天坚持跳绳，父亲坚持戒烟，父子互相监督、激励。经过一个半月的努力，父亲戒烟成功，儿子则从一分钟跳100多个增加到280个！儿子各方面进步显著，责任心、上进心大大增强，做事力求做到最好，深受同学敬佩，老师信任。

五

笔者之所以将十大行动之一的"推进每月一事"单独列出来,是感觉它在新教育人的思考、运作和耕耘里别具一格,其效已彰,堪为妙径,直抵心灵;它起点低,境界高,于治标有效,于治本有道,对学生的生命成长、人格发展尤见收益。

笔者阅读朱永新的博文随笔看到,他一迈进2006年的门槛,就格外着意地思考:新教育要教给人一生中最重要、最有价值、最有用的东西,究竟是什么?是如何学好教科书吗?不是!

思来想去,结论只有一个:习惯。如果根据学生的身心发展特点和学校与社会生活的节律,每月开展一项适切的主题活动,通过主题阅读、主题实践、成果展示与评价等方式,实施不同的主题内容,着力培养学生良好的行为习惯和公民意识,岂不就教给了学生一生中最有用的东西吗?

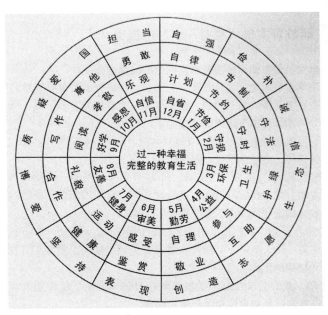

新教育每月一事"12习纲36习目"

他随即想到,让思想挺立起来的只有行动。阳春时节,他或直接主持,或引导性聆听,一次次召开新教育每月一事沙龙研讨会,碰撞共识,梳理思路,完善主题，论证意涵，与会者无不认为，每月一事是新教育行动的重要载体，具有纲举目张，牵一发而动全身的效用。

老教育家叶圣陶曾一语中的地说："什么是教育？简单一句话，就是养成良好的习惯。"

习惯乃做人之基，人格之种。好习惯一经形成，便如日月经天，江河流地，自然而然，见性觉悟，修成"正果"。

对播种良好的习惯，新教育人深耕细作，春华秋实，既有每个月主题，还有使其顺利萌发的办法，运用广泛的主题阅读、主题实践、主题研究、主题随笔等方式与路径，把公民教育、生命教育贯穿其中。

新教育人推进每月一事的具体设计是：

1月，吃饭——主题的节俭；

2月，走路——主题为守规；

3月，种树——主题为环保；

4月，踏青——主题为公益；

5月，扫地——主题为勤劳；

6月，唱歌——主题为审美；

7月，玩球——主题为健身；

8月，问候——主题为友善；

9月，阅读——主题为好学；

10月，家书——主题为感恩；

11月，演说——主题为自信；

12月，日记——主题为自省。

有设计，有训练，有激励，有反思，有评价，一条龙作业，一以贯之地要求，出发点和到达点得到了有效的对接。

在西安市高新区第四小学，演讲已成为学校的一抹亮色，化作全体学生的一个特色。该校十分重视演讲习惯的养成，让每一名学生都学会演讲，成就自信而快乐的人生。在语文课堂上，有三分钟演讲，学生们轮流展示；在班级里，电台搭建了更广阔的演讲空间，让《朗诵》《推介好书》《科技讲堂》《佳片有约》《故事讲演》等电台节目融入班级生活，让每个同学都参与互动；在年级间,开展"大手牵小手"的演讲传帮带、一对一的提升活动;在校园内外,故事会、小法庭、大讲坛等主题实践活动更是精彩纷呈,形成了一轮又一轮冲击波。

在该校课程负责人王蓉的班上,口吃的孩子小轩轩因自卑不敢当众讲话,上课缄口不言。王蓉与其家长沟通,得知孩子的自卑和口吃源于孩子父亲的过分要求和粗暴对待,就和孩子一次次谈心,鼓励他打开心扉,战胜自我,大胆交流,并引领他从朗读小故事开始。当他第一次战战兢兢地站在台前,用颤抖的声音给同学们讲准备已久的故事时,王蓉带头为他鼓掌,顿时,班里掌声雷动。在喝彩声里,小轩轩的眼眶里涌出泪珠,向老师投来感激的目光。短短的瞬间,这位孩子却走完了长长的路,心田播下自信,长起精神,开始朝着阳光前行。

毋庸置疑,推进每月一事的行动,在教坛已像涓涓清泉、潺潺溪水,滋润了上百万学生的心田,使得下一代的人性、人品、人格的生命之树青翠欲滴。

难怪,新教育学校的家长们惊呼,孩子们一天变一个样!

六

墨子说:"志行,为也。"新教育人深知动机与行为的关联,故怀有极为强烈的问题意识。当下中国教育最为迫切的问题,往往都进入了新教育人的视野,化作了他们的攻坚行动。可以说,新教育实验一路发展的主轴,贯穿的不是理论逻辑,而是问题逻辑,即发现问题、分析问题、解决问题的求索过程。

十大行动作为新教育实验的教育宣言,聚焦于立德树人,它给人的启迪颇多。

一是将育德视为总开关、主动轴,作为树人的核心工程。基于德启智、德益美、德健体、德促劳的特点,十大行动作为充满活力、张力、魅力的德育系统,它超越应试,激活生命;超越教化,耕耘心灵;超越行为,升华人格;给予学子以方向,以精神,以能力,以智慧,以个性。

二是立德树人在动态中流变,犹如看水修渠,水变渠变,水到渠成。它因势利导,因材施教,而不是死堵硬塞。为预防学生早恋,有的学校竟规定:男女生交往必须在明亮的地方,需五人以上同学在场。其实,变堵为导,改塞为疏，才是良策。还有的学校给"差生"佩戴"绿领巾"，让成绩较差的学生在寒冷的教室外面考试等，都是死堵硬塞的变体。新教育人对学生一视同仁，呵护每一颗稚嫩的心，爱怜每一双清亮的眸子，让每一朵花儿竞相开放。

三是育德者怀德，德即旗帜，德即路标。新教育教师激情四射，热情似火，他们把学子爱在心里，爱在梦里。为求得中国教育的真精神，教书育人的大气场，他们给学生做向导，更成了学生的路标和旗帜。

第十一节
海底深行，回归中华传统的基因修复

一

2012年7月15日，新教育第12届年会在山东临淄举行。在这座饱蘸齐鲁文化底蕴、飞扬现代商业精神的城市里，新教育人展示了"缔造完美教室"的多重境界。

在众多惊喜不已、兴致益然的参观者中，有一位沉默寡言的"新人"——华严集团的董事局主席徐锋。徐锋先生长期致力于塑造和提升中国城市文化形象，传承和发扬中华民族传统文化，是国内知名的作家。此次，这位时常逸兴飞扬的儒商，却极像一名认真的学生，聆听了十几位新教育教师的故事，走进了六所学校的新教育实验现场，欣赏了"小蚂蚁班"孩子的童话剧演出。他虽然言语很少，内心却刮起了强烈的风暴；他虽然多次参加高规格舞台表演的彩排，却被孩子们的表演感动得多次热泪盈眶，乃至潸然泪下。

终于，在年会的千人闭幕式上，数日心灵的震动，化为他的一番慷慨激昂的演讲——

"中国当代的教育是'有病'的，这是一个不争的事实。"

"当中国经济神话般地快速增长时，中国的教育没有同步发展。恰恰相反，经济的高速发展还给中国教育带来了许多新的前所未有的矛盾和问题。而这些矛盾和问题，又不可能在短时间内通过顶层设计和体制改良来解决。"

"如果让我给新教育的社会功能做一个定位，我认为，新教育是在给一个病人——中国教育——做一次准确的基因修复。大家从事的，是一项注定要写进历史的、伟大的、关系中国教育的基因修复工程。"

"我们今天的新教育,就是要'修复'延续了2000多年的儒家的道统教育,就是要回归源头,回归传统。新教育的花朵,一定是道统教育凤凰涅槃之后所绽开的带有中华文明胎记的花朵,在新教育所缔造的完美教室里,我已经闻到了这种花朵的芬芳。"

在这位旁观者的眼中,新教育至宏至微的教育理想、以人弘道的文化自觉,变成了如舒婷诗歌一般的情景:

仅仅凭了一个简单的信号
就集合起星星、紫云英、蝈蝈、小蚂蚁、小溪流(指"小蚂蚁"和"小溪流"等完美教室)的队伍
向着没有被污染的远方——出发

他山攻玉,他境返身。这番演讲用诗歌的意境,洞开了新教育人的另一番境界。

"不积跬步,无以至千里。"新教育人以"过一种幸福完整的教育生活"为信号,向"没有被污染的远方"进发。这番看似牧歌的行走,却关乎于未来中国的民族特质、人性情怀、生命气象;它以缔造"小蚂蚁""小溪流"等完美教室的方式推进,却需要在漫长的时空里,一代代人传承接力,历经聚沙成塔、愚公移山的不懈努力,才可完成修复中国人基因的浩大工程。

二

2017年,新教育追溯中华文化源流,寻觅中华传统基因修复之道,打造一处新教育人的精神家园,研发具有新教育特色的完美课程。

新年伊始,朱永新教授就布置了这个课题:如何在近3000所新教育实验学校开展中国文化课程研究?他亲自领导组建了中国文化和基础教育研究项目组,并把这项课题交给辛庄师范的创始人——黄明雨及其团队执行。

项目组对标国家教育部制定的"新课程标准",及2014年3月26日教育部印发的《完善中华优秀传统文化教育指导纲要》,再回到新教育的逻辑起点——教师的发展,进而提出极具针对性的"种子计划":在辛庄师范内,为新教育在职教师提供短期进修和研习的机会,自主研发各具特色的中国文

化课程。

早在 2007 年 2 月 2 日，朱永新便与黄明雨在苏州进行过深谈，讨论回到教育原点的课题。黄明雨留给朱永新的印象便是"他其实不是一个简单的出版家，而是一个真正的心灵的建设者"，十年后继谈此话题，新教育的课题与黄明雨创办的辛庄师范实现完美对接。

辛庄师范位于北京市昌平区兴寿镇辛庄村。从这里远望，燕山起伏于天际。近处，上百年树龄的白杨林疏密有致，引人进入悠远之境。绿水长天，青山翠叶，让人心渐渐超脱于物。

这里是一处北京难觅的世外桃源，更是一处杏坛胜地。辛庄师范在 2014 年招收第一届学生，旨在帮助人们从人类古典的教育思想中得到启发，促使个人在生命中找到属于自己的答案，更好地参与到外部世界。

辛庄师范的立身之道，与新教育改造中国人基因的方式天然融通。用辛庄师范创办者的话来讲，新教育中国文化课程研习营，关注教师品格成长，把握他们的内在生长，以道化德，因识成智；关注教育，使学员们活在中道上。何为中道？中道即为中华文化的起点，寻求"切身""为己之学"，德自明，而后得天之心；生命本身，即为天之身体……在这场课程的学习中，学员们可以寻根溯源，得到中华传统生生不息之相。这个"生"，与新教育的"新"字，自然而然地合二为一。

2017 年 7 月 24 日到 8 月 5 日，首届"新教育"中国文化课程研习营在辛庄师范举行。朱永新教授设计了"活出中国文化的根本精神"的主题，亲自负责第一堂授课，论及"长期以来，中华优秀传统道德教育存在缺失，近几年传统文化热是个好现象，但必须系统研制、开发优秀传统文化教育的课程"。发愿"国学、音乐、武术等都应该走进课堂，并开展文化实践活动，将优秀传统文化的精神渗透进生活"。

为了保证此次研习的宽度和深度，研习营在课程设计上既有大会演讲，又有分组研习的工作坊；既有经典的学习，亦有禅修、中医、书道、武学等多种体验式学习。参与研习的导师，既有南怀瑾先生的得意弟子，还有已故大儒台湾奉元书院爱新觉罗·毓鋆的门生，及辛庄师范、书院联盟学修并重的多位专家。

"礼闻来学，不闻往教。"（《礼记·曲礼上》）研习活动服务于新教育实验学校的一线教师和校长，学费是象征性收取的，经济欠发达地区的教师可申请学费减免。此举旨在甄选出意愿强烈的老师，希望他们珍惜这样难能可贵的学习机会。

组织者似乎多虑了。研习营的所有参与者无不带着炽烈的求知欲而来，在闷热的教室中听讲数小时依然专心致志，无论是白发苍苍的老先生，还是涉世不深的年轻人，无论是资深的一线教师，还是准备投身教育事业的新人，大家聆听着高师们的教诲，沉思着生命这个核心议题，许多学员提出这样的思考："在此次的学习中，让我对教育教学有了更开阔的认识。所谓教书育人，到底要教给孩子什么？作为教育者，我们要培育什么样的人呢？"

教学相长，砥砺前行。2018年，第二届"新教育"中国文化课程研习营推陈出新，将原来7个研习组（人文、科学、艺术、健康、语文、数学和校长组），扩展为10个研习组（经典、历史、科学、艺术、乐教、中医、武学、语文、数学和校长组），注重两个"讲清楚"的思维理络——讲清楚中华优秀传统文化的历史渊源、发展脉络、基本走向，讲清楚中华文化的独特创造、价值理念、鲜明特色。2019年的第三届研习营，课程设置又有新调整，主题突出了"礼乐文明"。第四届研究营又开辟崭新层次，主题为"致力于中国人的教育改革和文化重建"。

经过数年，研习营的老师已达20人，形成了一系列新课程，涉及哲学、医学、音乐、艺术、教育等多个学科，这里仅列举数位讲坛上的高师——

王镇华老师是台湾德简书院主持人，师从一代大儒爱新觉罗·毓鋆，曾在台湾中原大学任教，乃古建筑专家。后放弃教授之职，以喝稀粥的精神，回到家里创办书院，一晃近30载。

林明进老师是台湾地区最优秀的中学语文老师、台湾联考作文命题组成员、台湾各级作文大赛的专家评委，站在讲台上30多年，教"学"更是教"生活"。

林义正老师曾任台湾大学哲学系教授、系主任，文学院佛学研究中心主任兼《佛学研究中心学报》主编；讲授伦理学、中国哲学史、先秦儒家哲学、公羊春秋学、周易哲学、孔子哲学研究、东方哲学问题讨论等课程。

泉州风雅弦管乐社致力于展现中国传统音乐文化"活化石"——南音之美，

而参与教学交流的乐师们，不仅精于唱奏技艺，还在乐器制作、南音的历史与理论等方面卓有建树。

王林海老师为王羲之第68代嫡孙，中国当代书画家，诚明内学创始人，人类心性艺术倡导者。

龚若朴老师为金华山玄同书院院长，中华中医药学会亚健康分会委员，于中医与道、中医与美、中医与艺有实证心得。

钟鹰扬老师为自道精舍武术总教练，国家执业中医师，上海自道精舍、上海熙和堂中医门诊部联合创办人。师承太极大师任刚先生，研习太极拳15年，为杨氏太极拳传承人。

孙映柏老师为特级数学教师，有着40多年的教学经验，对儿童心理、数学教育有独到研究，是中华教育艺术研究会会员、《数学教学研究》杂志编委成员。

卡瑞德老师是国际著名教育家，偶戏表演艺术教师，英国伦敦皇家中央语言戏剧学院木偶系学士课程负责人。

……

教育的这些科目，看似纵横捭阖、天马行空，又往往让初学者难以看到庐山之相。但细观之，无疑是新时期的"孔门六艺"，暗藏着当代人继承中华文明的基本思想结构。

荷塘数亩，垂柳沿岸，清静自然，自而有洗耳清心诚意之效。在这个环境中的新教育中国文化课程研习营，自然得田园教育之正、书院教育之真、乡村教育之淳。在历史深处遥望，很容易看到20世纪晓庄师范的踪影。

《庄子·人间世》中有如是表述："仲尼曰：'古之至人，先存诸己而后存诸人。'"辛庄师范成为新教育学员们潜修证悟之处，这里去除杂质，理想则尘尽光生；锤炼心志，而增益其所不能；通于六艺，则上窥中华文化的根髓；下学上达，方得融会贯通之境……改造中华传统基因的工程，也正在这处悄然进行。

三

基因即遗传因子，是具有遗传效应的DNA片段。笔者相信徐锋先生的"基因修复"一说，是指新教育通过内在因素的作用，对民族精神的图谱所产生和正在产生的建树性影响。

新教育对一代代师生及辐射于国民的此种精神层面的影响很是特别,表象轻微实则重大,看似眼前实则久远,见诸言行更深入骨髓。也许越走进历史的景深,其价值与影响越能清晰地映照出来。

笔者联想得最多的,就是唐代高僧药山那句偈语:"高高山顶立,深深海底行。"

如果用在新教育领域上来讲,"高高山顶立",就是对古今智慧的鸟瞰,对世间纷繁教育思想的超越——此为知。不过,"高高山顶立"虽然很难,但达到山顶而立之后,还要"深深海底行",还得回到教育工作中去躬身实践,一点点地将体悟传达于践行,这一点更难。此为行。

新教育改造"基因"的工程,在于用爱与智慧关注孩子生命的每一瞬间。

中国新教育,以"新"字为主要特征,驰骋于中国教育变与不变的辩证统一中。它让陈腐停滞的、违规失律的、令人窒息的教育内容、教育形式、教育方法休息,而代之以时代鲜活的、契合规律的、催人发展的教育内容、教育形式、教育方法。朱永新说得好:"新教育实验的'新',并不是赶时髦,也不是强标榜,而是一种传承,一种呼唤。"他还具体诠释说:

——当一些理念渐被遗忘,复又提起的时候,它就是新的;

——当一些理念只被人说,今被人做的时候,它就是新的;

——当一些理念由模糊走向清晰，由贫乏走向丰富的时候，它就是新的；

——当一些理念由旧时的背景运用到现在的背景去继承、去发扬、去创新的时候，它就是新的……

新教育的"新"，寻求理论与实践的统一，历史与逻辑的统一，继承与创新的统一。让教育返璞归真，回到教育的原点。新教育不仅有现实的关注，更有终极的关怀，激励人们对当下的教育反思，对历史的教育怀想，对未来的教育前瞻。

如此的新教育，实质在扎扎实实地完善着几千年传承下来、独有特色与优势的中国教育的元素，优化着当下乃至未来的中华子孙的生命基因。

新教育实验获得2018年基础教育国家级教学成果一等奖，
许新海博士受邀赴京参与盛会，上台接受表彰。

这种生命基因的优化工程,绝不可类比那些定质定时的物质工程,不可能毕其功于一役。此为关乎于民族特质、人性情怀、生命气象的精神工程。这需要在漫长的时空里,一代代人传承接力,历经深行海底的不懈努力,才有可能完成的浩大工程。任重而道远,当前赴以后继。

新教育对当下学子的影响,就深刻地体现在对民族文明基因的吸纳与弘扬上。我们可以从以下窗口窥睹一二。

四

窗口一:人文情怀的注入。

中华民族作为情深于海、义薄云天的民族,留给世间至为浩瀚至为动人的人性财富。然近代以来的民族浩劫,及经济竞争的急功近利,教育应试的心浮气躁,让深入民族骨髓的人文情怀逐渐变淡,人与人的情感纽带呈现松弛之象。在学校里,人际交往中的礼文化悄悄消失,师生、学友间的感情慢慢断裂,对优秀传统文化源流的依恋渐渐冷漠。

所有这些,让以师生发展为己任的新教育人感到深深忧虑。

源远流长的人文情怀是中华民族道德伦理的根,优秀传统文化是中华民族魂魄之源,其中,思想含大智,科学有大真,伦理藏大善,艺术呈大美。为使其薪火相传、历久弥新,为国人持续提供精神支撑和心灵慰藉,须让经典、让人文情怀成为民族的生命基因。

目前所缺的,恰是新教育实验聚力所为的。

他们倡导一系列的顶层设计、行动导引,并着力跟踪推进,包括:

——推动书香校园,把最美好的东西,捧给最美丽的童年,为民族精神家园培植出茁壮的芽苗;

——提出"共读共写共同生活"的理念,创建教师与学生、父母和孩子乃至更大的共同体,扩充共同精神家园的范畴;

——淬炼出"晨诵·午读·暮省"的学子的生活方式,让人类创造的最美好事物在共同生活和课程穿越中不断复活,师生重塑他们精神世界的版图;

——主张师生、亲子共同的文化诉求,使每个人通过生命叙事都找到自己的精神家园,将有意义的生活编织成一方方锦绣,一道道独具特色的风景线;

——力推十大行动项目，为优化一代代学子、教师乃至国民的内心世界，提供着精神给养，让五千年深厚的华夏文明款款走来，并与现当代的世界文明熔铸在一起，撑起中华民族明天瑰丽的大厦。

　　在数以千所计的学校里，新教育的师生一路同行，为践行和完善这些顶层设计，匠心独运，倾情耕耘，扬长补短，以文化人，在各自班级的田园里，收获春华秋实，谱写各自的人文篇章。

　　风起毫末，水涌细泉。生命的情怀、气质、人格，就是这样在涓涓不息的哺育中生长起来的。

五

　　窗口二：美善心灵的建设。

　　教育是心灵的艺术。新教育的根本特征是关注人的心灵。因此说，新教育也是"心"教育，是相对于以分数为主要导向的应试教育而言的"心灵的教育"。

　　新教育人认为，让人成为他（她）自己，一个完整的自己，才是教育的最高境界，也是新教育人追求的最高教育境界。没有心灵的建设，精神的成长，教育就只是空谈。

　　新教育人鼓励学校成为汇聚美好事物的中心，努力于新教育卓越课程的研发，以便给所有孩子的发展以无限的可能性。在2016年3月14日的全国"两会"上，朱永新提出：对目前全国6000多万留守儿童的心灵陪伴尤为重要，当加强亲子间的交流，实现"让孩子心中有梦想，脸上有笑容，学到终身受益的东西"。

　　新教育所着力建设的完美心灵，因凸显自己而完整，因对话崇高而博大，因追求美善而卓越，其核心是对亲人、对老师、对同学、对他人、对祖国、对世界的深挚的爱。

六

　　窗口三：核心素养的重塑。

　　新教育的梦想的两个重要目标之一，是成为中国素质教育的一面旗帜。之所以这么提，笔者认为，其一，坚守方位，素质教育确实因其致力于全员发展的人本性、和谐发展的全面性、个性发展的超越性，而成为中国教育改革的主旋律，上升为党的方略、国家意志、政府政策；其二，针砭弊端，针对素质教育行之不远、应试教育扎扎实实的现状，素质教育中健康的人格、精神、道德、情志的重建，一直是最脆弱的环节。

新教育实验是素质教育的行动化、具体化、系列化、大众化，它要"育出一群又一群长大的孩子"，从他们身上能清晰地看到：政治是有理想的，财富是有汗水的，科学是有人性的，享乐是有道德的。而这种人，与中华民族数千年来形成的本质人格和核心素养是完全一致的。

教师专业阅读、构筑理想课堂等讨论会，成为各地新教育人触动灵感、点燃激情、克服职业倦怠的法宝。

那么，这种中国人的本质人格和核心素包含哪些内容呢？

抛去就某时社会乱象的文人断语，以及针对某种时弊的高端政论，中国人要重建的本质人格、核心素养，还是"仁义礼智信"的儒家"五常"。其中，孔子提出"仁、义、礼"，孟子延伸为"仁、义、礼、智"，董仲舒扩充为"仁、义、礼、智、信"，后称"五常"。它集两千多年文化积淀，贯穿于中华伦理的发展中。《三字经》有云："曰仁义，礼智信。此五常，不容混。""五常"之道乃做人的起码道德准则，是一切社会成员间理性的沟通原则、感通原则、和谐原则，也可以理解为中国人的人格名片和心灵密码，于当下仍需取其精华，加以合理传承。

"五常"以德为重心，以孔子所言"志于道，据于德，依于仁，游于艺"的四大文化思想修养为基点。

2009年，新教育在江苏省海门举办的年会上，朱永新作"书写教师的生命传奇"的报告，论述了孔子、孟子为改造社会而终身奔波，为教育英才成就生命，为中国社会不断更新提供了永久的资源，呼吁新教育教师"以孔子为职业榜样，为人生典范；重新体认以儒家精神为主体的依然有生命力及超越意义的思想传统，把它们作为自己生命叙事的元语言；把自己的生命看成一首由自己书写的诗歌，一部精神的小说"，这是极有生命内涵的昭示，树立孔子这面旗帜，汲取孔子的生命精神，意在坚守并弘扬其思想灵魂，让华夏民族的成长踏上古贤先圣踩出的路一往无前。

许许多多的新教育教师将新教育之梦演绎成现实情景，他们带着孩子们读童谣、儿歌、儿童诗，吟诵唐诗宋词，并且开启了儒家思想课程：从阅读《论语》开始，慢慢抵达儒家思想的核心。儒家文化的种子，华夏民族素养的基因，统领着富于魅力的学科知识，让孩子们沉醉不已，渐渐地根植于心。这些稚嫩的生命，慢慢地朝着伟大而美好的知识系统开放。

七

窗口四：完整性格的淬炼。

人们几乎都会说"性格决定命运"，完整的性格承载着什么，却未必了然于胸。

笔者以为，完整性格囊括古人深度开发的德行，自古至今持续发掘的智性，现代人致力塑造的现代性，更拥有当代人本着遗传基因、天赋秉性、兴趣爱好等差异所独具的个性。

德行撑人以优良品格的靠山，智性润人以卓越能力的源泉，现代性注重现代社会的公民素养，个性助人滋长超凡的特色。

新教育人力主"过一种幸福完整的教育生活"，正是为了孕育下一代乃至整个国民如此完整的性格。反之，只有"过一种幸福完整的教育生活"，完整的性格方能够培养和淬炼出来。

新教育实验一向反对急功近利的教育观，倡导教育返璞归真，回到孔夫子所主张的教育原点。勉励教师像孔子那样对学生知己知彼，因材施教，使其得到全面发展，又各具特点，如颜回仁义，子贡善辩，子路勇敢，子张庄重……

新教育实验校、山西省绛县冷口乡中心校的学生在阅读中。

在完整性格中，个性不是无依无靠的金鸡独立，而是居于德行、智性、现代性的地基之上的自我成长。

长久以来，中国教育漠视教育的特色塑造，无视学生的个性发育，须知，无特色的教育和无个性的学生一样，常常导致寻常与平庸。

新教育实验最为崇尚的特色，是个性，是品牌。朱永新说："我们希望每个学校都办出特色，每一位老师都拥有自己的个性，都拥有自己的特长，让每一个人成为他自己。"什么是个性？"个性发展是指个人在禀赋、气质、兴趣、情感、思维等方面的潜在资质得到发现，心灵自由和精神世界的独特性得到尊重，思考的批判性、思想的创造性得到鼓励。一句话，在心理方面存在的个别差异性得到正视和发展。"

个性发展的至高境界就是精神发展。

特色并不意味着圆满，但特色是卓越。什么是最好？最好的就是最有特色的。

教育从培养造就"接班人"，走向"使每一个人都能成为他自己"。

特色能给人自信，特色能张扬个性！

人无特色不立，校无特色不兴。

特色是一种自然的形成和积淀，特色也是一种预设和养成。

新教育的这些论述，与当代世界教育的脉动同一节拍。美国著名学者

J·W·基夫就认为:"个性化教育将成为21世纪教育的必然选择,也是教育改革的核心。"

对于特色的培育,新教育一线教师也在多元探索,多方实践,对自己对学生的性格加以认真的淬炼。

这是湖北省监利县实验小学四年级老师田萍的一堂语文课——《乡下人家》。课文展现浓浓的乡土景色的美:爬上屋檐的瓜果架,满园盛开的花,池塘中嬉戏的鸭,树林中觅食的鸡,还有河池边捣衣的妇女……这些朴实自然、充满诗意的乡村生活对于整天走在柏油马路、住高楼、谈论电脑游戏的城镇孩子来说,无疑是陌生的,如何让学生们感兴趣?

田萍想到个性化教学思想,何不还学生一片自主的天空,以驰骋他们自由发展的个性呢?于是,导入新课后,她告诉孩子们:课文交给你们了,你们用自己喜欢的方式走进乡下人家去看看吧。孩子们看着老师信任的眼神,慢慢进入了讨论和沉思之中。

几分钟后,孩子们便以自己喜欢的方式,选择自己喜欢的段落,他们或读或演或画,灵性凸现,个性彰显:喜欢读的学生,通过美美地读,领略到乡下的景美、人也美;会表演的同学,把大公鸡傲慢神气的样子表演得惟妙惟肖,同学们不由得竖起了大拇指;擅长画画的几个孩子,更是大显身手,彩笔一挥,一幅幅优美的乡间风景画就跃然纸上……孩子们越学越有劲,课堂气氛的高潮一波盖过一波。这堂课在全县质量课评估中得到一致认可,同行都称赞学生个性发展突出,教师的特色教育上乘,让学生得到知识,增强了多方面的能力和人文素养……

八

窗口五:创新因子的激发。

任何时代都有自己的命题。在知识经济、云计算的信息时代,创新成了最为重大的时代主题。

没有创新的优势,就没有发展的强势,也就没有立足的气势。

创新是新教育自始至今高举的旗帜。

沿着"新教育之新"的思想脉络,明晰可见:朱永新发起的新教育并不是历史上新教育浪潮的简单重复,而是在新的历史条件下进行的"新"的教育实验和教育革新活动,是建立在中国文化基础上的新的教育;新教育与"大学之道,在明明德,在新民……"中的"新"一样,用具有新教育鲜明特征的理念、课程、教材和方法,培养未来社会的栋梁之材。

若从创新的"新"计,我们更该看到,新教育的五大理念是创新的,新教育的十大行动是创新的,新教育的系列课程改革是创新的,新教育的教师"吉祥三宝"——专业阅读·专业写作·专业交往是创新的,新教育的儿童"晨诵·午读·暮省"的生活方式是创新的,新教育从出发、突进到壮大的生长运作链也都是创新的。

上述种种,包含创新内容的新、创新形式的新、创新平台的新,足见新教育的含"新"量很足,既有对落后教育方式摧枯拉朽的冲击,更有对鲜活教改内容日新月异的创造。新教育实验创新的知与行,破解着"为什么我们的学校总是培养不出杰出人才"的钱学森之问,引导师生的智慧大解放、大释放,这样,才能使中国教育的优秀传统、中华民族的优良基因不至于变异或流失。

新教育堪为典范的人与事,多如繁星绿草。而笔者对新教育看好的,绝不单单是某一些媒体对若干新教育人的评选、多少新教育学生在全国大赛所斩获的奖项,而是关注其带给师生生命深层的逐步嬗变,以及这些嬗变对民族性格乃至民族基因优化的一点点濡染、一寸寸助推。

"一夜腊寒随漏尽,十分春色破朝来。"新教育教师成百成千地成了弄潮儿,以悄然却深刻变化着的思维方式和行走方式,书写了连他们自己都不曾思议过的生命传奇。那生命传奇,比优美动人的抒情诗还清纯、隽永、独特,比波澜起伏的戏剧还沉醉、抓人、惊心动魄,汇集在一块,就是一部中国新教育的史诗。

你看,新教育万万千千的学子,像追逐阳光竞相开放的花朵,激情地吮吸经典的芬芳,品味知识王国的魅力,真正享受教育生活的甘美,走上自己的舞台,以生命写就瑰丽灿烂的传奇篇章……

第十二节
点破迷津，涵养以文化人的圣园之魂

一

笔者在《圣园之魂》一书中，将学校比喻为圣园。圣园当有圣境，呈现出桃李芬芳、繁花似锦的育人场景。圣园当有灵魂，以成就德行的特区、智慧的熔炉。

拉开新教育重塑师生的帷幕，不禁引人发问：圣园的魂魄安放何处？

"一切问题，由文化问题产生。一切问题，由文化问题解决。"[1] 国学大师钱穆以明晰的视角，做了精准解答。

一所学校的真正灵魂在文化。主宰学校发展走势的是文化。学校不同凡响的核心竞争力靠文化。文化之于学校，具有冶情、励志、养心、塑魂的巨大能量，无论怎么估量都不过分。

二

在社会文化面临危机，学校文化出现荒废的时节，新教育人站了出来，以众人多醉而我清醒的态势，和学校文化兴衰责任在我的担当意识，从教育大视角、育人大眼光出发，来解决坚守文化精神、建设真正意义上的学校文化的大问题。

2010年7月11日，在石家庄桥西区召开的第十届新教育年会上，朱永新代表新教育人，以"文化，为学校立魂"为题，交出了如何书写学校文化辉煌的历史性答卷。

---

[1] 钱穆：《文化学大义》，《钱宾四先生全集》第37册，联经出版事业公司，1998年版，第3页。

笔者简述一下该报告的理性深度思考。

——从文化长河的源头款款而来，一路上，广角观赏并梳理名家哲人的文化理念，冷静沉思当下更为适切的文化主张，在大量比较与综述里，提出了新教育人的文化定位。有准确定位，才会有举措到位，运作对位，实现文化的最大价值。

文化其实就是指一个群体、组织在长久的共同生活中形成的生活方式，包括他们的思想、理念、行为、习俗、禁忌、传说、建筑、制度、一切作品……这个群体整体的一切活动，都将是这个方式的某种体现。

学校文化是学校组织成员的精神皈依，是他们认同的信念、观念、语言、礼仪和神话的聚合体。它决定着人们的使命担当、价值追求和发展目标，同时显现在学校的一切教育行为、各种物质载体和全部的符号体系之中。

——水一样柔软，石一样坚硬，报告在对学校文化的软与硬实力的辨析之中，提出了学校师生文化认同的命题，申明此命题决定学校文化的走势和效能。形柔质刚，上善若水，学校文化软实力一旦与学校已有的硬实力有机结合，势必形成塑魂树人的强大综合实力。

学校文化认同一旦形成，就会表现出强烈的稳定性、聚合性、亲和性，其精神结构、价值系统、心理特征和行为模式，具有极强的渗透力与吸引力，能够产生巨大的弥漫和辐射效应，会超越时空，持久地支配每个师生员工的思想和行为。学校文化认同是维系学校秩序的"粘合剂"，是培育师生员工学校意识的深层基础，是任何刚性的物质力量、制度力量都无法替代的。

——化解学校文化危机，新教育人责任在肩。报告指明了一条教育拯救之路，即唤醒学校的文化自觉。文化自觉是心魂的清醒，人格的解放。物质的力量用物质来打造，精神的境界靠精神来提升。

具有"文化自觉"的学校，则清楚地知道自己在秉承什么，知道自己想要用一种怎样的理念去贯彻到学校的方方面面，去影响全体师生的生活，它关注的是呼唤教育教学的精神追求和皈依，反对任何形式的精神奴役，拒斥心为物役的精神扭曲，崇尚扎根于心灵深处对自由、高卓、尊严、纯真、圣爱和诗意的精神祈望与眷注。

——报告人目览古今学校春色，寻出凝聚校园文化的原动力，是"过一种幸福完整的教育生活"。这是绝对标尺，量得出学校文化有与无、高与低，循此标尺，便揭开了学校文化之魂的神秘面纱，展示出新教育学校的文化魂魄，也找得到做好学校文化的路径。

个体生命和共同体生命的良好状态，是一个绝对的原点。而倡导"过一种幸福完整的教育生活"，就是为了能够最大限度地实现这种良好的生命状态。为此，新教育也努力为自己树立起一个绝对的标尺，一切其他的因素，都要以此为尺度，并从这里得以澄清与阐明。而这个标尺，就是作为新教育共同体成员必须共同遵守的学校使命。

——教育生活的主体是人，"儿童的生活是一个整体，一个总体"[1]，受教育者要求"身、心、灵"的幸福而完整，即"全面和谐的成长"，从这一总的观念出发，推演出新教育学校文化的一系列特征：形与神兼备，力与美并举，德与智同行，情与智联动，新教育人以高雅、康健、丰盈、美好的文化元素和文化符号，建构起新教育学校的文化骨架，筑起立人塑魂的文化基石。

使命、愿景、价值观：新教育学校文化的核心；

制度：新教育学校文化的"契约"；

师生行为：新教育学校文化的气质；

仪式、节日与庆典：新教育学校文化的"节气"；

建筑：新教育学校文化的物质载体；

故事：新教育学校文化的英雄叙事；

校风：学校已经形成的文化风气和氛围；

校训：学校想要拥有的文化，借一句警言，把自己带往一个理想之境的文化灯塔。

---

[1] 杜威：《学校与社会·明日之学校》，人民教育出版社，1994年版，第116页。

三

新教育人有一种非凡的眼光,不断寻找培育年轻生命、塑造未来社会的最佳途径,积淀有益于师生身心生长的第一等文化沃土,让学校拥有崇高品位,焕发无与伦比的教育魅力,师生潜移默化地拥有美丽的灵魂。

这种有品位的学校文化,以明确而科学的理念统摄着学校生活的一切领域,就像一轮太阳,照亮学校教育生活的每一个角落,无论课堂和课外的,校内和校外的,教师和学生的,教科研和管理的。

2005年新教育实验课题管理研讨会上所作的《新教育实验与校园文化建设》的报告,2010年新教育第十届年会所作的《文化,为校园立魂》的报告,2011年第十一届研讨会所作的《以人弘道:活出中国文化的根本精神》的报告,分别为新教育校园文化提出了微观、中观、宏观的坐标系。

它引领教师向深度发展,全神贯注地助推学子的强健成长,每日都将学生和自己带到奔向明亮远方的路上。做经师更做人师,自己快乐更让学子幸福。

它要让学生感到:早霞如染,东风扑面,身处佳境,春笋拔节;没有陌生、失落、浮躁、迷惘,有同学少年,蓬勃向上,书生意气,和谐攀升。圣园有知识更有文化,有学科竞争更有人文关怀。

这近于理想境界。然而在当下,校园不再宁静,外界的喧嚣随风而至,多元思维纷至沓来。学校文化,一时一刻都没有真空地带,不管其经营者对文化持以什么态度——重视或漠视,高看或小瞧,文化都是一个全时空的阵地。高雅的文化不去占领,低俗的文化不免会充斥;健康的文化不去占领,腐朽的文化便会乘虚而入。至少,会出现文化荒漠,让师生无立足之地,身心空无所依。

近年来,校园暴力频繁,老师受苦,学生受害,留守儿童受害尤重。暴力花样之翻新,手段之恶劣闻所未闻,漠视人的尊严与生命的行为之甚,几乎没了道德底线。

这从反面警示,做学校文化势在必行,迫不及待,十万火急!学校文化不兴,受损的是人才,丢掉的是未来。

四

新教育的学校文化,以文化人,以理服人,以境感人,以情动人,文精而理正,境真而情切。在如燕子衔泥般的建构中,新教育教师是播种者,也是收获者。

2007年,翔宇教育集团宝应实验小学成为新教育实验的第一所基地学校。

"忽如一夜春风来,千树万树梨花开",学校文化不仅让激情的心昂奋无比,更使倦怠的心倏忽间转为振作,让脉动缓慢的心,激越地律动起来。

山东省日照市连云港路小学女教师王芳,性情孤僻,喜欢沉思,寻求特立,曾经厌恶教师职业。初中毕业时被关照自己的班主任报考了师范,师范毕业几经挣扎还是难逃宿命。考公务员、考研究生,三番五次折腾还是脱离不开讲台。她甚至去找算命先生去算能否改行。

一晃十几年过去。2011年,32岁生日那天,灵魂突然开窍,一束火光将她的心儿照亮。这就是"过一种幸福完整的教育生活"的理念火光。这句话,以往只流动在口头，那天则照在心窝里，温暖、亮丽、精彩，怎么想都特别对，特好，特棒！生命，再不能稀里糊涂地过，她要重新点燃生命的火炬上路。

顿悟！新教育的核心文化让她顿悟，心灵豁朗，周身清爽，神采明亮。一个转身，让她打开一个全新的世界。她重新审视自己的生命价值和职业价值，与其在痛苦中挣扎至筋疲力尽，不如在自我完善的路上殚精竭虑。路在何方？就在眼前！

两年前，新教育实验已在日照开展得如火如荼。迷茫、怀疑、抵触中的她，生活却依然故我。

这次，她来到新教育重镇海门，亲眼看到了上自许新海局长，下到海门普通新教育人都那么奋进与执着。一位毕业才一两年的女教师，神采飞扬地讲述电影课程，把全场听众的心神都吸引了去。课一结束，授课教师却泪流满面，不能自已。主持人介绍说，该教师是强忍哀痛上这堂课的，她的奶奶今日去世了……王芳用心去感受和触摸着新教育的圣洁与美丽。她懊悔了，懊悔来迟了。她折服了，为新教育的人文精神、理想主义和坚定信念。她的内心在呐喊在欢呼：我终于找到了幸福，从此开始，生命将扯起风帆！

她读了李镇西的《做最好的老师》，忽觉字字句句说到了心坎儿里。教育不是件苦差事，充满着幸福。教育不是教教书那么简单的事，它是育人心灵的大事。教育不是机械重复的讲解，它是精彩飞扬的创造。

她开始专找教育类的书籍读。抓紧读网师推荐的书，读新教育同仁阅读的书，读有关新教育种子教师成长的书。她读起原本不想看的《给教师的建议》《帕夫雷什中学》《第56号教室的奇迹》《教学勇气》……

她找到了属于自己的精神家园。

每天走进学校，上课、批改、辅导、网络阅读、撰写工作日志，工作繁忙，她享受着充实的幸福感，内心平静而温馨。自己的幸福是什么？她重新给了定义：朝着心中的目标行进，深度阅读、提升学养、与学生共成长，积淀生命的厚度和亮色。

这时，她接了个新班。一位思考的师者，一群回归生命本真的孩子，一间摒弃浮躁的教室，一场与生命相连的故事，这些美好的事物积聚，便是王芳和这群孩子一起缔造的完美教室。

师生们以"鹅卵石"为班名,设计鹅卵石形象的班徽,创作班歌《鹅卵石之歌》,办起班报,推演"不是槌的击打,乃是水的载歌载舞,使鹅卵石臻于完美"的班级愿景,研讨出"博闻强记、自觉砥砺、涵养个性、臻于完美"为班级精神,形成了班级语言体系。

她带领着孩子们,用心地规划和开展生日送诗、读书交流会、好书推荐会、诗歌朗诵会、演讲赛、辩论赛、古诗文考级、参观、出游、参观社会厂矿、亲近大自然、到荒山植树……每个孩子都是主角,在其中获得的体验和感悟,往往超越了课堂的学习。

一向腼腆不善表达的司昀鑫在第一届诗歌朗诵会上出了头彩。

平素行为懒散、对班里活动懒得理睬的李松阳,在演讲比赛中成功地挑战了自己。

聪颖而胆小、说话声音如同蚊子叫一般的小男孩李昊,竟然上台参加班干部竞选。

几年下来,她和孩子们、家长们整理印刷了师生文集《致我们终将逝去的童年》,活灵活现地记录了一群人的行走。

王芳自己也收获多多:她获得全国新教育实验优秀个人荣誉、"鹅卵石班"获2014年全国新教育实验"十佳教室"称号。

为走进孩子们的心灵,她每个周末都赶到培训中心听心理学讲座。一年后经严格考核,她成了国家二级心理咨询师。子夜,伴着儿子香甜的梦,她流连在安静而丰盛的心灵世界里,沉思该如何去缓解情绪,化解源自人们内心的烦恼。学生身上那些不可理喻的错误,难以解释的事件,无法理解的玄秘,她几乎都恍然大悟,本着一份宽容、关爱、理解的情怀,一个个孩子在她心中便有了安琪儿的纯洁与高尚,在心理学的世界里,她觉得遇见了最好的学生!

五

新教育的学校文化,触及学子的心灵深层,形成了强大的能量场。

它着眼于人性的美善,人格的坚实,着手于人心的塑造,人智的培优,又以青少年喜闻乐见的形式切入,足以激得学子们热血沸腾,心驰神往。

进行"晨诵"的孩子们

试看,黎明即起,与经典诗歌共舞,让生命在一日开端就进入舒展状态,持之以恒地给生命注满充沛能量。午读,通过师生、亲子的共读,让经典穿越生命,融入精神,形成共同的语言境界与心灵密码。暮省,日落灯明,反思一天轨迹,评点行知得失,去疵从善,与日俱进。这样的生活方式所体现的新教育文化,怎不让人心悦诚服?

试想,多有亲和力、凝聚力、感召力的十大行动啊。沉醉的书香给人以崇高的朝向。窗外美妙的声音让孩子们看见山外的山、天外的天。卓越的口才使学子们娴于表达和沟通而自信满满。做好每月一事终能获取造福一生的核心素养……

新教育的学校文化有一个极为重要的特质:充满诗意。

这深深打着中国优秀传统文化的鲜明烙印,继承和弘扬了华夏民族源远流长的人文基因和文化瑰宝。

倘若走进新教育的学校里,你会感觉在诗意生活里栖居,在诗化家园里成长,在诗歌氛围中吐故纳新。一墙诗报,一篇校赋诗章,一册诗集,一场诗会,一台诗剧,浸润在诗河歌海中,涵养着身心,让人意气风发,豪情逐浪。

新教育的孩子们,就这样把教育写成精致动人的诗篇,演绎出活生生的学校文化。

内蒙古鄂尔多斯市东胜区第四小学分校罕台润泽小学建校于2011年,是所新教育学校,学生全部来自罕台移民村和部分外来农民工家庭,罕台移民村的家庭全部来自东胜区西部的乡村。

罕台润泽小学的边国荣副校长,是一名乡村教师,更是一名乡土文化的研究者。十多年来,他耕耘在乡村教育的原野上,目睹了城市化进程给乡村带来的巨变,通过对学校周边和部分乡村孩子家庭的研究,有了惊奇的发现——

当下我们的乡村正在发生着巨变,恬静的村落、袅袅的炊烟、田间的小路、绿绿的禾苗、晚归的羊群……这些美丽的乡村画卷正在渐渐消失。

离开土地的农民像个流浪儿,一会儿敲敲市民的门,一会儿又敲敲农民的门,在市民和农民之间徘徊中,丢掉了原本在乡村辛勤劳作的农民本色。目前,他们中的大多数对身份是迷茫的,家庭的文化根基在瓦解之中,这样的家庭急需家庭文化的恢复和植入。

乡村生活、农耕情怀与孩子们渐行渐远,当问起孩子们关于种子、农活等,来自乡村的孩子们的回答是"不知道"。

中国的乡村是中国传统文化的重要载体之一,随着乡村的巨变,中华传统文化受到了巨大的冲击,甚至在消亡……

面对这个触目惊心的变化,边国荣苦苦地思索——该为身处乡村的孩子们提供什么样的教育呢?

经过认真细致的调研分析,他决定把实现传统文化的复兴与传承的目标落实在课程中。于是,边国荣带领学校年轻教师组成校本课程开发团队,进行主题为"难忘的乡土"的乡土课程开发。乡土课程是以乡村为资源,以晨诵、主题实践、体艺、美术课程为载体,以学生的语文、体艺综合素养的提升为教学目标的一次中国传统文化的寻根之旅。

李俐瑶老师班的孩子们在学校开辟的试验田进行播种,并承包田间管理,孩子们从一块小小的田地里感受了劳动的艰辛、劳动的创造、劳动的收获。

崔素素老师通过"二十四节气与农事活动"课程,让孩子们感受中国古代先民根据自然规律合理从事农业生产的劳动智慧。美术老师杨旭利用泥塑课生动再现乡村的生活场景,通过绘画让孩子们感触乡村的快乐童年生活。

在边国荣的指导下,李苗苗老师和他的学生们进行"了解我们的乡村"大型主题实践调查。

孩子们走进田间地头,坐在乡亲家里,听老爷爷讲过去的故事,重温乡村的生态、人文、历史,脑海浮现起"绿树村边小扣柴扉"的昨日美景,承继传统,留住乡愁,面对沧桑之变,一颗颗稚嫩的心芽萌生了家园的归属感,立志成为未来美丽乡村的守望者。孩子写下一篇篇乡村调查报告、乡土记事、家谱传记、乡村名人故事。

苦心运筹,引教育场转换,精细指导,让乡土感回归。李苗苗老师组织的这次活动获评为教育部级优质课,边国荣副校长被评为全国优秀课题主持人。

六

"江南无所有,聊赠一枝春。"[①]

这是一所凸显文化特色的乡村学校——苏州市昆山市千灯镇的千灯小学。

在相当多学校软件太软、文化缺文、育人少育的当下,这所南国小学却卓尔不群,努力寻找属于自己的文化密码,凝聚学校的神魂气韵,让"文化立校,课程育人,特色办学,又好又美"的方略,为每一个学子注入文化自觉、文化自信和文化自立的基因,让这所拥有110余载办学史的乡村学校,上承百年教魂,下启时代丽彩,演绎成艺术、科学、文化等特色奇崛的圣园。

绵延2500多年的古镇千灯,是昆曲的发源地,是昆曲鼻祖顾坚、爱国学者顾炎武的故里,是江南丝竹创始人陶岘的出生地。

坐落于古镇区东隅的千灯中心小学,紧邻顾炎武故居和千年石板街。

走进'千小',右手边醒目的路牌为"顾炎武大道",左手边路牌为"顾坚曲径",校园氤氲着江南水乡特有的典雅之气。来到教学楼一楼,犹如步入学校的历史博物馆,百年"千小"石板街的照片记载着岁月沧桑,1912年"千灯兮小学教育风气开通早……"的校歌,1920年"一个社会雏形的小学,是无数活泼儿童的本营……"的校歌,与"一千盏明灯亮在心房"的今日校歌,上下排开,无声诉说着育才的时光展痕。

二楼则是学校的六艺展厅。"千小"开设的六艺课程,一为昆曲,二为民乐器,三为国画,四为软笔书法,五为发明创造,六为足篮排球。学校设有"昆曲馆""国学馆"等传播演练学校文化理念的场所。一灯一世界,一光一妙境。小学校,大目光;小学校,大课程。他们研发了《一笔一世界》《一乐一世界》

[①] 出自陆凯所作的《赠范晔》。

《一曲一世界》等校本教材，旨在尊重每一个生命，点亮每一盏心灯。

昆曲为"千小"特中之特。2014年，储昌楼任校长，第一次到小昆曲班看训练，就发现了小女孩杨优：容貌清秀，面色深黑；一双大眼睛惊奇、茫然，又藏着难以言说的苦楚；衣服又旧又小，不太干净。在训练时，她一招一式，极为投入，脚踢得比别人高，劈叉时间比别人长，口一开腔，眼一转神，马上会将观众带入昆曲之中，好一个昆曲小精灵。他当场夸奖了她，向指导老师徐允同了解得知，这朵"小梅花"实为在逆境中绽放：她的祖父母和外祖父母早早过世，母亲和父亲又先后意外亡故，杨优如今和继母住在一个30多平方米的车库里，靠继母每个月1500多块退休金生活，还经常遭继母打骂。孩子学习一般，作业较马虎，注意力易分散，习惯方面的问题较多。

储昌楼被深深触动着，他和班主任、辅导老师一起，对杨优备加关爱：学校特意发给她一学年2000元的奖学金；为她做3套校服，让孩子穿上校服抬起头走路；冒雨对她家访，送去床被和橄榄油，叮嘱继母要对孩子加以爱护；造访社区，请社区人员关心这个特殊家庭的特别孩子。这一切，为的是杨优能够心无旁骛，悉心学习唱好昆曲，让艺术点亮生命。

十分耕耘，十分收获。杨优渐渐地认真多了，各方面都明显好转。尤在昆曲学习中，能力更强，也更刻苦。昆曲成了她的人生乐趣，一个人在家"空下来"时，便会尽情哼唱，温习白天学的新动作。

杨优获得2015年"牡丹亭"杯中国昆曲大赛金奖

在全国第十八届戏曲小梅花奖总决赛的舞台上，10岁的杨优登场。一上台紧张得浑身发抖,当望见台下人鼓掌微笑,她气定神安,表演的恰是昆曲界所谓"男怕《夜奔》,女怕《思凡》"的《思凡》。瘦弱身躯,娇美扮相,纤细手指、稚嫩嗓音,6分钟内,唱念字正腔圆,做行丝丝入扣,一颗童心饱含对昆曲对生活无限的爱,赢得满堂喝彩。她以97.22的全场最高分,摘得小梅花金奖之冠。这也是"千灯"小昆曲班自2008年以来累计获得的第16朵小梅花金奖。2015年9月26日下午,在第三届江苏省美德少年颁奖会上,11岁的杨优荣获"十大美德少年标兵"称号。省委常委、宣传部部长王燕文为她颁奖时说:"你是全省几百万少年自强不息的典范啊!"

如此范例不在少数。灵秀、厚重、精湛,古今时空在这儿浓缩,文化经典在这儿荟萃,教育史剧在这儿上演。

连做梦都想办一所新教育理想学校的储昌楼,把"千小"办成了他的梦想家园,也留给教育同仁诸多启示。

启示之一:发掘本地优秀文化传统,解决学校文化的古今联通问题。努力开发当地学校文化底蕴的源头,会发现优秀传统文化距当下并不遥远。教育同仁应从学校和地域的历史里获取营养,深度尊重传统,唤醒文化自觉;从学校的未来发展中获得激情,主动把握脉象,强化文化自信。

启示之二:依据文化的润泽效应,解决学校文化的多方融汇问题。学校的文化不是外在硬贴强挂上的,而是浑然一体,圆融了课程,和融了活动,具有多元性;如水之浸润,润物无声;气之弥漫,随器成形;又似光之辉耀,悄然给予;师生易于接受,以之为"雅",为"高",为"圣",为"洁"。

启示之三:遵循文化的悄然内化作用,解决学校文化的塑魂开智问题。"千灯"小学的文化,以其顶层设计的科学性、内涵挖掘的深邃性、特色打造的精准性,覆盖了教育时空,浸透着每一个师生,引导生命,直击灵魂,激活智能,"各美其美"。塑魂直通开智,开智馈赠塑魂,让全人化的教育、个性化的教育取代了千人一面的教育。

启示之四:做精做细文化的实体,解决学校文化的根魂色问题。根是做好文化的信仰和情怀,为定海神针;魂是文化的理念、思想的良知,为基因序列;色是对文化特色的智慧探寻,为"百宝盒"。三者缺一不可,共存共荣。

启示之五:做强做大文化的生命,解决校长、教师、学生的联动问题。学校文化主体为师生，师生共做新文化。储昌楼说：学校的神、学校的魂在我们心里，我们在孕育学校的文化生命，只要我与师生们用心用情地思考、用脑用脚去运作，就能完善学校文化的每一个细节。

<h2 style="text-align:center">七</h2>

新教育人念兹在兹、精心塑造的学校文化，产生着怎样的价值，突显哪些特点呢？

笔者曾久久凝思，梳理，愿拿这些见解与同仁分享。

一是雅与兴。

雅指文雅、优雅、高雅、博雅，此乃新教育人的生活特点。每日清晨，数以百万计的学生教师与古今的美妙诗章会面，沐浴晨光，穿透生命，中午与中外的优秀作品娓娓交谈，除去孤陋，增长情智；晚上，用文字记录日知，过滤时空，修炼思维，让儒雅成为常态，卓越化作习惯。更有琴棋书画、歌舞剧目，贯穿于教育全程，精粹的文化就这样款款走来，让学校成了大雅之堂。

新教育人不仅仅让学校文化达至雅的层面，更致力于雅文化在学校的全面勃发。

兴，即兴起，方兴未艾之意。不是将文化做得刮一阵风，下一阵雨，而是持续、持久地做下去。如是，"雅"的目标，通过"兴"的运作，就成为一种学校现象，一种主导势头，一种文化气候。

在中央教育科研所南山（深圳）附属学校内，李庆明校长倡导并实施"新田园教育"，让学生回归精神家园。图为该校学生用传统的方式，演绎宁波童谣。

二是学与校（jiào）。

学是学习，学习新教育理论的文化篇章，学习新教育兄弟学校的文化亮点。在学习、借鉴的基础上，实验学校自觉地运用新教育的文化思考、文化语境为自己树文化坐标、立文化规范，培植文化珍珠。学校文化形成和壮大的过程，是一个不断学习、吸纳、内化的过程。

校是校正，修正，完善。校正文化内容、文化形式、文化方法，以适应信息时代的当下学子，适于地域特色。

一所有发展力的学校，一定是饶有持续文化创新力的学校。其持续文化创新力是一步步形成的：在学习吸纳中谋划建造，在建造中更新校正，在校正中发展完善，打造出有根基、有特色、有亮点的学校文化体系。

三是志与向。

教育最重要的功能就是引导志向。《学记》中七处说到"志"。其中一处说："凡学，官先事，士先志，此之谓乎。"其意说，在教学活动中，教师首先要尽职，学生要先立志。

志是大志，为志向，心之所向。即从心灵深处要成为什么样的人。学校文化的重要指向，是让学生明其志，立大志，有宏志。志为火，为光，为灯，为帜。无志即心火熄了，心灯灭了，心帜倒了，心泉枯了。

但是，单有志而无行，只能算空怀壮志。

向，指的是找准实现大志的方向、路径。

新教育人做学校文化，一有其志，二是找到了操作的方向和路径。两者缺一不可。既有目标，更有道路；既有愿景，更有践行；既有理性思考，更有操作要义；既有远方的彼岸，更有到达的方法。

四是融与合。

这里的融，指调和，和谐，进入。学校文化需要从学生层面、教师层面，到学校层面乃至家庭层面的积极融入。

这里的合，指合拍，契合，合流，几种力量勠力同心，方能渐入佳境。融为身入，合为效果。

许多新教育实验学校，家校一家，师生一体。说建立书香班级、书香校园，大量的图书源源到位；说开展兴趣小组活动和开设选修课，一些家长或当义工或自荐担任义务讲师；说搞才艺大赛，又是教师、学生、家长三结合，把服装、道具、灯光、布景、烟火等准备得妥妥当当。

只有这样融而合之，学校文化方能做强做足，形成学校文化那种无处不在无时不有的、显性与隐性的、主流与多元的、稳定而持久的、鲜活而深刻的影响力，以文化磁场的莫大张力，迸发出文化树人的精气神来。

五是闻与达。

闻即听见，听说，知道。达即实现，达到，通达。闻是一种认知接受力，达则是一种参与创造力。

新教育实验是师生共同的事业，没有主角配角之分。新教育的学校文化将学生当作主力军，而不是别动队。它在重视教师的导向作用的同时，更推崇广大学生作为文化建设的主体自觉自愿地参与其中，贡献出朝气勃勃的精神动能和生命活力。

全体学生将前沿的、有辐射力和爆发力的新鲜文化元素源源不绝地注入进去，更使学校文化接地气，有源泉，聚人心，出新意，持续繁盛。

实践证明，凡是学生成了文化的创造者和主力军的学校，其学校文化才更生机勃勃，入身入心，成德化人，富于生命力。

从闻到达，从知到行，学校文化才能蔚为大观。

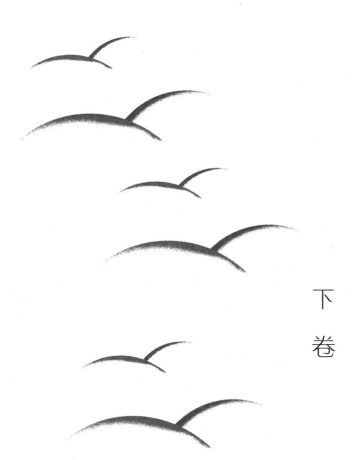

下巻

第十三节
知行合一，呼之已出的新教育学派

一

2004年4月11日，在新教育第二届年会上，朱永新在《新教育的理论与实践推广研究》的报告中，率先提出要打造中国教育的"苏州学派"。

好一句石破天惊的宣言。

这个有个性、有思想、有气魄的表述一提出，即在中国的学术界激起巨澜。外界议论纷纷，一些人视之匪夷所思。

对内行人来说，创建学派是一种学人勇气与学术立标，一种目的更明确、知行更合一的理论自觉。

朱永新创立新教育学派，极大地加快了新教育共同体的建设，在为共同目标的奋斗中，加速了基本主张的统一、学术风格的形成、话语方式及做事方法的趋同，成为新教育共同体所拥有的基本范式。

是时，新教育实验已初现教育风景，初显文化气象，初露民族魂魄，凸显了一个放眼全国、参与国际交流的理论气场，这对形成一个具有共同理论基础、方法论特征和基本相同主张的学术共同体，做实了铺垫。因而，此宣言一出，也得到教育界资深人士的莫大肯定。

资深教育家陶西平第一个表示赞成："朱永新同志很勇敢地提出来，要创造以苏州学派为特点的新教育实验，我想我们并不是绝对要说每一个地方都要有以地方为特色的倡导，但是这种倡导，形成不同教育风格这样一种实验，有助于推动我们的教育百花齐放，推动教育事业的繁荣……"

北京理工大学教科所所长杨东平颇感兴趣地说："新教育最吸引我的，是它的平民教育价值，以及行胜于知的探索精神。它从解决中国教育的实际问题出发，而不是源自学术化的教学实验、为满足学科建设或课题的需要。它是面向农村、面向基层、面向大多数普通学校的，而不是面向少数重点学校、满足它们锦上添花的需要。它是面向普通教师的，明确地将教师的专业发展作为主轴，从而抓住提升教学质量、改善教育品质的核心。新教育实验远远超越了提高教育质量这样稍显功利主义的目标，而直抵教育的真谛：为了孩子的健康成长和终生幸福，给教师一种充实、美满、有尊严的生活，从而走向了崇高的人道主义。新教育学派发在草根，长在草根，特在草根，优在草根。它向人们昭示：越是深扎于草根，就越显十足特色，也越使学派具有较高的学术水准。"

新教育学派是新教育实验总的学术旗帜。各地新教育人各以自己独创的教育风格和教育特色，给予热烈呼应与具象阐释。

中央教科所学术委员会主任程方平博士也著文《走出中国教育自己的路》等文章，对苏州学派予以支持，称赞苏州学派标志着中国教育研究者自我意识的觉醒和自主探索精神的生长。

"江山代有才人出，各领风骚数百年。"苏州学派体现了继承性，继承苏州教育自古以来的优秀传承。从唐宋兴旺的文化教育至20世纪初叶陶行知、叶圣陶等名家的教育改革，这是一大笔极为宝贵的财富，朱永新深感极为珍贵，不可中断，必当继往开来。

"花须柳眼各无赖，紫蝶黄蜂俱有情。"苏州学派注重人文性。"没有人的感情，就从来没有，也不可能有人对真理的追求。"（列宁语）新教育实验的理想，摒弃课堂奴役知识，评价只看分数，其本质是注重人的发展，让受教育者立德树人，注重人文的终极关怀和一生幸福。

"两岸青山相对出，孤帆一片日边来。"苏州学派强调了实践性。远离那种夸夸其谈的教改概念，让最接地气、最适合需求、最解决实际问题的教育理论当家做主。比如实验行动，就是源于现实、指导现实、改造现实的理论。

"不识庐山真面目，只缘身在此山中。"新教育人以课堂为基础，以教育为载体，搭建起苏州学派的基本骨架，以实际行动成就了知行合一。如此系统的理论建设，渐而形成了新教育理论的深厚底蕴。

二

实验在发展中，目标也随之调整变动。

2006年春夏之交，朱永新许是有感于新教育实验已在五湖四海漫卷，囿于"苏州学派"略显几分狭窄，苏州毕竟只是一个点，一个起点，一个亮点，于是因势而动，改称为"打造植根于本土的新教育学派"。

对此，他在2006年7月14日召开的新教育第六届年会的报告里做了说明："我曾经提出苏州学派，陶西平副会长也提出了苏州学派。我跟他说我们已经改了，我们不提苏州学派，我们提植根于本土，植根于苏州就是苏州学派，植根于北京就是北京学派，每个单位，每片土壤都可以养育他自己的一棵参天大树，哪怕是一个苏北的农村……"他以后多次如是表述："在未来的发展中，新教育实验的这四大理想可以归结为两大愿景，这是我们新教育人的共同梦想：第一，我们要努力成为中国素质教育的一面旗帜；第二，我们要全力打造植根于本土的新教育学派。"

任何学派都有根。根扎于营养之地。新教育学派扎根于有代表性的实验基地、实验学校里。在这里，让广大的教师和学生自觉而真实地参加到新教育实验中，用新教育理论自觉地武装自己，不断激发其学术意识和学术自觉，渐渐地达到用学术理论思考，用头脑走路。

新教育学派的提法，大气、包容、朗亮而富于深邃意涵。

新教育学派不是人为刻意想出来的，树起来的，吹开来的，而是新教育实验的重要产物，新教育运动的必然结果，也是新教育最终的生命力之所在。它凝结在独特的教育理论体系、教育策略和教育实践上。

新教育学派的成因有一个循序渐进的生成过程。它成长于草根之间，繁盛在新教育的多维时空里，它既根扎于历史纵深吸其底蕴，又能立足于当下广宇超越自我。

行于高远，又回到实际；扎根深层，又能仰望高远。这成就了新教育学派的独特成长道路，一个透辟的辩证之法。

新教育起步之初，朱永新曾说，平生最得意的事是自己的教育理想得以在苏州实践，能够坦荡地结合工作实际进行学术研究，常常享受到双重丰收的喜悦。当时姑苏城内外，到处捕捉得到朱永新教育理念的影子。20年以后，当事业做及五湖四海，神州大地的很多校园听得到新教育交响乐的韵律。

21世纪的教育面临着追求教育质量与教育平等的新问题。自2011年开启的新教育国际高峰论坛，每年都集聚了全球各地的知名专家，对教育的各类核心问题进行讨论与探索。

进而言之，新教育学派是新教育实验总的学术旗帜。各地新教育人各以自己独创的教育风格和教育特色，给予热烈呼应与具象阐释。江苏海门，喜望江海拥抱，以海一样的襟怀与气度大容大纳，大开大合；山西绛县，扼黄河大拐弯处，看黄河之水天上而来，守望家园，奔向未来；中原焦作，居太行、王屋之间，以愚公后裔的勇毅，挖山不止，不舍日夜，撑起一片蓝天；内蒙古东胜，于内蒙古高原的沙漠深处，凌于高处而俯瞰中国，书写文化人的瑰丽诗篇；辽宁沈阳，吸白山辽水之灵秀，发豪情壮志之雄奇，吐故以纳新，博取而再造，一展北国文化之神韵；京华热土，王朝兴旺之地，文化文明之都，以无与伦比的眼界、智慧和能量，领军教育实验，呈现万紫千红……

三

回望中国近现代教育史，真正成功的实验改革，无不拥有一支志同道合、艰苦奋斗、不计名位和报酬的人才队伍。"第一要有研究的人才，第二要有条理的组织，第三要有缜密的计划"，这是陶行知主持生活教育实验的深切体会。

新教育从理想的高空俯视现实的土地，用行动将理想种子播向原野。借助实践又检验、修正、发展、完备着独特的思想理论，筑起有践行支撑的学理山峰。

2003年6月，新教育成立总课题组，负责教育在线网站建设、实验学校指导。

2004年4月，成立课题秘书处，协助总课题组和各项目组开展工作；5月，成立新教育研究中心，负责新教育资源研发、新教育项目评估。

2007年6月，成立新教育理事会，负责新教育的宏观决策与咨询服务，同时成立新教育专家委员会，作为新教育的顾问机构；9月，成立新教育研究院，负责"新教育实验"的组织和管理；11月，成立江苏省教育学会新教育实验研究专业委员会，负责规划和实施新教育实验课题研究。

2009年7月，成立新教育网络师范学院，负责新教育实验通识培训和课程研修。

2010年2月，成立江苏昌明教育基金会，负责资金筹集、文化传播、公益宣传。

2013年3月，成立新教育教师成长学院，负责新教育理念培训和新教育项目推广。

2015年4月，成立新教育实验学术委员会，负责新教育实验的理论建构；5月，成立中国陶行知研究会新教育分会，负责陶行知新教育理论与实践研究。

2016年7月，成立新教育发展中心，负责管理和服务实验区、校，推进实验发展。

与此同时，新教育研究院下属的新家庭教育研究院（新父母研究所）、新艺术教育研究院、新科学教育研究所、新评价与考试研究所、新生命教育研究所、新教育网络师范学院、新教育培训中心即教师成长学院、新职业教育研究所、新教育发展中心、新教育研学中心等也应运而生，各显身手。正是在这些机构相继成立和不断改组的过程中，新教育实验的组织文化———新教育团队文化逐步建立了起来……

2003年7月，新教育实验首届研讨会在昆山玉峰实验学校召开，多年以后，这些与会代表大多仍是新教育实验的骨干。

"新教育共同体"的搭建过程中，新教育学派已经拥有了坚实的组织土壤。朱永新教授在《与理想同行———"新教育实验"指导手册》《中国新教育》等论著中不断强调，要不断壮大和完善研究队伍，打造一个有共同精神追求、共同理论原点的"新教育共同体"，为"新教育学派"的形成播下种子、打下基础。随着理想主义、田野意识、合作精神、公益情怀为内核的团队理念确立，一种践行"NGO生存哲学"并不断自我超越的团队文化基本形成。这是新教育实验的光荣与梦想，也是"新教育学派"诞生和壮大的重要前提。

从知行合一的互动之中，新教育理论形成了自身的特色。行出知，知导行，行知融通，知行一体。虚空的理论和盲动的践行，都是新教育人所摒弃不取的，而在理论航灯下的行稳致远，才是新教育人的不倦追求。新教育理论，不是坐而论道，不为理论而理论，不自我欣赏，而是用来引领思维、指导行动的，字字要落地，条条索回声，具有莫大的实用性。

从"本土行动"和"国际视野"的对照中，新教育对实验的时空坐标进行更为精准的定位。就"本土行动"而言，关键在于把握中国基础教育改革与发展的基本状况，阐明新教育实验与当下众多教育实验改革的联系和区别。事实上，新教育实验的继承与创新有两个基本维度：一是相对于自身扬弃而言的修复与完善；一是相对于"中外新教育运动"而言的接纳与吸收。而将这两个维度很好结合起来的一种重要形式，就是每年一度的新教育国际高峰论坛，新教育实验可以由此发现亮点，取长补短，对话碰撞，不断超越。

四

新教育的学术之峰，一座座，一重重，相互毗连，纵横有序，横看成岭，侧观成峰，岭出精彩，峰具神韵。

在新教育各个研究机构的成立和不断改组过程中，"新教育实验"的组织文化——新教育团队文化逐步建立了起来。新教育组织文化是一种超越时空、超越制度、超越个体、超越竞争的共同体文化，整个团队的发展愿景、价值准则和历史使命构成了这种文化的精神内核。

本节中，笔者仅仅涉猎其中三座——新教育研究会理事会、新教育研究中心、苏州大学新教育研究中心，在对这三座山峰的领略中，可以窥见新教育的核心理念之峰、课堂之峰、新教育人性格之峰、学理之峰……

新教育研究会理事会充分发挥其"孵化器"功能，及时推广研究院对新教育的最新研究成果，并邀请研究院的研究员深度参与相关项目，形成研究合力。

2007年开始，受朱永新委托，许新海负责筹建新教育研究会理事会，把秘书处设在江苏海门教育局，并成立了筹备组。6、7月间，筹备组向江苏省内各新教育实验区与新教育实验学校发出发展会员和推荐理事会成员的通知，初步确定了理事会成员。与此同时，筹备组向江苏省内各新教育实验区和实验学校发出了优课评比和论文评比的通知，秘书处陆续收到各地报来的录像课和优秀论文。

那段时间紧张而忙碌，雷厉而风行。11月16日，新教育研究会理事会成立预备会上，许新海、储昌楼、李宜华、吴勇等人详细讨论理事会成立会的议程、论文评比的规则、得奖数和评委成员，优课评比的规则、得奖数及评委等。11月24日，江苏省教育学会新教育研究专业委员会（新教育研究会理事会）正式成立，明确了新成立的理事会的主要工作内容。

组织理事会议。定期召开理事长会议、常务理事会议和理事会议，研究具体工作和行动策略等，及时总结江苏省各新教育实验区和实验学校的研究成果，及时推广实验的最新成果，不断壮大新教育研究会理事会的力量，让更多的一线老师加入到新教育实验的队伍中来。

组织论文评比。选送最优秀的论文参加江苏省教育学会的论文评比。

组织优课展示。把"理想课堂"的研究作为一个永恒的主题，从价值观和教育思想的层面研究课堂教学，把素质教育的要求和新课程的理念融入课堂教学，使理想课堂的建设始终处于动态生成和发展的过程中。

组织主题论坛。主题论坛作为理事会展示和交流的重要平台，新教育实验"六大行动"的进展和"十大理想"构建，变成研讨的主题，并通过论坛，分享思想、经验、设想，通过对话，碰撞观点、生成智慧，不断加快新教育前进的步伐。

组织成果分享活动。建立成果年度报告制度，要求参加理事会的各实验区和实验学校报送一年的新教育实验研究报告，秘书处将编写的简报发送全省各实验区和实验学校交流。另外，根据各实验区和实验学校研究进展的程度，确定一些专题性展示研讨活动，组织相关学校一起参与交流、展示、研讨。

组织项目联盟。理事会通过项目联盟的方式，推动新教育实验区和实验校之间建立起相互协作的共同体，进行项目攻坚。凡是对其中一个或几个项目，有志于进行深度研究的实验学校，通过填写项目联盟申请，确定项目联络人，采取轮值主席制的方式，推动项目联盟的活动，以及研究活动的深入展开。

对于许新海和他的团队而言，一块巨大的试验田正在眼前铺开。

教育科研是一切教育改革和实验活动的灵魂，而开展课题研究又是其中最富挑战性、最具操作性、最有推广性的实践活动。从2008年开始，新教育研究会理事会正式负责管理、研究、实施和推广朱永新主持的中国教育学会重点课题"新教育实验的研究"及其相关成果；5月，课题管理中心申报了全国教育规划课题；11月，"新教育实验与素质教育行动策略的研究"正式被批准为全国教育科学规划"十一五"教育部重点课题。该课题的系列成果被评为第四届全国教育科学研究优秀成果二等奖。2011年，该课题的后续性研究"新教育实验促进师生成长的行动研究"又被确定为中国教育学会"十二五"重点课题……理事会不断地迎接各种开题和结题大会,这些来自教学实践的结晶,汇聚成新教育的宝贵财富。

现场活动是理事会的重要工作,理事会搭建起一座座舞台,演绎一场场精彩的生命叙事,启动一次次源自灵魂的智慧碰撞。他们忙得不亦乐乎却又乐此不疲地举办多层面、多学科的现场展示、论坛研讨。如全国小学数学研究会、江苏省初中教育论坛、新教育学校文化展示活动等。

组建理事会就是为了促进"专业成长",让每位教师体验幸福完整的教育生活。在成立之初,决策者们就将其定位为一个研习共同体、一个研修共同体、一个研发共同体,从研习到研修再到研发,形成了新教育人专业发展的独特路径。(第二节有详述)

新教育实验的相关研究,成为国家课题,新教育人引领着教育科研大潮,正迎着曙光疾行。

理事会利用教育在线建立了实验学校课题管理信息平台,要求各个实验区都要建立课题信息专题帖,及时交流各个实验区和实验校的课题实验进展情况。

行走,是新教育的生态。2008年,山东威海,浙江嘉兴、平湖;2009年,河南焦作,山东临淄、诸城;2010年,河北石家庄、云南楚雄、重庆长寿;2011年,四川北川、安徽霍邱、山东日照……在与全国各地实验区和实验校的互动中,新教育研究会理事会成为一个经验流通的有效管道。

新教育实验本身就是一种教育的深度变革,新教育研究会理事会深深扎根海门沃土,推动着新教育理论的发展——大处着手,细处着眼,环环相扣,由根到梢,由本到末;从顶层设计到基层实施,一以贯之,一气呵成,一贯到底;且从实践中提出,置实践中检验,在实践中提纯与丰富,具有多重的系统性。新教育研究会理事会在运行中更具备以下几个特点。

民主性。这是理事会在宏观决策层面的特征。理事会作为新教育实验的宏观决策与咨询服务机构,每年举行一次理事会会议,讨论新教育的重要宏观问题,听取研究院、基金会以及支持新教育的经营机构——永鼎机构的年度工作总结,提出积极的建议;理事会实行集体领导,理事个人不直接干预各部门工作。这种民主性的决策机制,保障了新教育实验发展方向的稳定和发展进程的稳健。

实践性。这是理事会在实验操作层面的特征。新教育实验是行动研究,在行动中研究行动,重行动而反对空谈。它不求无懈可击的理论体系,而是先行动起来,在实践中完善思考。它始终以营造书香校园、师生共写随笔等十大行动为途径,以事实说话,以故事言说。

合作性。这是理事会在实验组织层面的特征。新教育实验是一项理想的事业,全国各实验区、实验学校,新教育研究会理事会所属各部门,不管是专家学者,还是一线教师,全都汇聚在新教育的旗帜下,为新教育的理想所召唤、所凝聚,全国新教育人是一个共同体,共谋新教育发展大业。

前瞻性。这是理事会在方向把握层面的特征。新教育的"新"就新在它是一种"理想的教育",是对"旧教育"的批判和重构,或者说是对当下教育的改造和革新。这个"新"是在对当前教育发展的现实状况和社会发展的基本方向进行分析之后建立起来的,它将随着社会的进步和教育实践的不断发展而处于一种动态生成之中。

国际性。在推进新教育实验的过程中,新教育人从没有把视野局限于国内,理事会成员中不乏具有境外研修经历的学者,每年的新教育国际论坛,更是新教育与国际教育接轨的一个窗口,与国际教育对话的一个平台。

五

新教育研究中心,为新教育发展奠定了理论基础,成为思想库、智囊团。

在新教育实验的发生、发展过程中，急需有一种人，站在学术与理性的高端，观察、审视新教育发展的走势与纹理，及时给予科学的解读和理论的导引，此乃极为重要的一种创造性劳动。一项实验也好，一个运动也罢，要想取得成功就一刻也离不开理论思维、理论创新。

在新教育实验的途程上，需说说以干国祥为带头人，以魏智渊、马玲等为中坚的新教育"魔鬼团队"的几位专职研究人员。

2006年2月9日，魏智渊（网名铁皮鼓）加盟新教育，成为新教育专职专业人员第一人。他跟随朱永新走南闯北，参加新教育实验区的工作会议，考察实验区与实验学校的进展情况，整理朱永新对新教育的思考文字。此外，他还扮演着一个"乌鸦"的角色，不断发出危险的信号，提醒新教育人如何走得更好。

2006年4月，紧随魏智渊而来的是干国祥。在教育在线网站，干国祥最初也是一个勇敢的"斗士"。他的经历与魏智渊非常相似，都曾经疯狂地阅读，都有着强烈的成长渴望。这正是新教育人的气质特征，一种追寻理想、永不满足的气质。这种气质让其有一种特立独行的个性。他从不迷信权威，甚至敢于横眉冷对、当面顶撞，对真心上进的新教育老师，他又表现得很友善、坦诚，能倾心交流。

2007年，新教育研究院正式成立，原先由张荣伟博士担任主任的新教育研究中心重新组建，由干国祥接任中心主任，马玲、陈金铭、余春林等也先后加入，新教育研究中心有了第一批脱产的专业研究人员。

马玲是该团队中的女性，承担"毛虫与蝴蝶"儿童阶梯阅读项目的任务。她和该团队其他成员一样，怀有强烈的求知欲、拼搏的态势和高效的行动力，默默地用行动感召了一大批新教育基层老师。尤其是在"读写绘"项目开展过程中，她及时发现、帮扶了不少一线教师。她的全情付出，促使"毛虫与蝴蝶"项目短时间内在众多教室里扎下根来。

从2007年到2010年8月，该团队努力把新教育实验向新的高度推进。从2007年运城年会以"共读共写共同生活"为主题的新教育儿童课程，到2011年以"文化，为校园立魂"为主题的新教育学校文化建设，从新教育的"开放周"，到北川、石门坎、凤冈等新教育公益项目，都留下了该团队的印记。

2010年8月，干国祥和该团队主要成员来到内蒙古鄂尔多斯市东胜区罕台镇，在当地教育部门的协助下，创建了罕台新教育小学。这是一所位于东胜区郊区的寄宿制农村小学，环境非常艰苦，老师们极为努力，焚膏继晷、宵衣旰食的打拼是家常便饭。多种开创性课程的研发，灌注了该团队的心血与聪明才智。

当时正值新教育实验深化期，他们凭借紧贴一线地气、知行合一的职业优势，依仗思维苦索与学术探求，加之奇崛个性和苦行僧似的苦斗精神，成为一支思路新锐、作风硬朗的教育科研团队，在新教育实验的推进中，留下了一段灿然轨迹。

2015年7月，美国麻省大学波士顿分校国际比较教育研究院院长、终身教授严文蕃被正式聘为新教育研究中心主任。

中国代表东方教育的神髓，美国堪为西方教育的翘楚。游走于两极教育之间的严文蕃，所看也多，所听也广，所思也深，所悟也透，懂得两国教育，往来两地"观潮"，融合中西优势，助力创造新教育的历史。严文蕃有独特的视界，独具的眼光，独到的思维，加之遇到了从善如流、待友至诚的朱永新，和走在世界教育改革前沿的新教育团队，使得严文蕃的研究如鱼得水，如虎添翼，身入又心入，由点而及面，其探索目光越发深邃，成果也如期涌现。

如是，严文蕃成了新教育实验的一块瑰宝，一位卓尔不群的跨国高人。

凭借自身的科研功力，他对新教育实验一次次提出建议。2004年4月，在张家港市举办的全国教育科学"十五"规划重点课题"新教育理论的实践及推广研究"开题会上，他以美国国家教育数据库主席、美国宾州印第安纳大学教育研究生院院长的身份，提出金玉真言："新教育实验要强化科学的数据收集、统计、整理和分析；要充分认识到，教育实验研究的过程、方法比结果更重要；要强化实验因子的全面评价，要重视实验方案的及时调整和改进，使实验在动态中前进……"

立足对新教育实验田的敏锐观察，2009年7月全国新教育第九届年会上，他用美国式的语言习惯给新教育定位："中国特色的儿童发展关键期的素质教育的行动研究。"在研究新教育的中外专家中，此语堪为最早的较准确的结语性定论。他还理性解析了新教育内容里有理想、有激情、有诗意、有行动的中国特色，侧重在小学这一儿童发展的关键期和行动研究的最大特点，阐明很多新教育理念来自实践，从问题出发，在解决问题中形成理论，又回转指导实践，遵循唯物主义的实践论。

品若梅花香在骨，人如秋水玉为神。这真乃学家的冷静，哲人的精思，智者的论理。还须言说的，是他那颗为中国教育跳动的心。

严文蕃数次率领由小学、中学、大学教师组成的美国教育团队，来中国参加新教育会议和活动。合着新教育实验运行的节拍，他娴熟地指挥着美国团队，以别具一格的方式"翩翩起舞"，展示着不同凡响的创造姿容，透露出异国教育别开生面的内藏神韵，在相互交流、碰撞与融合中，为新教育敞开更为宽广的视野，激发出众人的顿悟与灵感，助推着新教育有所参照地向前迈进。

严文蕃

在严文蕃引领下，新教育人借用外脑，诚心实意聘请国内外众多的专家学者，一次次给予批评匡正，注重在多个层面优化新教育理论，特别注意征求一线教师切身体悟的意见和建议，淬炼后百炼成钢。

美国、日本、德国、芬兰、乌克兰、澳大利亚等国家的教育专家或教育团队都曾参加新教育组织的国际高峰论坛或年会，仅严文蕃带领的美国教育团队，就先后7次参加新教育论坛和年会，介绍美国做法，传播前沿理念，比较东西方教育，帮助研讨问题。

2017年全国新教育实验区工作会议的欢迎晚宴上，朱永新针对现场教师来了一个"有奖"问答：全国最早的新教育实验区是哪里？有人说是金塘，有人说是其他地方。朱永新说出"正本清源"的答案：姜堰。

2001年的10月，江苏师院1977级政史系同学于苏州聚会，李宜华与朱永新从重叙同窗情,到在教育理想上共振,惊喜远超想象。此后便有朱永新受邀到姜堰讲学,并将新教育理念的种子播入姜堰的佳话。(第五节有详述)

转眼姜堰开展新教育实验已经多年,牵头人几次更迭,中间难免热情降温,甚至少数新教育实验学校已经淡忘了自己的新教育使命……

2016—2018年间的李宜华,应聘为新教育研究中心副主任,为新教育事业再次发挥了有效的助推作用。

作为新教育的第一个实验大区,姜堰的新教育实验不断演绎着传承—实践—创新的主旋律,呈现给世人新的惊喜。

早在2016年,李宜华便携姜堰教育局副局长林忠玲,两次邀请朱永新去看第一个实验区的模样。山东诸城年会后,李宜华一直联系朱永新,询问其姜堰之行何时履约。终于在当年10月21日,朱永新重回姜堰——这个有着新教育里程碑意义的实验区。次年,姜堰成功地夺取全国新教育实验"姜堰展示日"资格之际,李宜华与诸多专家一道问诊姜堰新教育,让新教育的文化更好地为学校立魂。

行走千里。李宜华热情如火,以姜堰为中心,不断扩大新教育的影响力。2016年以来,李宜华参加了新教育实验的有关年会、实验区工作会议和新教育常务理事会(扩大)会议,并尽己所能积极传播有关信息,广泛宣传新教育理念。他持续关注姜堰实验区及周边地区的新教育,作为一位老"新教育人",他提出了极具推广作用的"三个结合"思路:一是注意顶层设计与特色创造相结合,二是注意典型引路与全员发动相结合,三是注意实绩创造与总结宣传相结合。

潜心项目。他以新教育课题为中心，积极参与相关项目研究及著述工作。因应朱永新的期待，他投身公民教育项目中，提交了多份重量级的专题研究报告；他深入研究新公民教育，积极推进"学生领导力培养"试点工作、筹办专题培训暨推进研讨活动，成为新公民教育的重要开拓者。

于荆棘中开拓，化混沌为澄清。新教育研究中心助力推动下，一项项教育主题与教育实验，如同峰峦起伏，迎面扑来，留下新教育运动清晰的时间线、思维流、智慧网、历史感，初步形成了新教育气势宏大的历史大潮。

六

从汲取欧洲新教育的精髓，到淬炼中国新教育的精彩；从生发中国新教育的美妙梦想，到当下新教育的立体行动，再到初步形成理论体系，建起学理峰峦，朱永新的母校——苏州大学给了新教育实验太多的学术滋养。而苏州大学新教育研究院，即是新教育实验的一片沃土。

新教育实验的酝酿可以追溯到上个世纪80年代末。从1986年开始，朱永新教授用近五年的业余时间投入到《中华教育思想研究——中国教育科学的成就与贡献》一书的写作之中，在完成了这部近80万字的著作时，冥冥之中已经形成了一种新的使命感。

1988年，朱永新应约撰写一部《困境与超越——当代中国教育述评》的书稿。理想与现实的反差，更驱使他为改变中国教育做点什么。

1993年，朱永新出任苏州大学教务处长，他在苏州大学推出了必读书目制度，为书香校园建设积累了初步经验。

新教育进入实验探索期的2005年，在苏州大学正式成立了新教育研究中心。新教育研究中心是新教育实验项目的核心研究机构，主要开展新教育实验的理论与实践研究，负责年会主报告的研制等。

2015年1月2日，苏州大学新教育研究院正式揭牌，整合苏州大学教育学研究资源的同时，吸引着全国的学术力量参与新教育研究。

攀学术高度，迎八面来风。在院长许庆豫等人的主持下，苏州大学新教育研究院成立了学术委员会，这个不断隆起的教育科研平台，从多角度、多层面来研究新教育的相关实践与理论，与新教育实验全面互动。

它从哲思的高端，寻找并提出新教育实验的一系列问题。《亲子关系的教育哲学分析》提出了建构新型亲子关系的一般原则、特殊儿童家庭新型亲子关系的建构、学校教育与新型亲子关系的构建以及我国优化家校合作的综合实践——新父母学校；《教育随笔的哲学思考》透析新教育实验中的师生共写随笔，阐述教育随笔的理论与实践价值，探索教育随笔科学的行走方式；《"营造书香校园"的理论与实践研究》一文，借鉴生命教育、解释学、终身学习和学习化社会等理论，创立了科学读书观，并对"营造书香校园"的未来发展进行了理性分析……

它成为新教育学理的舞台，一处格物致知的"象牙塔"。许新海在这里完成了《教育生活之危机与救赎——通过新教育走向新生活》一文，提出以"生活世界"语境中的人的全面发展观为武器，来重构教育生活的新教育"秘方"，让教育生活幸福而完整。卢峰通过《阅读的价值、危机与出路——新教育实验"营造书香校园"的哲学思考》一文，在哲学视野下探讨阅读的本质、过程、价值、危机，并据此全面阐述了教育生活对阅读危机的拯救，以及阅读对教育生活变革的重要意义。

它成为新教育人教育思路的磨砺之处，思维粹淬的沉潜之处，思想成熟的圆融之处。2016年，朱永新在这个平台上开启了"过一种幸福完整的教育生活：新教育实验的缘起、发展与愿景"实验专题，梳理出新教育实验的内在理路；2017年，朱永新、许庆豫、杨帆、俞冰进行的"校园欺凌与学校归属感的相关效应：来自新教育实验的证据"实验专题发现，确立与新教育实验精神相通的学校宗旨，对学生的校园学习与生活有积极的影响；2016年，许新海推出《新教育实验区域推进的实践与探索——以江苏省海门市为例》，提出了新教育实验本土化探索的四大基本经验。

它为新教育实验赢得众多学术荣誉，打开了从科研高度通向现实深度的路径。2017年，许庆豫主持了"新教育的探索与实践"在江苏省教学成果奖的申报，对新教育实验进行了准确的说明、精炼的概括，这个课题最终获得了江苏省基础教育教学成果特等奖、国家级基础教育教学成果一等奖。

守住书斋，守住学术，守住神圣。新教育实验立足苏州大学，在实践基础上不断开展多样化的科学研究，在学术层面展示新教育实验成果，扩大新教育的影响力。

七

"我计划写作一部成体系的《新教育学》,涵盖课程论、方法论,有独特的思想观点,形成完整的哲学学派。"2016年初夏,朱永新向笔者透露了这一计划。

冰封业已打破,新教育有了核心理念,不仅有了比较系统的理论支撑,各地也出现了百花齐放的实施雏形,其发展态势预示做大做强的无限可能性。

本着过"幸福完整的教育生活"的目标,中国新教育从20年前"草根热身",发展至今日遍及全国大多数省份的教育实验,五六百万师生携手参与的浩瀚征程,正依靠充分的民间自觉和有识之士的暖心扶持,走向更为壮丽的远方……

20年间,新教育实验的思想体系日臻完整,理论建树颇为丰实,已超越了教育科研专项课题的局限,而以中国办什么样的教育、培养何等类型的人才、承继发展怎样的民族文化等为主题,展现了深远的眼光,形成了横看成岭侧成峰的"庐山之相"。

近20年来,新教育出版的著作岂止上百,名师名学者岂止上千,推出的论作岂止上万?由此形成了高精荟萃的理论架构:从中国教育深度改革的实际出发,广博采撷古今中外经得起检验,且被证明卓越的散发恒久光芒的教育理论,发掘、提炼新教育前沿的改革诉求和精神财富,有机地融汇成新教育理论体系,形成思想智库。

2018年10月,"新教育·回家"、朱永新先生《回家》新书发布会在苏州举行。回首19年芳华的新教育实验,正悄然形成完整的新教育学派。

正因如此，新教育运动能在复杂多元多变的国情、世情、教情里，坚持初衷，做好自己，一枝首秀，笑待百花，领跑中国教育，且在世界教育的创新平台上斩获了一席之地。

新教育学派呼之欲出，呼之即出，呼之已出，新教育人正在迎接新教育学派的满天霞色、一轮旭日。从新教育实验的大场上，已传来新教育学派生生不息的韵律。新教育学派主导的新教育实验要带来的是对华夏文明，及对于整个东方文明的裨益。

第十四节
四大精神，守望教育生活的魅力家园

一

如果我能使一颗心免于哀伤／我就不虚此生／如果我能解除一个生命的痛苦／平息一种酸辛／帮助一只昏厥的知更鸟／重新回到巢中／我就不虚此生

2007年，退休的河南省焦作市教科所原所长周秀龙，为新教育写下一篇情真意挚的"情书"，他引用了美国诗人狄金森《如果我能使一颗心免于哀伤》的诗句，并下了这样的决心："我已经风烛残年，后半生就交给新教育了。"

"真正让我动心的不是新教育本身，而是新教育的精神。"这位与教育科研打过几十年交道的老教育人，如是表达他的生命体悟。

这份简报，成了点燃朱永新深一层思考新教育精神的导火线。

一家一国一民族，都有自己的文化精神，作为不受行政力约束，散落在八方各地的新教育人，尤其需要共同的文化精神的航标。

什么是新教育的精神？新教育实验问世以来，是什么样的精神成为新教育人的精神归宿？实际上，这道大题早就镌入了朱永新的思考里。他无数次叩问，竭力准确寻找到那么一个精神源、动力场、思想凝聚高地。

从中原焦作而至全国八方，新教育人行色匆匆，步履急促，心潮逐浪。那别样的心志、理想、态度、情怀，何等感人涕零。新教育人激荡已久的精神感动，与众不同的精神特质和不懈追求……这一切在朱永新心中，终于定格为以下四句话，即新教育实验所追求的质朴精神：

第一，追寻理想的执着精神，也可以称之为"理想主义"；

第二，深入现场的田野精神，也可以称之为"田野意识"；

第三，共同生活的合作精神，也可以称之为"合作精神"；

第四，悲天悯人的公益精神，也可以称之为"公益情怀"。

这一开云见天的揭示，提出了具有全局性、奠基性的思想纲领，精粹地概括了新教育人的精神特质和文化追求，有助于新教育实验开辟新境界。

文化精神一旦确立，新教育人就能构筑稳定的文化心理结构，进入全神贯注、物我两忘的状态，其行为便自动地打上鲜明的团队烙印——共同的心灵密码、精神基因、目标朝向；便以挑战身体和心理的极限作为常态化的生活方式，迈出超前的步伐，写就执着于理想的教育心史。

渐渐地，新教育团队文化坐标也越发清晰，从感性而达理性，一步步逼近定位。

当实验进展到2007年11月24日，在海门举行的江苏新教育专业委员会的成立会议上，朱永新应邀主讲阅读话题，他临时改为思考渐趋成熟的新命题——关于新教育团队的文化架构，即"新教育精神"。

大使命需要大承担，大承担需要齐发力，齐发力需要真精神。

有了真精神即非凡的精神品质，才能统领人们统一朝向，整体行动，令行禁止，各自慎独，成就大事业。

这种非凡的精神品质就是呼唤生命、凝聚心志、激活创造力、铸就灵魂的新教育团队文化。

这种文化是新教育团队成长壮大的根，聚心凝力的旗，推陈鼎新的生命泉。

虽然似乎看不见，摸不着，却有海潮一般澎湃的活力，山岳一样稳稳的定力。

二

新教育实验，作为一个教育行动，其理想是使师生"过一种幸福完整的教育生活"。应该说，这是基于中国教育的残酷现实，理想与现实差距之大，常常令人沮丧。

在这方困境当中，教坛上流行与追捧的书斋化教育研究，与现实的校园与课堂现场有着惊人的差距。到底哪里出了问题？令人悲哀的是，许多教育问题早已经出现了，很多问题甚至在几十年前就已经引起了人们的关注，但为什么这些教育问题仍周而复始地纠缠着我们痛苦的教育现实？说到底，我们的教育理论界与教育实践者在各说各话。

在中国,"一人龙众人虫"的合作弊端仍然存在,文人相轻、朋友实敌的内斗内耗问题时有发生,知识分子之间、有名气有影响的人之间互相贬低不服气的现象有增无减,教育界的固有利益格局下鹬蚌渔夫之争屡见不鲜,这些都让人对是否还有真正的合作心怀疑虑。

特别是近年来,中国许多教育实验机构发出"集体行动的逻辑究竟何在"的追问。在理论与实践结合、校本教研以及各类培训活动过程中,有时候会出现一种庸俗的、赤裸裸的利益关系,出现"道德的"乃至"太道德的"讽刺与指责,以"圈地运动"和"产业化运作"为特色的教育科研方式正在悄悄酝酿成为教育发展的新模式。

新教育人的四种文化精神,浑然天成,可谓新教育文化精神的四重交响,形成了对上述问题的集体突破。

它恢宏而辽远。将教育的远方和近地一览于怀,抓近旨在奔远,奔远必须抓近。理想在前方,"田野"是抓手,团队永远奔走在践行宏图的路上。

它和谐而优美。在演奏中,人人是乐手,又是亲密合作者。"岂曰无衣?与子同袍。"默契的配合,协调的演奏,心灵的交融,团队的和谐,将新教育的交响乐演奏得如醉如痴。

它慈爱而美善。远离功利主义,告别一己私心,把新教育视作公益的事业,毕生的追求。于是,倾注满腔热血,把善事做善,好事做好,大事做成。

朱永新在《新教育精神》的演讲尾声总结道:

我想,我们新教育人,应该心中有理想,扎扎实实植根于田野之中,怀抱着一种合作的精神,努力做出一番公益的事业,去成就我们的人生,去成就我们的教育,去成就我们的民族。这就是我们的使命,这就是新教育精神的本质内涵。

这四种精神,以宏阔的历史视野与深邃的人格品质为背景,解读新教育人的使命,将其与教育者人生、中华民族复兴大业联系起来,简约而深刻,朴实而精准,诠释了新教育团队文化精神的本质所在。

此四种精神,缺一不可,各自独立又彼此联结,相互支持且互为补充。

理想主义，指向知，此为新教育文化精神的支柱；
田野意识，指向行，此为新教育文化精神的地标；
合作态度，指向术，此为新教育文化精神的家园；
公益情怀，指向德，此为新教育文化精神的魂魄。

理想主义是导行的灯塔，给团队以路标，给前行以动力，给精神以净化。长久误入应试迷宫的教育，对近利孜孜以求，对理想也予以功利化设置。新教育将理想主义总结为团队的文化精神，且置于首位，其普照意义深莫大焉。

理想主义必定是形而上，"形而上者谓之道"，属宏观精神范畴，容易高高在上，眼高手低，说做分离。避免走偏的办法是田野意识、田野行动，时时处处把根子扎进田野里，接通地气，吸收营养，杜绝虚空。新教育用教育理想唤醒一线老师，用理论武装一线教师，使其在各自的田园里，将理念、践行、反思、突破融为一体，破解理论与实践脱节这道世界性难题。其引领价值高莫大焉。

在新教育耕耘的田野里，全靠众人划桨开大船，而不是凭独行侠的一叶扁舟闯天下。在当下互联网引领的信息时代，共建精神家园，同享耕耘硕果的合作态度才是明智正确的选择。新教育为中国教师指明了倚重专业交往共同体的成长之路，让新教育人告别职业倦怠，一大批榜样教师奇迹般地脱颖而现，其再塑效应善莫大焉。

这些努力旨在给中国教育以灵魂，让教育人优化发展。为此，悲天悯人的胸襟，使百姓普获教育红利的信念，造就了新教育人始终不渝的公益情怀。此公益情怀激励人们爱满天下，恩惠于人，其内核则是回赠给新教育人的厚礼：高贵生命的气象，圣洁精神的魂魄，成就事业的助力。在物欲纵横、利益为上的流俗中，新教育人忘自己忧天下，弃小利建大业，其精神能量纯莫大焉。

岂曰无碑，圣园为碑；无须碑文，人心即文。

三

"落日千帆低不度，惊涛一片雪山来。"

方兴未艾的新教育实验，为理想显得苍白、激情日渐蒸发的中国教坛，注入了教育理想的冲天火光和滚烫热忱。这让生活在教育理想严重缺失中的教育人，看到美丽的希望。

如今，新教育实验已稳步发展了20年，新教育人怀抱着重构教育生活的理想。新教育面对当下教育生活之危机，探索教育生活改造与救赎之路，以期建构理想的教育生活。他们深信，重建幸福完整的教育生活是可能的。

《论语·宪问》中评论孔子说："是知其不可而为之者与？"这看似矛盾的人生观，恰恰点出了孔子思想深刻之所在，点出教育之于人类的深刻所在。教育生活之救赎是必要的"乌托邦"，甚至似乎不应该称为"乌托邦"，这表明新教育人对现实永不失望、常怀一份希望坚定地改造现实生活。

新教育人的理想主义，寄寓在他们以生命叙事为选择的行走方式中。其原因有二：一是因为新教育实验研究的是行动，关注的是鲜活的教育生命，是教室里发生的事情，是教师和学生的生存状态，其研究成果更多的是以叙事的方式呈现；二是因为新教育实验的研究主体是一线教师，他们或许并不长于理论表达，但每天都生活在教育发生的第一现场，很自然地选择了叙事作为写作的主要方式，以"记录成功实践的案例、记录教育发生的过程"。

新教育的理想主义是内在的，发自心灵深处的，是一种帮助他人走向崇高也成就自己奔向崇高的文化自觉。它有时空的多重维度，有众望所归的旺盛气脉，有温暖师生每一个生命的热能，有照耀城乡教坛的灿烂光源。

它的价值就在于有梦。有梦就有希望在，就有远方，而且，它不仅仅有梦，且在十大行动践行中寻到了切实的着陆点，适于把握的支撑点。如是，心灵火光与眼前亮色互耀，耳畔鼓点和脚下步履同频。

它的力量就在于迸发。它极大地调动起新教育人强劲的冲击力、奋斗的动力、聪慧的智力、生命的潜力，奉献给一个伟大的事业。新教育人像大漠驼队，风雨无阻，日夜兼程，坚定地朝着目的地步步逼近。

四

"纸上得来终觉浅，绝知此事要躬行。"

躬耕田野，扎在田野，收获田野，反思田野——田野意识，不仅仅是亲力亲为的踏实态度，更有精耕细作的经营意识，及将实验者的信念和新教育思想一同种进"试验田"里的科研意识。田野意识，这一充满无穷想象力与包容力的理念，最符合一线教师的心理渴求，也最有利于新教育实验的广泛普及与深入推广。

中国教育学会"十二五"教育科研重点课题在海门开题

这是一种召唤。到田野去！到问题的发源地去！到研究问题、解决问题的现场去！不要二传手，亲眼看田野，亲耳听心声，亲身挥汗在田野，观察、发现、记录、分析、实验在田野。"我的引导者呵，领导着我在光明逝去之前，进到沉静的山谷里去吧。在那里，一生的收获将会成熟为金色的智慧。"

这是一流视界。山在天边，走到天边，山还远；月在水面，划破水面，月更深。人若要发展自己，超越自己，最有效的章程，是躬行沉潜于田野里。田野为人们展示第一流视界，蕴藏着第一等的真知。躬行即为独寻真知，增长智慧；沉潜即为腾跃蓄力，丰盈储备。

这是一等哲学。知在行里，理寓事里。实践出真知，做事而明理，行动方启智。只要上路，天天走，总会遇到机遇的垂青。作为应用性普及和推广性研究的新教育实验，给力于每一个应用者和推广人，时刻体味着充实、丰硕的人生况味，富有、高贵的生命意涵。

这是一声警钟。不可坐而论道，纸上谈兵，书斋化的教育研究常在现实中碰壁。新教育的指挥者、研究者、工作者，都沉到新教育践行中去，和一线教师、学生、校长零距离接触，在田野中寻找着解决疑窦的真理。

这是一种褒奖。褒奖众多新教育一线的探索者——那些在引领十大行动中，扎扎实实做出了非凡贡献的人们，田野意识对其长年累月的躬耕，投之以赞许，报之以敬意。

新教育人就是这样一群躬耕于田野的农人，把两条腿深深地扎到泥土里，在春种时俯身耕作，在秋收时忙碌归仓。

广大的实验区，是新教育实验的基础性力量。多年来，众多实验区在基层一线践行新教育，深耕新教育，以缔造完美教室、研发卓越课程等项目为抓手，突出重点、强化措施，有力地推动着新教育实验的进程。

新教育实验是一场全国范围的"田野革命"，遵循的是"从下而上"的研究路子。所以，必然出现"一部文本、多部经典""多头探索，亮点纷呈"的喜人景象。新教育出版了《与理想同行——新教育实验指导手册》，极大地促进新教育实验的理论构建与实践探索，满足实验本身的学术规范、理论与操作手段创新的需要。同时，由于各个实验主体自身的状态不一样、投入的程度不一样、思考的力度不一样，经过一段时间后，彼此形成了互相对应、优势互现的多种版本，反而更利于新教育理论的广泛推广。

2015年4月，全国新教育实验海门开放周期间，朱永新曾表示："这一次海门开放周呈现的，无论是通过绘本的方式、阅读的方式、生命叙事剧的方式、电影的方式，还是活动的方式、体验的方式，都是新生命教育的有效方法。我希望大家来学习，更希望大家来参与、来创造，站在海门的基础之上进行创造。海门的贡献在于给我们提供了一个靶子、一个原点、一个基础……海门没有做的事我们可以继续去做，然后，我们主动向新教育研究院申请，到金堂来展示。全国各地实验区、实验学校的人，你认为生命教育做得好，都可以来展示、比武……"

经过20年的发展，新教育因为日渐庞大而似乎显得焦点模糊，似乎让人难以说得清。纵观中国数十年风起云涌的教育改革历程，从没有哪一场民间教育运动如此繁杂、旷日持久且卷入了如此多的人。也没有哪一次民间教育运动以新维旧，利用了如此多的现代元素，以这样的速度迅速在全国成为浪潮。

五

"实赖同心同德之臣，亟合群策群力之助。"

新教育的"共同生活的合作精神",与宋代诗人陈元晋所撰的对偶联句阐明的道理,很有吻合之处,都讲究同心同德,群策群力。

德国哲学家马克斯·舍勒谈及人的本质时说:"爱与亲密无间、心心相印与携手共进,才是人生在世最深沉的基础结构。"

新教育的合作精神是什么?就是"共读共写共生活"的共进精神,就是以"共同体"为标志的团队精神,就是求真务实、科学民主、群策群力的平等精神。

朱永新如是表达:"如果说理想代表着我们的追求,田野代表着我们的行动,合作就代表着新教育的一种新型的人际交往的方式。"如此看来,矢志不渝,行动不止,交往牵手,此三位一体,缺一不可。

不是吗,无追求即"天低吴楚,眼空无物",不行动只能"坐吃山空,立地吃陷",缺牵手就难免"茕茕孑立,形影相吊"。新教育实验资深人士朱寅年解读合作精神时,有一句很贴切的话:"单打独斗的佐罗式的孤胆英雄时代早已过去,作为具有科学研究性质的教育实验,离开互相合作,几乎就不可能进行。"

李镇西和他的教师团队

合作精神的表现形式,就是群策群力。在人类社会化、生活群体化、攻关团队化、行为互动化的今天,群策群力几乎浸透了每时每地每事。

哈佛大学认为:"群策群力是20世纪的一场伟大管理革命。"美国GE公司——相当于企业界的西点军校,将群策群力视为制胜法宝。

新教育团队是理想主义者的荟萃,相同尺码的人具有合作的天然根基。

群策群力的合作,其首要前提是相互诚信与尊重。自发起人、引领者,至一线年轻教师，从新教育的弄潮新锐，到新教育的众多追随者，只有岗位不同之分，毫无高低贫贱之别。在交流主张、讨论问题、论证方案上，每个人都是一个世界，说理言事不用小心翼翼，雄辩求真可以吵得脸红脖子粗，彼此是同志是友朋，人格独立，意见自由，话语平等，集思而广益，谁对服从谁。如此同心同德、群策群力，在国内外的学人团体中，罕见又独特。

群策群力的合作，其终极目标是成就教育大业和幸福人生。新教育人勇敢地打破人际、校际、地域的壁垒，结成圣洁坚强的阵线，彼此呼应，协同作战，不见文人相轻的弊病，也绝无同行是冤家的内斗，有的是真心诚意的携手而行，并肩以进，正如他们喜欢存在主义大师卡缪的那句话："请不要走在我的前面，因为我不喜欢去跟随；请不要走在我后面，因为我不爱充领导；我只期望，请与我同行！"

群策群力的合作，其核心意涵是真情、真心、真力的奉献。这些有教育理想、教育实践和学术能力的人才，在倾箱倒箧的奉献里，相濡以沫，彼此激励，心路畅通，生命高歌猛进——鲜活的生命活力与生命气象迸发。

多层次的网络，成为推动合作共进的重要力量。

以会代训。这是新教育实验影响力最大的培训方式。每年的新教育年会、实验区工作会议、国际论坛等大型会议，皆有数百，甚至逾千的新教育人参与。这些会议在新教育实验的方向引领、理念传播、项目推广、榜样展示等方面发挥了巨大作用。与会的新教育人又成为新教育种子，播撒至全国各地。可以这样说，一次会议就是一次大规模、高效益的新教育培训。

网络培训。新教育网络培训的平台是教育在线。2002 年 6 月 18 日，教育在线网站正式开张，如今已经成为新教育人共同的精神家园。2009 年 7 月成立了新教育实验网络师范学院，面向全国招生，向全国一切在职教师、基层教研员、其他教育研究者，以及立志于教育的在校师范生免费开放，寻找与新教育"尺码相同"的人，已成为推广新教育的有生力量。

机构培训。2013 年 3 月，江苏海门市新教育培训中心正式启用。该培训中心是新教育阵营首个经属地政府批准成立的专职从事新教育培训的正科级事业单位。开办仅 4 个月后，海门市新教育培训中心共接待来自安阳、石家庄、莱芜、北京、南京等地 14 批近 2000 名新教育同仁，以现场观摩、跟岗考察、专题报告等多种形式，进行了建设学校文化、缔造完美教室、研发卓越课程、打造理想课堂、家校合作共建等项目的培训工作。

讲师培训。新教育发展至今，已经形成了一个由新教育理事会及下属各部门的领导、专家，全国研究新教育的专家学者，全国各实验区的新教育研究人员和一线榜样教师等构成的数目可观的讲师团队，因新教育蓬勃发展的形势需要，他们经常赴各实验区校进行新教育培训。

新教育的行动，就在一方方田野中展开，各地教育人的有力脉动，教育改革的车轮滚滚：上下齐动，家校并举，师生同心，知行一体，共同追求奏新曲，合作精神谱华章。

六

"蜡烛有心还惜别，替人垂泪到天明。"

新教育的精神、魂魄所在，即悲天悯人的公益情怀。

德国哲学家康德说，人类最震撼的秉性，就在于为他人而工作，为后代而牺牲。新教育的公益情怀，正是实现了康德对"人"的崇高礼赞。

公益情怀，是从美好理想和善良愿望出发，自觉而努力为公众利益悉心奉献的高尚情操。这高尚情操既涵盖人生的价值取向，又凸显一种精神追求。

新教育实验从第一天起，就敞开了大爱的情怀，开始自己的公益行动，用公益的精神开展教育实验。朱永新、李镇西等新教育人几次赴西部支教，路费、饭钱自己掏，当地的几十万册图书，由他们自费购赠。后来虽说接受一些捐赠，却未曾用来改善研究人员的待遇，而是去帮助最需要帮助的人和学校做新教育实验。

教育在线兴办之初，中国各个角落里叹息中国人文教育缺失的理想主义者们，却自发地贡献自己的"一砖一瓦"。这里没有报酬，有的只是甘愿付出的志愿者。61岁的张万祥，有过26年的班主任生涯，是《德育研究》杂志的编辑、享受国务院政府特殊津贴的退休专家，这位致力于"人的教育"的老先生在教育在线上公开收徒。当知晓网友"滇南布衣"的学校因缺少图书而不能参加新教育实验，志愿者们以罕见的真诚，在极短的时间内，为那个西南边陲的乡村小学募得"书香校园"的一切条件。

2008年汶川地震后,北川教育人擦干泪水,挺起脊梁,坚定踏上"用新教育呵护新生命、用新生命托起新北川"的教育重建之路。全县40所中小学、3万学生相继迈进新教育实验行列,促成北川教育脱胎换骨的嬗变,为新教育实验书写了北川篇章。

惊悉"无官方一分钱投资"者感慨,仅靠上海中锐集团8000元赞助,能办出教育在线这样艰巨而浩大的网上工程,委实是一种奇迹!

每一个新教育人,都是新教育心甘情愿的义工。他们常态化不休节假日,甚至废寝忘食地为新教育奔波操劳。不仅如此,有很多新教育老师为孩子们买书,自费购买践行新教育的必备器具,朱永新拿出自己上百万元的讲课费、稿费,花在新教育实验上。

当一个人圣化了事业的意义,守望了事业的崇高,做强了事业的功能时,这个人的生命就融入更多人的生命里,增加了厚重的分量,获得了更多的意义,化作一颗伟大而美丽的灵魂。

袒露公益情怀的主体,自然是万千新教育人。他们中的哪一个人,没有奉献于新教育的动人故事?而那些灵魂与新教育共振的慈善"有缘人",其慷慨解囊的义举,又何其感人肺腑!

自2005年起,灵山慈善基金会就向新教育实验课题组伸来公益之手,以资金支持了灵山·新教育贵州推广计划、灵山·新教育种子计划、灵山·新教育儿童阅读推广计划,几番扶助帮衬,解了燃眉之急。

新教育义工、来大陆创业的台商营伟华自告奋勇地请缨,帮助新教育实验做宣传、策划,曾经辗转不寐。这位给新教育实验拈花传心的才女,教育圈之外的台湾企业家，倾其所能资助大学生到西部义务支教，以爱之泉润泽新教育的田园。为其壮大，一次次心甘情愿地解囊捐助；为其发展，倾其精力做新教育第一义工；为其奔波，四处筹款，八方邀人，感染着周遭，影响了一片……因此，朱永新在《美丽而睿智——义工营伟华印象》一文中饱含深情地写道："我最怀念和最不敢辜负的，就是像营总这样早期对新教育全力以赴的人。"

拥有这样一批呵护者，新教育何其幸运！

这里有必要提及王海波、赵一平对新教育的情怀。

2006年7月下旬的一天，王海波被《经济观察报》上《新教育实验进京赶考》的文章吸引住了，便主动给朱永新捎去一封小信：

朱老师：

您好！

由衷希望能为新教育事业尽绵薄之力，我是一个自由职业者，看了2006年7月24日的《经济观察报》才知道您的理想，希望通过捐赠能支持您和您的团队，我的手机是……王海波，向您和您的团队致敬。

朱永新很感动。他当时还不知晓王海波是一位青年企业家——先前只瞄准赚钱的目标，而没有明确的人生追求。所做的善事，是偶然看到一些可怜人后的相助。正是《经济观察报》那篇文章，让他觉得新教育实验是一个不可思议的大工程，他愿意全力支持，并首先捐献10万元作为第一笔新教育的研究基金。

2006年8月21日，在朱永新的办公室里，这个让朱永新敬佩而感动的年轻人第一次现身了。在朱永新的眼里，王海波衣着朴素，一副大学生模样。他们达成共识：由王海波出资200万元共同成立"新教育基金"，基金由他亲自运作，所有的盈利全用于新教育事业，每年以不低于50万元支持新教育事业，不足部分由他另外支持。他说，许多年后这可能是一个很大的基金！

朱永新为王海波的慷慨无私而感动，王海波为新教育的未来而期冀。他说，真正的教育就应该像新教育，让孩子们快乐读书，健康成长。下午两点，王海波匆匆驾车离开苏州。"新教育基金"也已正式启动！

见证了这一切的营伟华，对朱永新感叹地说："这位从天而降的兄弟，如一平所说，是你的心念感动了上苍。"

一平，是无锡灵山慈善基金会的赵一平居士。如果说王海波给新教育开拓了海一样广阔的空间，那么，无锡灵山则给新教育带来了山一样厚重的基石。

与无锡灵山结缘，也可归因于《经济观察报》的主笔章敬平先生。2004年，他是《南风窗》的首席记者，当年朱永新被《南风窗》评为"为了公共利益年度人物"。章敬平路经苏州送来了奖牌。他从此也与新教育结缘。

这里，当"节外生枝"地说说章敬平。

在众多报道新教育的媒体记者中，章敬平是极特别的一位。他那锐利的眼光，滚烫的责任心，别有洞天的新闻视角，以及望穿古今的洞察功力，使他成为新教育的知音和鼓呼者。

他早早将新教育实验命名为"新希望工程"，认为新教育是在进行一场对抗"教育异化"的实验。当社会对新教育实验出现多种发声，乃至争议时，他在《南风窗》著文说："新教育实验"能在如此短暂的时间内，快速精进与完善，离不开媒体的褒贬互动。

当新教育第六届年会在清华大学礼堂召开时，他的文章《新教育实验进京赶考》一石激浪，令多少人心潮起伏。像王海波等许多人，都是借助他的文章与新教育结缘的。

他写新教育之所以入木三分，源于他渊深的多方面功底，也与他对新教育实验的密切关注、深度参与不无关系。

章敬平的朋友、无锡灵山慈善基金会的董事长吴国平居士读到《新教育实验进京赶考》一文，马上邀请朱永新去洽谈合作事宜。

2005年12月5日，灵山慈善基金会"新教育实验工作室"捐助仪式在无锡举行。

二人谈得非常投机。灵山慈善基金会是真正意义上的民间基金会，旨在利用灵山的社会资源，探索慈善事业发展的新路子，为社会的公平、进步、稳定与发展做出更多贡献，其目标是给人信心、希望、力量，这与新教育实验的追求不谋而合。20分钟的交谈，两双手就紧紧握在了一起。

此后，在赵一平具体负责下，灵山与新教育的合作全面启动。2005年夏天，在太湖之滨，灵山慈善基金会启动了资助新教育实验的"试点工程"，为8个省的20所"新教育实验学校"配备了电脑、图书等必备的资料，成立"新教育实验工作室"；并为"试点学校"培训师资。2006年6月，基金会在贵州湄潭、凤冈举行了主题为"新农村、新教育、新希望"的专场报告会，向1000多名教师传播了新教育理念，点燃了西部教师参与新教育实验的激情。

2006年7月14日晚，吴国平告别病危的父亲，到北京参加新教育第六届年会。在15日上午的开幕式上，当他深情讲解灵山为什么结缘新教育时，他的父亲已离开了这个世界。讲完话的吴国平看到短信，肝肠欲断，强忍哀痛，悄然离开了会场。朱永新随即给他发去短讯："为了新教育，你没有见上父亲最后一面。我们504所学校、5万名教师、80万学生与你同悲共泣！"

"青山缭绕疑无路，忽见千帆隐映来。"对于资金竭蹶、举步维艰的新教育实验，这些馈赠可谓雪中送炭。

2008年以后，越来越多的实验区、实验学校申请加入新教育实验。这个"心灵的教育"像一块磁石吸引了众多教师、校长和教育局长的心。但从一个方面来看，缺失资金的支撑，也就缺少专业力量，也使得实验的风险一点点加大。经过卢志文、王海波、陈连林、杨树兵等人士的不懈努力，2010年2月，王海波先生出资200万元，由朱永新教授、卢志文院长和王海波先生发起的新教育基金会（江苏昌明教育基金会）正式在江苏省民政厅注册成立。新教育终于有了一家属于自己的基金会，有了一个给新教育实验输血的专业机构。

"我们一定用好每一笔善款，在全社会的监督下，做一个公开的阳光的基金会；我们一定秉承基金会的宗旨，矢志不渝，为了千万间教室的明亮，为了每一个孩子的梦想，让我们用理想和坚持，扎根心灵，丰盈生命，点亮未来！"基金会理事长卢志文先生如是宣誓。

新教育基金会标识

让师生过一种幸福完整的教育生活，是新教育人的追求；让新教育人大胆追求自己的梦想，更好地过幸福完整的教育生活，是新教育基金会的追求，更是新教育基金会在新教育实验中的价值。

一笔笔珍贵的资金在支持一线优秀教师研发课程，在实验学校试行课程，在实验区推广成熟的课程，为新教育实验的发展起到专业支撑的作用。新教育基金会支持这些需要长期专业运作的项目，更多的是为新教育的发展打下稳固的地基，提供后勤支持，促进专业研究人员、榜样教师，以及实验学校和区域去大胆尝试，努力创新，积极地探索他们心中的理想课堂，经营他们心中的完美教室，追求他们心中的教育梦想，放飞他们的教育激情。

七

新教育团队的四种文化精神，宛如车辆的四轮驱动，弦乐或管乐的四重奏，形成了一种强大遒劲的力量，引发雄健浑厚的共鸣。当它与崇高、深邃、炽热的行动融合在一起时，便产生了一种震撼灵魂深处的大美。

此四种文化精神，不是生发于朱永新的冥思苦想，也不是拾他人牙慧拼凑所成，而是萌芽在新教育实验的园地，生长在新教育人耕耘的田野，壮实在新教育人劳作的丰收里。诚如海德格尔所言："我深信，没有任何本质性的精神作品不是扎根于源初的原生性之中的。"

透过这四种文化精神,我们能看到什么?

这里有眼光,认准方位,做好抉择。

这里有途径,穿过迷茫,走出困境。

这里有智慧,优化生命,还原本真。

这里有力量,排山倒海,无往不胜。

新教育的"钢花铁水",新教育人的"钢筋铁骨",正是在这四种文化精神的熔炉里炼成的……

第十五节
年会钜献，群峰竞拔的无限风光

一

2003年暑期的江南，骄阳似火，副热带高压在这里的上空盘旋，久久不散。然而在江苏省东部富裕而宁静的小城——昆山市，却出现了比持续高温更有热度的人气。

7月21日至23日，在昆山市玉峰实验学校召开的"'新教育实验'2003年首届研讨会"，原本是按200人的规模准备的，可是到会议开幕这天，居然来了400多位代表。

这是草根的聚会，有着民间的蓬勃力量；这被称为"丐帮大会"，却汇聚中国各类学科、各地学校的优秀代表。那些教育战线的网友们、那些同心同德的师友们、那些作者与读者们、那些著名教师与崇拜者们……来自全国28个省市、地区的400多位中小学教师代表流着汗，激动着、兴奋着。他们像久违的老友，见面就握手、拥抱，他们大多不曾相识，总是在互报姓名之后才恍然大悟："哦，原来您就是……"

更多有志于教育理想的人们涌进玉峰实验学校，以至于负责会务工作的储昌楼一连几天拎着那只"现场办公"的公文包奔前跑后，手忙脚乱……

当他们聚集在昆山市玉峰实验学校的大礼堂里，瞬间安静下来，倾听新教育实验课题组主持人朱永新教授所作的《"新教育实验"的理论与实践》的主题报告，及教育学者李镇西就新教育实验体系下教师的阅读与写作发表的演讲；观摩山东教坛新秀苏静、玉峰实验学校教师邓超的新教育实验专题研讨课，以及全国特级教师窦桂梅进行的现场点评和《为生命奠基》的精彩报告……

他们挤挤挨挨地站在玉峰实验学校的学生阅览室里瞬间陶醉——这是新教育实验成果展示的一部分，展出了玉峰实验学校教师一年来所写的教育随笔。《苏岱日记录》《孩子，我想对你说》《心呼吸》……老师们把一篇篇随笔装订成册，制作了标题，配画了封面。这些书乍看上去并不精美，甚至有些粗糙。但它们是教师们一字一句记下的教育心得、教育感悟。

此次匆忙间的三日聚会，成为草创时期展示新教育实验成果的博览会，碰撞出新教育理性发展的崭新维度，编织出新教育人同气连枝的全国网络。

万涓成水，汇流成河。流年如水，岁月似河。

普通教师的教育生活，总是像小溪流的水，潺潺地徐流缓动，虽也不舍昼夜，却难见波澜起伏。而新教育人的教育生活却像奔湍的江流，两岸青山，浪花涌动，好戏连台。尤其是一年一度的新教育年会，堪称新教育人的盛大节日，兼具盎然之春和成熟之秋的特性，牵动着新教育以一年为周期的律动。

在新教育的编年史上，年会是盘点前一年的检阅大会，是再出征的誓师大会，更是对某一个重大而急迫的教育主题进行破解和发布的学术探究大会。

新一年的精彩在这里拉开序幕。新教育实验最新成果全面展示，围绕一个亟待破解的教育课题集中探讨。年会上有实验展示，思想碰撞，理论探索，可谓凝神一点突破个人的见障，合力一处寻找更新的发现。新教育人更在深度交流中，彼此照耀，同心共进。进而渐次改变的，是新教育立德树人的精度，新教育课堂的境界，新教育师生的心性。

年度诗剧在这里定格。届时，在全国范围内，选派各实验区、新教育学校及个人代表前来参加，通过一系列展示、交流、探索等活动，总结经验、取得共识，推助新教育持续发展。

幸福的心儿在这里翔舞。一次聚会，十几项日程紧锣密鼓，急管繁弦：视频、致辞、汇报、演讲、交流、展演、考察、沙龙、点评、论坛、报告、颁奖、签约、授牌、交旗……扑入人们眼帘的，是思泉喷涌，智光四射，才艺展翅，是外在活力、自身动力、组合张力融合而成的内在魅力。

责任的坐示在这里耸起。这集中体现于年会的超级重头戏——朱永新代表新教育实验团队所作的主报告。朱永新将教育理论的高度与团队文化的深度，贯之以社会责任的厚度，三者通透融合，开动了问题导向的思想引擎，给每年的教育主题以本真性的建构、阐释和引领，与会代表分享精神的盛筵，增添了持续创造性的动力。

会场上，掌声火爆、笑声荡漾、眼神专注、记录飞快、手机抢拍、提问踊跃，构成了一道道独特的风景。接近，接触，接合，与会者与学者专家名师零距离，与教育媒体零距离，与现场的师生零距离。

会场外，众多新教育人，投来急切关注的目光，与年会会场遥相呼应。

这是上上下下勠力运作，尤其是几百万师生长年累月践行所创造的浓缩精品。

一次年会筑起一座山峰。有形，有量，有质，不仅吸引眼球，更动人魂魄；不独有行动展示的突破，更有学术意涵的突进。

一座山峰连接一座山峰。几年一个阶段，攀上新的层级，形成一个群峰烘托的高原。不知不觉地运作中，高原之上又耸起新的山峰。如此这般，山的脉系出现了，这就是新教育运动的学派之脉。

这使年会的成果，不会像头顶的光环昙花一现，也不会像某种流行现象转瞬即逝，因其由表及里地镌刻深意，注满暖情，而留下明晰的印痕，无论是对岁月还是对人。

感官化看待中国新教育的二十届年会，大致可以划分为三个发展阶段。借用孔子从宏观视角透析人生轨迹的方式，笔者以为各阶段的称谓，很近似于初出茅庐、激情呼唤的"而立"阶段，登高望远、知行醒悟的"不惑"阶段，以及精骛八极、目游古今的"知天命"阶段。

二

初出茅庐、激情呼唤的"而立"阶段（2003年7月—2006年7月）。

孔子所言的"而立"，指十五岁志于学，至三十岁所学已成立，即学有了根底，凝聚了力量，自立于世，非外力所能动摇。

对于新教育来说，从1999年9月在湖塘桥中心小学初见萌发，到2002年秋第一所新教育实验学校正式挂牌，新教育实验正式扎根于现实，可谓大器初成。从2003年7月第一届年会，到2006年7月第六届年会，新教育初露锋芒，独立承担起自己应承受的责任,且已确定了实验的终极目标与发展方向,方算步入"而立"阶段。

不妨简要地回眸。

2003年7月,江苏昆山年会彰显开山特质。

会议开在苏州昆山市玉峰实验学校的会议厅。主席台上方,"'新教育实验'2003首届研讨会"的大字,标志着开启新篇章的深厚意味,在背景幕布上,第一次现身的新教育标识十分醒目。

朱永新、袁振国①、李镇西、储昌楼、程红兵等出席,近五百位来自全国各地的教师、校长莅临盛会。

2003年7月21日,首届新教育实验研讨会上,小记者采访李镇西。

一开幕,先对第一批新教育实验学校授牌,为教育在线先进个人颁奖。接着,中华经典、英文名篇诵背展示,玉峰学校学生日记、老师随笔展示,上诗歌教学、日记教学研讨课,程红兵点评。次日,朱永新和李镇西先后作报告,教育在线分论坛讨论,与教育媒体面对面对话,第三日考察后散会。笔者作流水账似的勾勒,是想让教育同仁感知,会议开得很实在,开创了抓本、务实、干事的会风。

是年3月和5月,朱永新首次提出新教育的六大行动和七大定位,且成立六大行动专业研发组。此次年会首次提出了五大核心理念:为了一切的人、为了人的一切;与人类的崇高精神对话;教给学生一生有用的东西;重视精神状

---

① 时任教育部社政司副司长。

态、倡导成功体验；强调个性发展、注重特色教育。会后，新教育把议题集中在"改变教师行走，促进教师专业成长"的方向上。

当时有一篇报道说这是一次"中国教育的丐帮会议"。如此称谓，因是一场非官方主办的民间会议，且以农村的困难学校为主体，来了一批有激情有理想的校长、教师。会议没人赞助，也没多收代表一分钱。吃家常便饭，睡学校的学生公寓，免收住宿费。会议虽然清淡甚至寒酸，但尺码相同的与会者却动情地说，参加新教育实验，澎湃的是激情，涌动的是理想，激起的是热情，付出的是真心，发展的是智慧，收获的是每一刻的生命。

2004年4月，江苏张家港年会：宣布国家课题，新教育的理论构架与愿景初步形成。

两日会议，先后在张家港高级中学和常州市武进区湖塘桥中心小学举行。高朋满座，大家云集，官方认可。有专家报告，有对新教育实验行动的研讨，有对新一批实验学校的授牌。

全国教育科学规划办副主任曾天山宣读全国教育科学"十五"规划重点课题立项书。朱永新作了"新教育的理论与实践推广研究"方案的开题报告，激情演绎了新教育理想。新教育的课题得到全国教育科学规划领导小组办公室正式批准立项，列为"十一五"重点课题研究。

自此，新教育有了全新的标尺，以此在各地寻找"尺码相同的人"；树起一面大旗，吸引越来越多的理想主义者汇聚到"新教育"这面旗帜下。教育部中央教科所学术委员会主任程方平表示："新教育实验"是当前众多课题实验中极有价值的研究课题。

2004年7月，江苏宝应县年会：提出教育的四大理想境界与实施路径。

与会者总数多达八百，场面热烈。

针对"新教育、教育在线和教师成长"的主题，首次提出了新教育实验的四大理想境界（成为学生享受成长快乐的理想乐园，成为教师实现专业发展的理想舞台，成为学校提升教育品质的理想平台，成为学生、教师、学校共同发展的理想空间）和"6+1"项目（"6"是指营造书香校园、师生共写随笔、聆听窗外声音、培养卓越口才、建设数码社区、构筑理想课堂；"1"是指新父母学校）。

新教育烈焰熊熊。总课题组编发的新教育实验系列丛书《新教育实验指导手册》和新教育"我的教育故事"丛书出版。赞扬声不断，质疑声随之而起。新教育人边走边思，奋然前行。他们不愿坐而待之，而要主动前行，以变应变。

为展示"翔宇"等实验学校的改革成果，给新教育人以旺盛斗志，让专家、学者和新教育人帮新教育多提建议，"新教育实验学校"代表、教育在线各论坛正副版主、教育在线的前沿网友与特邀嘉宾、教育媒体代表456人参加了会议。

与会代表聆听朱永新、魏书生、杨东平、韩军、程红兵、卢志文等学者、名师的报告，阎学、邓彤、夏青峰等特级教师担纲开设的研讨课，名师李镇西、窦桂梅的随堂评点，与翔宇教育面对面的对话，对于教育在线的定位和新教育实验的历史意义进行了深入探讨。会议特别为四川新教育实验学校、山西运城市新教育实验学校、福建南少林武术学校以及北京中关村一小等七所实验学校授牌。

此次年会，教海探骊得珠，杏坛真言献宝，成了新教育途中的加油站；因全面展示和多方成功，也为以后的年会打了样。

2005年7月，四川成都年会：初步形成新教育共同体，孕育新公民教育。

会议主题为新德育与理想课堂；寻求新教育实验转型，开拓"新公民教育、新生命教育、新职业教育、新教师教育、新农村教育"等实验项目。

发布了《新公民读本》《新教育实验指导手册》，新公民和新生命教育开始进入新教育实验的视野。

来自200多所实验学校的400多位中小学校长、教师，聆听朱永新、朱小蔓、顾泠沅、王晓春、游永恒、李镇西等多位专家讲学。会议又分两个场地，听了名师的说课与点评；再由名家主持，分课题、分学科地开展聚焦性很强的讨论；王晓春、徐斌、贺杰、姚嗣芳、窦桂梅、谢丹旎、卢志文等名师、名校长在各自分会场做了交流；与会者研讨班主任工作和学科教学的深水区改革，努力提升自身的智能和境界。

此次年会上，初步形成了新教育共同体、实验网络平台、媒体平台，着手组建新教育实验基金。与会者白天开会，晚上品茶畅谈自己的故事，最大的收获是新教育的"幸福"。其内涵是：改变了单兵作战、暗中摸索的生活状态和发展方式，开始实现教师行走方式、学校发展模式、学生生存状态、教育科研范式的转变。

2005年7月,成都年会会场。

2005年12月,吉林年会的教师专业化成长,奠基"三专理论"。

在吉林市第一实验小学召开的"北国之春——全国新教育实验与教师专业化成长研讨会",正值隆冬时节,这里却盈满教育春光。会议提出了新教育实验"三专模式"的雏形,意义重大,为实验注入新的活力。故确定其为第五届年会。

2005年12月,"北国之春"全国新教育实验与教师专业化成长研讨会在吉林市举行。

该年会的缘起,颇有一段故事:该校的普通青年教师张曼凌,以"个体户"的身份参加了新教育,并担任了教育在线小学教育论坛的终身版主。她每天都记载自己的教育故事，书写教学反思，陆续开设小曼讲故事、小曼课堂、小曼随笔三个专栏，写出《我的语文教学实践》《心路为你开——小曼教育随笔》《小曼老师讲故事》等文稿。

小曼慢慢出名了。当她的故事讲到第二百个，辽宁音像出版社和辽宁少儿出版社主动与她联系，希望出版《小曼老师讲故事》，请她讲学的邀请接踵而至。

小曼的飞速成长感动了邢校长。2003年，小曼所在的小学成为新教育实验学校。一个人，撬动一所学校。

2005年10月，小曼和邢校长来苏州，希望举办一次新教育实验与教师成长的研讨会。邢校长说，他们从小曼的身上看到了新教育对于教师专业发展的明显促进作用，希望好好总结交流。于是，以揭示"小曼现象"为引发，研讨教师如何专业化成长的会议落户于该校。

从解剖一个教师的专业性发展入手，召开一次全国性的会议，在中外教育史上也未曾听闻。独具慧眼的新教育正是凭此不拘一格的创意思维，取得高屋建瓴、以小见大的轰动效益。

新教育"而立"阶段的年会，树起了一个很高的教育标杆、文化标杆。举旗，展标，亮相，采用年会的形式，加紧策划，加快凝集，旨在从外塑形象、内增意涵上，达到真正的"而立"。

倘若盘点"而立"，立起了什么呢？

——立项目。2003年12月22日，全国教育科学规划领导小组办公室下发通知："新教育理论的实践及推广研究"课题被列为全国教育科学"十五"规划重点课题。这一立非同小可，一项民间的草根实验研究至此就加入了中国教育改革的大合奏之中，代表国家意志，凝集民心民力，便于团结更多有教育理想有改革情怀的同仁们一起奋斗。

——立旗帜。打出一面旨在拯救"人的心灵"，对抗"教育异化"的旗帜，强调激情与梦想，强化职业认同，带领新教育人超越知识，健全人格；以人为本，发展个性；根植生活，关注社会；怀揣理想，埋头耕耘。

——立团队。几年里，新教育实验组织起一支浩浩荡荡的队伍，形成了特殊的风采：有犟龟一样的执着和信念，高尔基歌咏的海燕那种面对风暴的勇毅……

——立一代人。主张"人的教育"的新教育实验，无疑是希望工程的升级版。它以放飞中国教育新希望的作为，吸引了一批批教师，自表至里地改变了他们的风采、思维、气质和生命气象。这是具有中国心灵、世界视野、博大襟怀、丰盈智慧的新一代人。

时代所向，迎势而起。2003年到2005年，中国的民间力量与新教育携手努力，一次次怀揣希望上路，众多生命的崛起与教育理念的融合，渐渐形成新教育律动的偌大格局。

"而立"阶段的几届年会，留下了新教育初期摸索行进的足迹：从无固定专题，到有聚焦性课题；从每年并不固定的一次会议，到每年7月一次年会；从没有主报告到有主报告；从主报告多为工作报告，到具有理论色彩的主旨报告；从最早年会以思想交流取得共识为主，到多角度的综合展示……新教育年会在思考与践行中不断进化，当然，实现更大的突破，还需要岁月，需要耕耘，需要远行。

三

登高望远、知行醒悟的"不惑"阶段（2006年7月—2012年7月）。

孔子的"四十而不惑"，即学至四十岁，就内心不再惶惑，行动不再摇摆，面对复杂事物能够从容而淡定，能够给自己做出准确定位。"不惑"阶段的新教育，也包含着类似的特点。

2006年可谓新教育的不平凡之年。

2006年2、3月，浙江杭州萧山区、浙江省嘉兴市秀洲区分别成立新教育实验区。

3月11日，华南师范大学黄甫全教授致苏州市副市长朱永新博士的公开信发表，对新教育发起人公开质疑。一时教坛里论辩纷纭。

5月3日，新教育实验决定重建新教育研究中心，新教育有了专职专业团队。

2006年6—7月，新教育实验团队酝酿着架构与机制转型。

是的，新教育实验一进入2006年，波涛滚滚，暗流涌动。赞扬与质疑，作用力与反作用力，搅动得岁月不宁。然而，进入"不惑"阶段的新教育，开始变为趋于成熟的舵手，从容不迫地开局布阵，构筑每一个年会的思想峰峦。

2006年7月,"进京赶考"年会:核心理念塑魂,新教育实验全面升级转型。

朱永新在2006年7月13日的博客上说:"晚上与李庆平、皮鼓、干干、王元磊等一起乘火车去北京,在火车上继续讨论六大行动的基本定义,讨论主报告的主题和内容,一直到深夜。"笔者访谈得知,"过一种幸福完整的教育生活"这一新教育的核心理念,就是那晚在赴京开会的火车上,朱永新与新教育的骁将们经反复商论、论辩、推敲、润色,字斟句酌,时至凌晨才最终确定下来的。核心理念问世,等于为新教育运动树起一座世纪灯塔。

围绕这一核心主题,新教育在北京年会上正式、全面而系统地阐述了"四大改变""五大理念""六大行动""两大愿景"。

2006年,新教育"进京赶考",在清华大学礼堂举行第六届新教育大会,提出了"过一种幸福完整的教育生活"的核心理念。

本届研讨会是一个重要节点,它既是第一次系统全面总结以往理论成果的会议,也是一次构想未来的重要会议。在总结经验教训的基础上,宣布了该项实验的"十一五"发展规划:努力成为中国素质教育的一面旗帜,全力打造一个根植于本土的新教育学派。实验将在基础理论和实践模式两个方面做进一步的研究和探索,即加强基础性(包括公民教育、生命教育等)研究,打造素质教育的经典个案,形成系列的可操作的实验主题、实验内容和实验方法,积极推进素质教育有效实施，进一步促进素质教育思想行动化、具体化、系列化、大众化。

此次年会宣告，新教育有了核心理念，有了机制转型，有了职业化、专业化人员的加盟，新教育实验正在升级转型。《经济观察报》记者章敬平、王延春以"新教育实验进京赶考"为题，报道新教育"征服了清华大学附小这样的'中国顶尖级小学'，并由此获得了'进京赶考'的机会"。各地近七百名实验代表云集，全国人大常委会副委员长许嘉璐发来贺信，盛赞"为了一切的人，为了人的一切"的新教育实验，以教育在线为平台，努力实践五大观点和六大行动，积极探索教育改革发展之路，在全国引起了很大反响。

2007年7月，山西运城年会：达成共读共写共同生活的共识。

开幕式不设主席台，无按部就班程序，而是推出一台公益晚会，一些参与公益活动的志愿者讲述在贵州支教的感人故事，并为王海波捐资成立的新教育基金会揭幕。别开生面的开幕方式震撼了六百多名与会者的心灵。

次日，有童书阅读展示，常丽华等讲述美丽的教学故事；有教师发展交流，赖联群、高丽霞等畅叙成长的传奇。是夜，烧烤啤酒自助研讨会开得酣畅淋漓。

上一年，新教育提出"过一种幸福完整的教育生活"的核心理念，然而路径在哪里？从这届年会开始，每届新教育年会都推出鲜明的主题。本次年会上，"晨诵·午读·暮省——新教育儿童生活方式""毛虫与蝴蝶——新教育儿童阶梯阅读"等项目正式亮相。就新教育儿童阶梯阅读课程、教师"专业阅读＋专业写作＋专业发展共同体"模式等专题，用践行予以深入回答。朱永新所作的题为"共读共写共同生活"的报告，更从理论层面上予以解说："共读共写共同生活，是过一种幸福完整的教育生活的必由之路"，从此，"共读共写共同生活"成了新教育的核心话语。该报告成了广大同仁久盼的"甘霖"。

新教育研究院院长卢志文宣读了《新教育组织新架构及团队文化》的工作报告，为新教育运动注入动力。新教育实验的重要管理机构——新教育研究院随之成立。

与会者反响热烈。杨民华："这是我有生以来所参加的活动中最精彩的一个。"紫云岚烟："两天大会的内容浑然一体，点是点，面是面，点融于面，面面俱在，像是超级组合。"《人民日报》记者温红彦："听了'毛虫与蝴蝶'发言，为这群理想主义者的信仰而感动……现在做学者当专家不难，当官也不难，像这样坚守信念真正做实事最难！"会议原来可以这么开，真够创新的，从内容到形式。

2008年7月，浙江苍南年会：厘清课堂三重境界。

新教育实验启动之初，朱永新在富裕的浙江温州考察时发现，温州所辖的苍南县却是一个教育贫困县，为此朱永新曾几赴苍南写下《苍南教育行》，疾声发问"中国教育缺什么"。2006年加入新教育实验以后，苍南教育日新月异，而把探讨理想课堂的年会置于此地，另有一番寓意与哲思。

在苍南县第一实验小学三（4）班学生天籁般纯美的诗歌朗诵中，苍南年会的序幕在晚七时徐徐开启。来自全国20多个省市的600多位"新教育人"赴会，参加"北川——新教育，血浓于水的教育情缘"主题公益晚会，共同进行新教育实验研讨，聆听朱永新题为"知识、生活与生命的共鸣"的主报告，该报告对新教育理想课堂的三重境界，做了开门见山的讲解与鞭辟入里的剖析。

年会的绩效自不必说。笔者发现网名为"行者思绪"的吴江松陵镇一教师，撰《浙江苍南行》一文说：

朱老师三天里从始至终和新教育人融在一起，他对教育的情结永远无法割舍，对师生充满了那么深的情和爱，他属于教育，属于我们每一位师生。会议在四点半结束，我们邀请朱老师和我们十一位赴苍南学习的追梦人一起合影，近距离和朱老师接触，感觉他老了很多，虽然与我们交流谈话时给我们的感受是热情、豁达和精力充沛。据他的秘书说，人家领导下来视察工作，结束了就去休息，但朱老师总是不忘他的"教育"，每到一地总要去看学校和师生，了解当地的教育情况，关注当地的教育发展……我们为有这样的超重量级领衔人物而感到欣慰和无悔，这是我们的幸事，中国教育的幸事。

教育在线首届版主峰会也在苍南召开，向20万网友（教师）发布《教育在线苍南宣言》："让教育在线成为新教育实验交流探寻的平台，让教育在线成为教师专业发展的舞台，让教育在线成为教师精神生活的家园。这一直是教育在线的基本定位与理想追求。教育在线会矢志努力，不懈奋进，服务新教育实验，服务教师的专业发展，服务教师的精神生活。"

亦师亦友，且歌且行，"行者思绪"的话，道出了许多新教育人的心声。

2009年7月，江苏海门年会又是一大盛事。

1300多人齐聚海门，共话教师发展，其规模空前。朱永新进行了如是介绍："对新教育实验首次完整性的讲演在海门，新教育实验的管理中心在海门，新教育实验是海门实施素质教育的抓手，新教育实验在海门取得了历史性的突破，这都是本届新教育研讨会在海门举行的原因。"

3天的时间，争奇斗艳的新教育实验区展览、震撼人心的海门实验区主题汇报和展演、精彩纷呈的海门9所学校主题展示与专家互动点评、充满智慧与挑战的新教育研究中心主题引领活动，富有诗意与理性的年会主报告……每场活动、每个细节，都展示了新教育的勃勃生机。在新教育实验展厅，各实验区、实验学校精心准备各类展板、文本资料、电脑投影、视频播放等，各个展区争奇斗艳，让本届研讨会成为全国新教育实验的"博览会"。

许多记者认为，新教育在海门的成功，证明了新教育实验可以大幅度提升一个地域的教育品质、提升学校的竞争力，从而提升一个地区的整体教育质量，培养符合现代社会发展需求的高素质人才。

更多的新教育人则通过网络直播了解整个会议的进展和取得的成果，虽然远在千里之外，却因为共同的信仰而有了相同的脉搏。

朱永新所作的《书写教师的生命传奇》的报告充满激情，充满思辨，也充满热望，对时下教育的解剖，对新教育实验的回望，对教师现状的分析，对新教育人的点赞，为他们点亮一盏明灯——把职业认同和专业发展作为教师成长的双翼。

闭幕式上，发表了新教育实验的第一个宣言——《新教育实验海门宣言》，号召新教育人秉承孔子、孟子"得天下英才而教育之"的理想，成为一个知行合一的理想追求者。

2010年7月，河北石家庄年会的主题是：用文化为学校立魂。

报到当晚，"开放式论坛"格外迷人。在桥西实验小学11间教室里，1200多名代表分别聆听了卢志文、许新海、李镇西、窦桂梅、张硕果等11位名家的专题报告，并与其展开了真诚的对话，被称为"一道惬意的餐前甜点"。

十大论坛，各具特色，妙语如珠，大家冒雨而来，满载而归；12所学校敞开大门,坦诚相见,与参会代表互动交流,笑容和泪水凝结成一幅幅最美的图画;石家庄桥西实验区的主题报告全面深刻,充分体现了民间草根与行政推动的完美结合;气势恢弘的文艺演出美不胜收,掌声与赞叹是对精彩的挽留。

石家庄年会上,新教育实验对于学校文化发展给予了统筹性的定位,这对于新教育学校自微至宏的探索具有框定化的价值取向。卢志文代表新教育研究院作年度报告——《希望,总在努力中》,那些饱含深情的话语,撞击着人们的心魂。压轴戏是朱永新的主报告《文化,为学校立魂》,高屋建瓴、博大精深,对学校文化阐述幽深,对学校灵魂定位精准,卷起了人们头脑中的风暴。

这次年会的圆满成功,离不开新教育研究团队的鼎力相助,他们为桥西区教育的发展诊脉、指引,在桥西区教育发展进程中留下浓墨重彩的一笔。一场年会、两年深度深潜,真正让新教育在桥西深入人心,尤其是学校文化建设的进展,让许多学校脱胎换骨。

"文化立校",不仅成为桥西新教育的名片,更快速推广到新教育各实验区中,新教育实验为中国教育拿出具有全新特色的校园文化模式。此次新教育年会对区域教育的巨大提升,使年会成为各实验区争相举办的重要原因。

2011年9月,内蒙古鄂尔多斯年会主题明晰:立魂中国文化,高扬民族精神。

年会开在黄河"几"字形怀抱的草原腹地,蒙汉文化的兼收并蓄之处。帷幕一拉开,十多所学校相继展开新教育实验的万花筒,并以"晨诵·午读·暮省""破茧课堂""终身修炼""校园立魂"四个主题篇章反映了鄂尔多斯市东胜区新教育的足迹。所有展示与发掘,皆呼应了"中国文化 中国思想"的年会主题。

纵目文化,着手文化,立足文化,注定了此次年会非同寻常的高远境界。

中央教科所原所长朱小蔓的演讲,剖析新教育文化主题的深刻意涵,非常认同新教育实验起始就把学校内部改革、教师改变作为突破口的精准选择,认同草根力量所引动的自下而上静悄悄的学校革命、教室革命,做出"新教育实验本质是大型的综合性的行动性的实验研究"的定位性判断。

众人期盼的朱永新的年度主报告——《人能弘道:活出中国文化的根本精神》,提出了"教育的真谛乃是文化的自我创生"、教育的过程也是文化"选编"的过程等重要思想主张。这是一个贯穿了冷静严密的逻辑思维,且饱含形象思维与激情的学术报告。报告人通透古今,把脉当下,透析文化根本精神,明晰文化当代使命,即汲取孔子"仁"的"己所不欲,勿施于人,己立立人,己达达人"十六字精华,明确把中国文化作为新教育的根基和创造之源,化作新教育人的文化自觉。

国家总督学顾问、中国民办教育协会会长陶西平感慨地说:新教育已经发挥出一种"摇篮效应",在它的不断摇动下,成长起一种新的理念,成长起一个实践体系,成长起一支教改队伍,成长起一批优秀学生,也成长起一批草根专家……我们期待着新教育实验成为中国先进教育思想的代表,教育改革的指南,新世纪教育成长的摇篮。

2012年7月,山东临淄年会的主题为:缔造完美教室。

风雨兼程开新宇,十年辛苦非寻常。近1800名新教育代表,在新教育上路十周年之际,云集在有两千年历史的齐国都城——临淄,展开"缔造完美教室"的系列研讨。

由晏婴小学的孩子们穿越千年再现《晏子使楚》的情节,拉开年会亮点迭出的序幕。

常丽华和她的小蚂蚁班,为"完美教室"提供了新惊喜。她的教室有说不完的故事。她说,教室是我们的愿景,是我们想要到达的地方,是决定每一个生命故事平庸还是精彩的舞台,是我们共同穿越的所有课程的总和,它包含了我们论及教育时所能想到的一切。

卢志文对新教育工作的回首,点拨了新教育的发展之路。直面薄弱,强化管理,咬住机制,凸显精进;述昔今,论纵横,说聚散,道进取,其情也真,其势也盛,其辞也彩:"我们有梦想,所以一直在路上。一直在路上,我们才有今天的相遇,才会有明天的收获。"

朱永新以"缔造完美教室"为题,捧出了具有震撼力的主报告。他从缔造完美教室的意义、完美教室的文化构建、完美教室与道德图谱、完美教室的课程建设、完美教室的生命叙事等方面予以全面阐释,提供了"缔造完美教室"总的指导纲领。

2012年新教育年会进行过十届之后,朱永新面对一场罕见的暴雨时填词云:"十年辛苦不寻常,甘苦知,未彷徨。征途不平坦,何惧黑暗?萤光烛照,那方充满明亮。"

此为不惑之后的最好注脚。

从整体到局部又回到整体，宏观布局微观入手，再回到宏观反思——新教育如此知行结合，攻下一个个"山头"，完成了对教育诸多方面关键性难题链的深入解码，伴着行动和思辨，一路充盈。

所以能如此，是因新教育人在与人类最伟大思想的对话中，寻找到普世情怀和个体的使命，才迸发杜鹃啼血式的呼唤，精卫填海般的精神，形成了新教育的最基本的阵势和队形。

四

精骛八极、目游古今、融通未来的"知天命"阶段（2013年7月—2020年10月）。

"五十而知天命。"天命，即自然的规律法则。孔子到了五十岁时，规律法则通透于心，看清了未来的走向，知道自己该做什么，该怎么做，从而按照规律，一心一意地去做自己该做的事情。

从孕育到问世再到运行十余载的新教育运动，也已经清楚自己的命运轨迹，遇挫不怨天；找准自己的人生定位，失误不尤人；知道自己未竟的责任，埋头不旁骛。

这是自必然王国步入自由王国的成长阶段。感知时代沧桑变迁、事物起承转合之后，走向妥洽、成熟的发展节点，即从追求绚烂到归于雅淡的从容转身。

我们看看此阶段新教育年会前行的履痕。

钱塘大潮自天奔涌，古越萧山人气鼎盛。2013年7月面对研发卓越课程——学校文化的制高点，来自全国各地的1500余位教育界人士共聚一堂，开始一场齐心协力的攻坚。

萧山新教育人在"奔竞不息、勇立潮头"的萧山精神引领下，历经八年勠力，逐步形成"文化立校、教师三专和卓越课程"三大特色。

陈冬兰、王亚玲、马玲、陈美丽所展示的教师课程和班级课程让人印象深刻。"研发卓越课程"四个论坛上，交流课程研发的各地教师同样精彩纷呈。

论坛上，美国团队的两位老师畅谈感想，严文蕃立足中美教育比较来解读新教育，带来了崭新的观察角度和策略启迪。

时任中国教育科学研究院院长袁振国发来贺信，认为新教育实验是中国教育改革的一面旗帜：一是具有理想性，超越教育功利；二是具有草根性，面向全体普通教师；三是行动性，不做空头理论家，而做行动家，为中国教育科学研究提供了范本。

年会两个报告激动人心：一个是新任新教育研究院院长许新海作的《总得有人擦星星》的工作报告，一个是朱永新作的主旨报告《研发卓越课程》。主旨报告为卓越课程及特点定位，为课程研发立则，为新教育卓越课程体系构架。同时向一线教师研发卓越课程建言：要发出"我就是课程"的心声。

此次年会，可谓新教育"知天命"时代的开局之作，特别是朱永新的主报告中，搭起了新教育课程发展的全新框架——以生命课程为基础，以公民课程（善）、艺术课程（美）、智识课程（真）为主干，并以"特色课程"（个性）为必要补充。在此架构了后几届年会的新艺术、新人文、新科学、新公民教育等一系列主题，成为新教育自觉建构"百年老店"的重要奠基。

2014年7月，江苏苏州年会点亮主题：呈人之美艺之境，共话艺术教育。

以苏州为起点的新教育，12载后又回到苏州，画出个美丽的圆。来自全国1800多名新教育人，见识了这座历史文化名城的艺术教育之美。

该市教育局局长顾月华演讲中说：艺术教育是素质教育的切入点，也是培育学生创新精神与审美能力的有力抓手，艺术教育之花早一天在我们的教室里绽放，我们就能早一天过上幸福完整的教育生活。

一台苏州市中小学生的汇报演出，诠释了苏州艺术教育之美。声光电交相辉映，江南元素、水乡风情展示得如诗如画。聪颖灵秀的苏州少年，沐浴新教育阳光天性舒展，气质灵秀。节目气韵婉丽，色彩绚烂，光影婆娑，音律流转，舞台美轮美奂，梦绕魂牵，给人强烈的视觉冲击与心灵震撼。苏州市聋哑孩子诗朗诵《让生命在阳光里微笑》、舞蹈《搏击翱翔》，更是迸发出人性的崇高意境，代表们激动得泪水涟涟。随后，分几路进多所学校参观，与会者从更深更细的层面，感受苏州教育的文化熏陶、艺术营养。

一线专家推出新艺术教育的课程叙事：张硕果言读写绘，侯海燕话儿童剧，陈铁梅讲名画，杨川美说名曲，祝禧谈影视，从各自的窗口将艺术教育引向纵深，指向"幸福完整"的教育生活。

2014年7月，新教育第十四届年会现场。

朱永新的主报告《艺术教育"成人之美"》，展示了浩浩荡荡的艺术长河。徜徉其中，你感受得到艺术教育无比深邃的价值意涵，新艺术教育多方伸出的触角，新教育实验关于艺术教育多维探索的有效路径，让艺术教育超越困境，回归到艺术本身、教育本身的高远眼光……

美的善行，美的心魂。闭会前，举行新教育基金会策划的"九九归真"感恩乡师苗沛旺图书馆授牌仪式。图书馆以苗沛旺——37年扎根山西绛县峪南沟小学、77岁退而不休的老教师命名。伴随着悠扬乐曲，许新海讲述了这间图书馆和苗老师的故事，卢志文为图书馆颁牌并赠以价值8万元的儿童书籍。全场对新教育的书香善行、苗老师的执着人生感佩不已。

2015年7月，四川金堂年会的使命是：开拓长宽高，聚焦新生命教育。

金堂人以"新生命教育"为荣：局长刘斌以"为了生命的丰盈"为题的汇报，打开了新教育在金堂"幸福教育，励学金堂"的全景图。大型音乐剧《生命之光》，透过一位新教育支教教师的故事，穿插一个个七彩纷呈、深情感人的剧目，呈现金堂县新教育的硕果，有快乐幸福的动态展示，生命价值的深度揭示，其中对5·12大地震中失去亲人的孤儿、留守儿童、聋哑儿童的守护情节，尽显聚焦弱势、深施大爱的人文情怀。

8名教师的生命叙事各有意蕴，成尚荣领衔的新生命教育沙龙张弇自如，参观的学校皆具特色，金堂中学外国语学校的楼院，成了众多学子或画或写或剪或制作的现场。

朱永新的主报告《拓展生命的长宽高》，四万余言，博大而精深。他没有一字一句地读，而采取读读讲讲，伴之以投影显示，用时两小时。新生命教育的内涵与特点、价值与意义、探索与展望，条分缕析，理清路明，赢得掌声不绝。与会人聆听中唤醒，反思里体悟，憧憬中期盼，神往中表示将投入行动……

2016年7月，山东诸城年会主打核心素养·每月一事。

1800多位新教育人云集在舜帝故里、名人迭出的诸城。开幕前，专题片《相遇新教育》牵动与会者的心神。镜头对准了该市城乡四位普通的新教育人：用爱之火点燃孩子每一盏心灯的教师姜蕾，用慈母般情怀温暖留守儿童的教师吕映红，用诗化教育开拓育人新路的校长王洪珍，用58年持续书写日记传承文化的退休老教师管炳圣。他们的故事，见证诸城新教育人求真务实的开拓历程。

诸城教育局局长李熙良以"拥抱新教育　放飞新梦想"为题的汇报，厚重鲜活，从更广阔的时空展示了全市409所中小学、幼儿园一体化推进实验，呈现出文化立魂、习惯厚基、个性发展的一派教育新风景。

在8位新教育人展开生命叙事之后，中外教育专家孙云晓、严文蕃予以精到评点，黄全愈、严文蕃、李镇西、童喜喜、陶新华、袁卫星、余国志、杨春燕等名家，开辟了各自专题的分论坛，使新教育年会的夜晚星光灿烂。

朱永新的年度主报告是《习惯养成第二天性》，他从自己儿少时得益于严父调教，养成早起读书的习惯娓娓道来，进入习惯——人生第二天性的园地，细说后天习惯，指明习养路径，提出改掉恶习之法。他强调"习惯"为素养形成的行动路径，倒逼素养的落实，用每月一事即每个月选择一个主题为习惯纲目，形成相对完整的、符合生命律动的教育生态系统。这是对生活一串串足迹的梳理，对生命一段段旅程的观照，更是对人格的一次次用心建构，对幸福完整教育生活的一天天真诚践行。

此次年会照例在颁奖时隆重推出一个沉甸甸的奖项：新教育年度人物奖。在郭明晓、张硕果、彭静三位提名人选中，花落张硕果，也属实至名归。

2017年7月，南京栖霞年会倾力研讨家校合作。

栖霞乃教育圣地，是教育家陶行知倡导新教育的发祥地。他当年"自新全新常新"的教育理念，正为当下的新教育团队所勤力传承、发展与创新。会开栖霞，时空相宜。

全国新教育实验第十七届研讨会会场。一次次的新教育年会，成为滋育新教育实验根深叶茂的巨大温室。

南京栖霞舞台所展示的新教育实验，有愈发沉稳的气度，愈发雍容的氛围，愈发精深的内涵。已然少了初始时节的锋芒毕露，横空出世当儿的挥斥方遒，然而，一招一式、一校一人，却自然而然地显露日趋成熟的新特征：那沉淀过后的端庄，历练之后的大气，那吸纳古今的厚重，以及洗尽铅华的从容。

创历届年会人数之最的3000名代表，目睹了新教育的栖霞盛景。

年度颁奖环节，前移到年会开幕的上午，吸引了与会者的眼球，引爆了众人的兴奋点。

来自江苏海门、南京、新沂和山东日照、山西绛县、北京等地的十位榜样教师，从不同角度、不同层面分享了各自在家校共育行动中暖心而催泪的故事。十个发言十分精彩，十个故事实在感人。孙云晓、严文蕃的点评则将人们拉入更深维度，切入大时代中的教育问题链与解码要旨。

此次年会的压轴大戏，仍是朱永新作的《家校合作激活教育磁场》主旨报告。家与校是学生生命的主要在场，对孩子的塑造，有如硬币的两面。然而家校间的隔膜与误解、用力不均与观念错位，亦是当下的常见之态，对孩子的成长产生不利影响。如何让家校灵犀相契，遂成了众人期盼却又乏人突进的教育大课题。

朱永新站在家校合作的理论与实践的制高点上，鸟瞰其历史脉络，诠释其意蕴内涵，阐发其意义价值，剖析其路径方法。他呼吁大家行动起来，在家校合作共育的磁场之中，释放出新教育人的最大能量！此报告极强的理性感召力、践行冲击力和情感感染力，让全体代表带着微笑认同，载着收获离去，怀着体悟开始新一轮践行。

互联网的隐形翅膀，让此届年会现场直播于四面八方，会场内外的新教育人同频共振，这一突破也是本届年会的一大惊喜和亮点。

2018年7月，年会在成都市武侯区召开。主题为：让科学之光照亮求真创新之路。

武侯区有着悠久的历史和深厚的文化底蕴，也是中国第一个"城乡教育一体化实验区"。新教育实验在武侯区发展壮大着。

科学技术从来没有像今天这样深刻影响着国家前途命运、人民生活福祉。此次年会，聚焦了新教育与新科学教育的交汇地带，通过教育叙事、专家点评、论坛交流、现场教学等形式，进一步展示全国新教育实验的实践成果。

武侯区作为全国新教育实验区、高科技文化区和全国科学教育实验区，呈现出科学教育的新趋势、新亮点。该区在人工智能方面做了许多新的探索和尝试：该区与电子科技大学、成都市教科院合作编写人工智能基础教育通识教材；全区52所中小学整体推进机器人、创意编程、STEAM、3D打印等人工智能课程；这里有13所区级"数字校园"试点学校和4所市级"数字校园"试点学校，科学教育、未来学校成为武侯教育发展新的生长点。

围绕2018年的年会主题，新教育已在科学教育方面进行多年探索，专门成立了以郝京华教授为所长、王伟群教授为执行副所长的新科学教育研究所，提出了"做中学，读中悟，写中思"的科学教育操作方式。由严文蕃教授领衔与远播教育合作研制了STEAM课程等，并用来指导武侯、海门、辽宁等实验区科学教育的初步探索，已初步见成效。

新科学教育更是一个世界课题。本次年会上，来自全球的许多专家畅想科学教育的发展趋势，讨论多元化的科教活动，探索培养未来人才的更好途径。（第十七节有详述）

2019年7月，年会开在泰州市姜堰区。主题为：相聚激情三水，共话人文教育。

姜堰地处苏中，因历史上曾是海水、江水、淮水交汇之处，故称"三水"。姜堰文化底蕴深厚，素有教育之乡的美誉。此次年会上，姜堰区教育局以"唱一首'乐学'的歌"为题，进行了新人文教育叙事报告，在推动全区"乐学"

提升教育实力的同时，也为新教育实验提供了一个发展样本。

在研讨会现场，姜堰新教育行动研究专题片《堰上花开》打动人心，教育成果展演以书香校园叙事《忆城南》、聆听窗外叙事《行走的歌谣》、完美教室叙事《难忘那片海》、新父母学校叙事《萤火虫闪闪》、师生共写叙事《读写的力量》，以及歌舞表演《乐学歌》6个版块，为代表们呈现新教育实验带给姜堰区师生的教育硕果。在年度评选颁奖环节，新教育基金会揭晓了年度奖项：2019年完美教室、卓越课程、榜样教师、智慧校长各10名，提名奖各20名；新教育年度人物1名，提名奖2名。

朱永新教授宣讲新教育实验年度主报告——《人文之火温暖幸福家园》。他提出要举起"重塑中国教育的人文精神"的旗帜，新人文教育和新科学教育共同构成新教育的智识教育课程，将协助教师和父母养成人文情怀，帮助学生树立人文观念，涵养人文智慧。他向大会发出新人文教育宣言：幸福，是人类永恒追求的目标，也是教育必须完成的使命。

回眸"而立""不惑""知天命"三个连续阶段的新教育年会，让人油然联想到一个人从稚嫩到青春而至成熟的生命成长历程。

"知天命"阶段的新教育运动具有如下特点：

其一，立于中华民族的文化自觉的基石上，吸纳人类所创造的全部优秀文化、教育的经典为我所用。"各美其美，美人之美，美美与共，天下大同"（费孝通语），以大襟怀、大眼光、大汲取而海纳百川，让新教育实验不断在完善自身的同时攻坚克难，一步步臻于至善至美的境地。

其二，在"过一种幸福完整的教育生活"的主旋律之中，形成了十大行动与五大教育实践的双重奏。不仅有每月一事、家校合作奏响的华美乐章，还在卓越课堂的主题下，构成了新艺术教育、新科学教育、新人文教育、新公民教育的宏大交响，勾勒出中国教育实验一系列的峰峦。

其三，新教育的新课程体系，与新教育对未来教育的思索扣合到一起，开创新教育通向未来的道路。新教育所有的理念，正在以新课程的形式落地扎根，而新课程体系也就此逐步明朗。新教育在不断折中世情、国情、教情，折中以情，折中以神，折中以境，形成自身的心法和教育理性体系，并以其自身学术积累和话语体系的形成，持续保持新教育的学术张力与研究的引领地位。

五

年会,新教育运行的一个节点,一个综合舞台,一年数百万人筑起的一座山峰。它与新教育运动的命运攸关,与新教育人的教育人生攸关。虽然展现在两三天内,但其决定性的价值,确是超越了时空。

揭开年会的面纱,笔者探知,为年会所做的精心准备,是全方位、多方面、高标准的。

先是认认真真地思索,提前两三年就锁定一个年会主题,从而明确了日后的行动坐标。其主题要贴切,直接地气;要适切,直面瓶颈;要单一,便于聚力;要深邃,可有益人生;要高远,可给力全民族。

紧接着选定举办地。此地需真有突出成果可看可学,且颇有积极申办的意向、行动和能力。

选一两个实验区,围绕着下届年会的主题,悄悄地在试点上实行,以便取得经验,研究问题,完成行知合一的发展经验。近几年,江苏海门实验区就成了重要试点,为新教育的年会成果打造雏形、拓展深度。

新教育研究院的院长、常务副院长等人带领精干的专家小组深入举办地,巡视、调研、策划、指导。举办地也倾力运作,精益求精。如诸城年会开得精彩、精致、经典,和该市教育局做的大量工作密不可分。

最要紧的任务是拟写年会的主报告。此为新教育构筑理论之峰,给新教育人以心灵之镜,透视之眼,攀登之梯。一个个主报告,指明行动路径,隆起理性之峰。

"千淘万漉虽辛苦,吹尽狂沙始到金。"每个主报告的诞生无不历经千锤百炼、漫漫苦旅。

君不见,从第一届年会开始,主报告从选题到宣讲,朱永新一直亲力亲为地主持、主导乃至主笔。新教育核心团队的成员参与其中,紧张地收集资料、锤炼观点、透析论理、构建骨架、诉诸文字,有时几位起草成员依据朱永新提出的理论提纲或思想雏形各自草拟一稿,由朱永新结合自己的思考,以其中一稿为底本加以综合,吸纳其他版本精华,大刀阔斧修订后,发给诸位斟酌,再由朱永新主持深入研讨。是时,几位起草人团团围坐,心放正,舵把稳,迷雾拨开,航线画准,思维映着孤灯忽闪着火亮,论辩伴随深度撞击始发灵光,集体的智慧流汩汩而淌,团队的生命潮交汇成逼近目标的浩浩洪波……

君不见,那是怎样激烈的交锋啊。2015年6月中旬的一天晚上,在朱永新的家里,修改讨论《拓展生命的长宽高》的主报告。朱永新、童喜喜、袁卫星及两位朱永新的博士生卢锋、余国志,对着三个版本洋洋万言的主报告最终选定一个做初稿,再逐段逐句逐字敲定。五个大脑,五张嘴,为了追求至理,不分师生,无论宾主,无暇顾及长幼,很多地方,舌剑火星四溅,唇枪硝烟顿起,有时候争执不下,竟脸红脖子粗得似将"吵"起来。个别处,对朱永新的观点也毫不留情地"刺"过去。挑刺、除草、栽花、育果,他们一次次打碎自己,融入别人,重塑思想,自我涅槃,走向完美,很有"千锤万凿出深山,烈火焚烧若等闲"的意味。每每定夺之后,大家方由苦转乐……

难以想象,为了无憾,单是2015年7月3日到9日一周间,袁卫星和朱永新的邮件往来就达72封。邮件标注的时间,很多是在深夜,甚至凌晨。

难以想象,年会不开,主报告便修改不止。童喜喜回首:"根据我电脑文档里的不完全统计,从我交稿之后,又改了18稿。"

难以想象,为求精准,在第十一届年会宣讲主报告的前夜,修改报告的朱永新竟在不知不觉中迎来鄂尔多斯的黎明。第十五届金堂年会的头一天深夜,宾馆房间灯火通明,朱永新和大家为最后完善及制作PPT还在操劳。第十六届年会在诸城作主报告的前一个夜晚,朱永新几乎通宵都对报告作着修改,下午作报告前午饭都顾不上吃,仍在反反复复地斟酌润色。

如此这般,孜孜矻矻地求索打磨,方为报告源源不绝地注入了精神动力和学术智慧,造就强大的思想引擎,终使每个主报告对某一个课题的论述,在深刻性、完整性上,达到了国内对此论述的高端。

年会不断呈现新的精彩的同时,也听到许多反思的声音。如质疑年会的功能,年会间隔的时间,年会的方式,一年一个主题是否快了些,云云。批评促人醒悟,质疑让人反思,难题催人进取。新教育发展确需多听意见,闻过则喜,获取不断创新的驱动力。只是,与会者有各学科教师、校长、教研员、局长等多方面的人士,"穿衣戴帽,各好一套",各有侧重,不会有哪种万能灵药,对谁的需求都恰好。

六

众口难调也要调,一位加入新教育多年老师的一封长信,让朱永新与新教育同仁们陷入了深思。这位老师说,年会回来以后,一位"新教育"朋友对她说:"你知道吗,打开新教育重点学校的微博,就感觉焦虑,感觉要加油!加油!要奔跑!"她想想也觉得如此,遂有一问:新教育是不是走得太快了?新教育的年会是否稍显华丽了?

每种文化都有自己的文化庆典、文化凝聚方式,同时,无论哪一种凝聚方式、文化庆典,都受制于所在时空的社会思潮、人们的精神素养等综合因素。实践业已证明,作为新教育人的诉求与智慧结晶的新教育年会,极大助推了新教育运动的进展,已是新教育人心中不可或缺的珍宝。

但正因为它万众瞩目,也在接受着、面对着不同方向上的期望与考验。如何让年会更加具有参与性和指导性?如何让曾经关注的主题不断深化、细化、实化?这才是横亘于新教育人面前的难题。

这位老师如是建议,年会可以让站在不同起跑线上的实验区与实验学校各取所需,都能找到适合自己的东西:做普通教师的,去看看儿童课程与完美教室的课程打造;做校长的,去看看校园文化;做教研组组长的,去看看有效课堂;做分管领导的,去看看教师专业发展。

纵观一些影响至深的重要变革,历史的创造者、参与者、旁观者的眼光与观点,往往有着惊人的一致。

新教育全面铺展十周年之际,年会也迎来革故鼎新之时。

变在形成了年会的输出机制,充分发挥研究机构和项目小组的作用。那些通过年会形成的理论共识和操作模式,由这些机构进行日常维护,通过培训、展示、讲座、开放周等各种形式来巩固研究成果。

变在疏通了年会前后的交流机制,形成了与年会主题相关的多个平台。此后的每届年会都在年会期间或者年会前后,将"新教育实验"的重要项目进行充分的交流与展示,让设立了相应项目的实验区、实验学校有选择地进行研讨,加强大家的参与性,发挥大家的能动性,从而集思广益,把各个项目深度推进。

只要上路,就一定有庆典。在此次改变以后,新教育逐渐形成了汇聚展示、分享交流新教育成果的四个年度平台。以年会为中心，各有主题、优势互补，如波浪涌动，形成美丽的波谷波峰，推升起磅礴的力量。

纵目这四个年度平台——

一是每年4月的新教育实验区工作会议，重在分享，意在有效推进区域经验，拓展出新教育发展版图的崭新面貌。（第五节有详述）

二是每年7月的新教育实验年度学术研讨会，它以实验优秀单位、实验课题负责人、智慧校长、榜样教师参加为主，重在发布分享新教育的年度学术研究报告、重大实验成果，耸立起新教育实验的峰峦。

三是每年9月的领读者大会，旨在联合新教育的阅读爱好者、全国阅读推广公益机构，共同致力于全民阅读推广，营造书香校园，推动全民阅读的新进展。从2016年开始，领读者大会在每年9月28日举办，这是中外阅读推广人齐聚的盛会，已经成为引领中国人阅读的精神讲坛。（第十七节有详述）

四是每年11月的新教育国际论坛，旨在关注下一年的新教育学术研究课题，汇聚该主题的国内外一流专家学者，集智聚力，促进新教育的深度学习、国际交流合作，形成了欧美教育精华与中国新教育的深沉互动。

从2011年开始，新教育已经在浙江宁波、福建厦门等地举办了八届新教育国际高峰论坛，该论坛与来年的年会形成了极好的对应，让世界专家与中国教育界充分对话——东西碰撞，取长补短；洞悉问题，寻找深度；纳入百家，回归新教育自身。

这四大平台，已经成为推动新教育实验进程的结构性支撑，融教育理论和教育实践于一体，集教育社会学、教育心理学于一身，实现大融大合；常有精思妙会，常来神来之笔，引领着新教育实验"至大无外、至小无内"的包容性、开放性、细密性。

不仅如此，这四大平台的活动此起彼伏，已成为全年不落幕的新教育典礼；新教育在全国各地实验学校举办过数百次新教育专题研讨会和开放周活动，让新教育的重要会议得到教育一线的有力依托。

点燃心灯，激活灵魂，交流心得，凝聚共识，树立典范，指点迷津，校正路径，勠力攻关，这些活动成为推动新教育实验进程的机制性力量，烙印着新教育人坚实的脚步，催生着新教育实验的未来。

第十六节
穿越时空，筑就照亮未来的教育灯塔

一

大历史时代呼唤大教育革命。大教育革命回应大历史时代。

欧洲新教育运动，源自欧洲、北美的第一次和第二次工业革命。

第一次工业革命，发生于18世纪60年代到19世纪中期，以蒸汽机作为动力机被广泛使用为标志，开创了以机器代替手工工具的时代；第二次工业革命，发生于19世纪70年代到20世纪初，以电力的广泛应用为显著特点。

蒸汽时代需要大量会读、写、算的工人，因此其教育任务主要是普及初等教育；而电气化时代则需要大量敢于发现、敢于发明的创新型人才。它呼唤一场新的教育革新运动。于是，欧洲的新教育运动随之而现，并以多国度、多层面、多地兴办的新学校，培养适合需要的新人才，予以及时而有力的回答。

在21世纪初的中国，新教育实验开始了中国新教育的全新征程，此时正值第三次工业革命向第四次工业革命迈进的时期。

第三次工业革命始于20世纪60年代，通常被称为计算机革命、数字革命。当下第四次工业革命在数字革命的基础上发展，显现出互联网无所不在、移动性大幅提高、人工智能和机器学习崭露锋芒等特征。

兵无常势，水无常形。成长在席卷世界的大变革时代——中国的新教育面临的处境，与当年欧洲新教育有着许多不同，有着比当年欧洲更为错杂的背景，更为深刻的主题，穿行在一个更为宏观壮阔的历史进程里，要与更为复杂的中国社会进行多层次对话，要解决中国以至世界教育更为棘手的若干老大难问题。

清醒地直面考卷，紧迫里迅疾作答，中国新教育实验已经索得前行的一些路径，摸着了过河的若干"石头"——2017年，新教育团队向中国教育学会申报的"十三五"教育科研规划课题"新教育实验未来学校形态研究",被列为重点研究课题。

2019年,朱永新推出了结晶理性思维的大成之作——《未来学校:重新定义教育》,可以视为"世界语境"中的新教育在当代中国的一声"回响"(第三节已有详述)。

新教育实验是一场全方位发动、多层面合作的教育深水区改革。顶端推动煞费苦心,中层管理竭尽能事,一线运作呕心沥血,同为圆一个新教育之梦,助推中国教育于世界教育之林有更高站位,并与中国社会的改革大潮呼应共鸣。

新教育对未来教育的主张,就是以"未来学习中心"为核心,让每个人快乐自主地学习,享受幸福的生活;让每个人发现自己的潜能与天赋,成为最好的自己。诚如朱永新所说:"虽然教育的主旋律没变,但是未来教育可能有很多课程会重构,能者为师的时代即将到来。未来科学的课程体系应该是以生命教育为基础、以真善美为主干的课程,再辅助一些其他的课程,应该走向整合、走向综合化。"

拨开时代的繁杂线索,廓清星罗棋布的教育主题,新教育人正广以包容,深以掘进,精以吸取,叩开未来教育的大门。

"未来不是我们要去的地方,而是我们正在创造的地方。"正当人们或惊讶、或传播、或推敲新教育"未来学校"蓝图之际,新教育人已经探索未来学习中心的建设,并且为这些理念的拓展建构坚实的平台。

未来学校就是未来教育的一个探索路径。在这个领域内,会催生整个课程体系的重造。针对未来中国人的真、善、美课程,新教育人相应成立了一个个研究所——针对生命教育,成立新生命教育研究所;针对人文教育,成立新人文教育研究所;针对科学教育,成立新科学教育研究所,共同打造面对现在乃至未来中国人的卓越课程体系。

每个研究所,都拥有中国相关领域的顶尖专家、巨擘名贤来做顶层设计,领衔坐镇,他们把珠握玉,自展神通,彼此联袂,协同发力;新教育研究团队的尖端学者推进可行性方案,新教育广大的学校提供发展土壤、实验苗圃。

这些研究机构组合成新教育实验的新地标,逐步推出人文、科学、生命、艺术方面的未来课程,以高端的科研资质,深邃的学术方略,缜密的哲理思维,构筑起新教育实验稳立于科学研究的四樑八柱,拱建起新教育百年大厦的宏伟之基。纵观新教育诸多研究中心,既是新教育理论与实践互动的精华所在,又是推动新教育知行合一的关键所在。既是新教育实验顺利发展壮大的必然结果,又是下一个阶段新教育实验实现更高阶段发展的基本动力。本节我们来领略这些研究机构,透析它们穿越时空的路径。

二

阅读是新教育所有实验项目的基石,是重中之重。新阅读研究所推动全民阅读风潮,为新教育实验的整体发展筑牢根基。

翻滚世界的互联网浪潮正冲刷着整个世界,中国在动,世界在变,全世界的教育似乎都处于一种探索新形态的变局之中。有识之士们无不思考教育与世界该怎样更好地连接……

新教育人紧紧抓住的第一条线索,依然是阅读。新教育扎根于阅读的沃土,阅读根系的生长可分为三个阶段。

第一阶段:20世纪90年代至2005年。早在20世纪90年代,朱永新在担任苏州大学教务长时,就组织苏州大学的教授和全国知名学者进行中小学生和教师阅读书目的研究与推广工作,陆续出版了"新世纪教育文库"。该文库编选分小学、中学、大学、教师四个系列。直到2005年,经过征求意见,新教育实验团队最终将这四个系列书目修订完善。这四个系列书目至今在全国各地的学校及网络上仍有较大影响。

第二阶段:2006年至2009年。随着新教育实验的推进,一些问题越来越迫切地摆在了实验老师的面前:我们能确保正在采用的书籍是最优秀与最适宜的吗?对一个具体的儿童来说,他应该读什么书?这个阶段,新教育实验以研究制作"毛虫与蝴蝶"儿童文学书包为主要成果。

第三阶段:自2010年至今,以新阅读研究所研制"中国人基础阅读书目"、召开领读者大会为主要标志。

一个民族要形成共同的精神家园,就需要有一个基础阅读书目,需要共同阅读以形成共同的价值观。2010年,在朱永新等人的倡导下,新阅读研究所在北京成立,首任所长王林、副所长朱寅年。当年9月,在使命的召唤下,新阅读研究所组织专家进行"中国小学生基础阅读书目"项目的研究。

王林是我国培养的首届儿童文学博士,是课程教材研究者和少儿教育教材编写者,也是国内最早、最有影响力的儿童阅读推广人之一。

就任新阅读研究所所长以后,王林联袂副所长朱寅年,自身潜能再次爆发,实实在在推动了新教育阅读的升级嬗变。他们在朱永新教授的提议下,和众多专家一起,主持研制了"中国小学生基础阅读书目"和"中国幼儿基础阅读书目"。

应该说,研制书目从来都是吃力不讨好的事儿,尤其是研制小学生的书目,况且还是基础书目,更让人战战兢兢,如履薄冰。研究团队尤为注重价值引领,强调阅读中蕴含的民族文化根本精神和人类的基本价值,挑选出能够影响每个人的"根本书籍"(影响到一个人的世界观、价值观、人生观和一个人的思维方式建构的书)。打好"精神底子"以后,再选择更能提高精神力的图书,丰富孩子们的内心世界。

2011年国际阅读日来临之前,《中国小学生基础阅读书目》对外发布。2011年起研制的《中国幼儿基础阅读书目》,于2012年发布。这些书目如带露的鲜花绽放,赢得广泛认可。作家曹文轩说,他重视新阅读研究所推荐的书目,就是因为这个书目屏蔽了与出版方的利益交换,保持了独立性。书目发布后,很多相关图书销量剧增。在2011年《出版人》杂志举办的"中国书业年度评选"活动中,新阅读研究所入选年度阅读推广机构。2012年,新阅读研究所当选腾讯教育年度致敬机构,且是唯一入选的阅读机构。

有了新阅读研究所的支撑,新教育实验耸立起一个崭新的时间坐标。2012年是新教育阅读行动的"丰收年"。

这一年,中央电视台举行"全国十大读书少年"评选,海选产生的30个候选人中,新教育的孩子有17名,最后获奖的"十大读书少年",有6名新教育的孩子。

这一年,《中国新闻出版报》评选了4个推动阅读的年度机构和年度人物。新阅读名誉所长朱永新、新阅读研究所都榜上有名,给朱永新的致敬词是这样写的:"从央视全民阅读晚会现场到全民阅读形象代言人,到以一己之力推动新阅读的朱永新怀着激情、循着理想行走在新教育实验和阅读推广的道路上……"

新阅读研究所底蕴深厚，它汇聚国内外近百名阅读专家组成顶尖团队，在2011—2013年研制出《中国企业家基础阅读书目》，2012—2014年研制出《中国中学生基础阅读书目》（初中、高中两个书目）。这些书目的研制，无不秉承真善美的人类价值追求，选择出至真、至善、至美的文本。文学求"美"取悦、科学求"真"知本、人文求"善"得仁。

此时，中国的童书出版正在经历"黄金十年"的繁荣，作为童书阅读的推动者、先行者，新阅读研究所凝视着童书市场的种种问题，激浊扬清。该所发起了第一届"中国童书榜"优秀儿童读物年度评选活动，这个备受社会各界认可的活动从2013年年初开始谋划，7月召开内部研讨会，制定了41个相关文件，规划童书榜的研制过程，商讨关于"中国童书榜"优秀童书评选活动原则标准及评选办法草案。2014年1月11日，由新阅读研究所主办的2013中国童书榜颁奖典礼在国家图书馆举行。

朱永新先生在"第一届中国童书榜"颁奖典礼上发表讲话

如此精心打造了一整年的活动，得到了社会的广泛关注与欢迎。2018年度中国童书榜获奖童书奖，是从全国100余家出版社参评的近千种童书中经过初选、复评、专家推荐、终评四轮次精心甄选产生的，成为国内兼具公信力、影响力和专业品质的知名童书评选活动。而新阅读研究所在举办第一届童书奖便推动的原创力量，已经在童书的创作中得到充分体现，其倡导的中国故事，也渐渐在中国童书榜中大行其道。

阅读大潮起，书香满社会。第一届新阅读研究所负责人开拓了路径，第二届新阅读研究所的成员们带来了别样的活力。2015年开始,上海师大教授、著名儿童文学作家、著名阅读推广人梅子涵出任新阅读研究所所长。李一慢、李西西先后出任新阅读研究所的副所长。

2016年9月28日,在孔子诞生日这天,新阅读研究所主办的"2016领读者大会"在国家图书馆举行。来自全国各地的上千位阅读推广人齐聚北京,共话阅读。

如地火之喷薄而出,"2016领读者大会"所造就的阅读胜境令人惊叹。知道内情的人明白,这是新阅读研究所厚积薄发的成果:早在2007年,王林与梅子涵教授等人一道,共同策划发起了"二十一世纪中国儿童阅读推广人论坛"并连年举办,把活跃在全国的阅读推广人聚集起来,形成合力;2013年新阅读研究所发起领卖者计划,单独或者合作组织近30期领读者专业培训……而李一慢被评为"书香中国·北京悦读季"首届金牌阅读推广人,是被中央电视台专题报道过的阅读推广人,被北京出版集团评为"最佳科普阅读指导专家";作为新教育电影课项目负责人的李西西,则在领读者中独树一帜,他沉潜四年写出《好电影养成好习惯》一书,围绕着勤俭、守规、公益、环保等12个主题,创造性地推荐了72部优秀影片,打开了儿童观赏电影之门。

新教育积累十余年的阅读能量、新阅读研究所积淀出的引导能量、新阅读研究所领军人物的长期探索,开辟了全民阅读的新局面,也在向世人宣布,新教育由"读什么",进入到"怎么读"的新征程——

2019年领读者大会上,"中国阅读三十人论坛"宣布启动。

此次"2016领读者大会"是来自全国的阅读推广人的一次汇聚，更是营造书香社会的一次集结。朱永新为"领读者大会"提出两大使命。其一，在这样一个信息爆炸的时代，新教育将与天下同仁一道，长期跟进钻研"读什么"的问题；其二，让更多的人热爱阅读，掌握科学的阅读方法。

承接"学而时习之"的阅读使命，下启书香社会运行的新机制，"领读者大会"一发而不可收，连续推出主题为"阅读，从儿童开始"的2017年领读者大会，主题为"文学化的儿童文学课堂"的2018年度大会，主题为"儿童阅读和世界未来"的2019年度大会……在阅读与教育的双重视角下，关注着小个体、大群体，新阅读研究所已经成为全国阅读领域内具有很强影响力的专业研究与实践推广高地。

2016年的领读者大会上，"全国领读者联盟"正式成立，梅子涵所长带领大家庄严宣誓："今天我们是在向天理宣誓。我们对自己说：我是童年阅读的领读者！"2019年的领读者大会上，由朱永新、王志庚、王林、邬书林、张明舟、梅子涵、童喜喜、窦桂梅共同发起的跨领域高端学术团体——"中国阅读三十人论坛"宣告成立，这是一个非营利性民间独立智库，坚持建设性、前瞻性、国际性的理念，专注于中国阅读问题的研究，致力于深入持久地推动全民阅读的开展。

三

朱永新在2000年出版的《我的教育理想》一书就提出，理想的父母应该努力配合学校、社区进行全方位、多层次的教育，从而使孩子快乐、健康地成长。2004年3月28日，"莫愁新父母学校"在苏州工业园区娄葑第二中心小学正式挂牌成立。2004年4月24日，在昆山市玉峰实验学校举行的新教育研究中心会议上，把"优化家校合作"作为6+1的项目正式纳入新教育的行动计划，家校合作开始成为新教育的重要行动。

2011年11月，新教育成立"亲子共读研究中心"，把父母与孩子共同阅读作为新父母成长的重要内容，每天早晨的"新父母晨诵"等项目达到上亿阅读量。2012年，该中心更名为新父母研究所，全面开展新父母晨诵、新父母学校、父母书目研制、亲子共读等项目。

新父母研究所成立以来，秉承"点亮自己，照亮他人"的萤火虫公益精神。至2019年已组建萤火虫义工团队500余个，遍布中国大陆所有省（直辖市、自治区），已建有萤火虫工作站69个，汇聚众多父母开展萤火虫亲子共读，参与人次达700万以上。

2015年，新教育研究院与全通公司联合成立了新家庭教育研究院。该院以科学研究为根本使命，通过组织课题研究、举办系列学术研讨会、组织培训、推出家庭教育学术著作和教材等方式，努力提升父母及家庭教育工作者的专业化水平，为中国家庭教育的健康发展做出贡献，家校合作的脚步更加踏实。

汇聚美好，共创未来。新家庭教育研究院成立伊始，中国青少年研究中心家庭教育首席专家、研究员、首都师范大学特聘教授孙云晓，应邀出任新家庭教育研究院院长。

当下中国的家庭教育理论研究如火如荼，众说纷纭，但真正经过实践检验的科学的家庭教育理论体系却寥若晨星。

很快，新家庭教育研究院就发布了自己的宣言——

当代社会发展迅速，网络时代日新月异，对家庭教育不断提出挑战。因此，需要新的家庭教育理论给予引领。也就是说，在新的时代背景下，家庭教育的实践需要新的理论回应，或许可以探究一下，我们是否需要新的家庭教育观……

就当下而言，新家庭教育观至少包括以下五方面的主要内容：一是新的家庭观，我们需要捍卫家庭；二是新的儿童观，我们需要尊重儿童的权利；三是新的教育观，我们需要生活教育；四是新的代际关系观，我们需要与孩子一起成长甚至应该向孩子学习；五是新的文化观，我们需要将中外优秀文化融会贯通，提高文化自信。

新教育实验与新家庭教育研究院的推进和发展，标志着中国的家庭教育研究者开始了新的探索，或者说家庭教育研究进入一个新阶段。新家庭教育研究院展开阅读和家教两大翅膀飞翔，以强劲的创造力，为中国家庭教育做出卓有成效的补短与救赎。

从专业化课题研究入手，填补家庭教育研究的空白地带。自2015年起，新家庭教育研究院每年编辑出版一本年度性、综合性的《中国家庭教育蓝皮书》，这是第一部汇集全国家庭教育理论研究与实践探索优秀成果的年度报告，对全国家庭教育发展做出了全面分析和评价；汇集了当年较有代表性的家庭教育学术研究成果和调研报告，成为中国家庭教育的年度叙事。

孙云晓

汇聚众专家智慧，完善中国家庭教育的学术框架。2018年起，新家庭教育研究院联合中国青少年研究中心、上海师范大学等专业团队，编写出版了大型新父母教材丛书——《这样爱你刚刚好》。该丛书由朱永新、孙云晓担纲主编，汇集40余位国内家庭教育专家集体研究和讨论的结晶，并得到国内权威机构的学术支持，具备完整、科学的体系，代表了我国家庭教育发展的主流；该丛书根据孩子的年龄段划分，从孕期到大学，每年1种，共20种，内容以理论和案例交互呈现，为中国新生代父母成长提供科学指导。自2016年起，该院还组织专家团队进行了"家庭教育指导者专业化""中美日韩四国家庭教育比较"等课题研究。

积极参与新教育学术会议，频频互动中敞心亮见。2016年7月，孙云晓出席在山东诸城召开的新教育年会，并发表讲话，进行评点，和与会者深入交谈，现场传道解惑。2017年7月15日，以"共话家校合作"为主题的新教育实验第十七届研讨会召开之际，新家庭教育研究院承办以"家校合作新视角：推进新家庭教育"为主题的分论坛，孙云晓提出了新的家庭观、新的儿童观、新的教育观、新的代际关系观、新的文化观五个新视角。"专家就是专家！""视角就是独特!""立论超乎常人!"诸如此类的感慨,道出了与会者的心声。

举办大型活动,让家庭教育抵达社会更深处。2017年4月,孙云晓与多位专家精心设计,由新家庭教育研究院与湖南教育出版社联合举办首届新家庭教育文化节暨学术论坛,活动开幕前还举行了全国性学术征文,并于当年在中国教育电视台播出10集好父母专题节目。

孙云晓表示,这个论坛将年年举办下去,每年评选中国好父母。与此同时,新家庭教育研究院协助中国教育学会家庭教育专业委员会组织召开了家庭教育国际论坛和全国家校合作经验交流会等,为新时代家庭描绘了教育全景。上述论坛聚集大家,问道小家,着眼全球视野,覆盖全方位话题,推动全民关注家庭教育。

从新教育的一个会场到另一个会场,孙云晓马不停蹄,为新教育实验的完美建构,做着开创性的奉献。立足新家庭教育,他雄心勃勃地提出三个研究计划:一是落实朱永新的提议,组织全国一流学者编写《家庭教育学》;二是通过对著名儿童文学作家和著名教师、著名学者等的系列访谈,做儿童观研究,探究家庭教育与儿童文学的特殊关系;三是进行诺贝尔获奖者的童年与家庭教育研究。

孙云晓工作严谨扎实,雷厉风行,副院长蓝玫则是和风丝雨、润物无声的处事风格。蓝玫,原名王丽君,曾任新教育新父母研究所执行所长,目前还担任中国教育学会家庭教育专业委员会副秘书长。

蓝玫曾是新教育榜样教师,是九位新教育"完美教室"缔造者之一(第四节有详述),加入新家庭教育研究院之后,她圆满地完成各项任务,并配合朱永新等专家,完成了《中国父母基础阅读书目》研制工作;写作了《家校之间有个娃——低年级的娃儿这样教》等一系列作品。同时身兼新教育实验网络师范学院教务长、新家庭教育研究院的副院长,蓝玫更懂得在教师、家庭、学生之间建造一架美丽的桥梁,于沟通畅达中提高管理效力,在务实笃定中引领团队前行。

家校合作共育作为一种打开校门、融合力量、共同推进教育发展的举措,是新教育实验的底色之一。父母与孩子们自觉组织起来,共同阅读、共同游戏、共同分享,是新教育人力倡的情景,亦是这个世间最温暖的一幕。

四

新生命教育研究所，以拓展生命长宽高之底蕴，燃起新生命教育的熊熊火光。

新教育实验提出的"新生命教育"，以"过一种幸福完整的教育生活"为核心理念，以"生命"为中心和原点，围绕人的自然生命、社会生命和精神生命展开教育，旨在引导学生珍惜生命、热爱生活、拥有幸福人生，拓展生命的长宽高，让有限的生命实现最大的价值，让每个生命成为最好的自己。

新教育重视教师和学生的幸福感，强调人的"完整的成长"。从人自身最终发展的完整性来说，就是要让每个生命成为最好的自己。怎样成为最好的自己？一个重要途径就是让教育成为汇聚"伟大事物"的中心。

2006年，新教育实验在苏州召开了首届生命教育研讨会，组成了第一个新生命教育研究团队，并开始将国际著名的麦克劳希尔生命教育教材引进实验学校。

在2013年的新教育萧山年会上，朱永新提及新教育课程体系框架时宣布，在新生命教育的基础上，建构新公民教育、新艺术教育、新智识教育的课程。

自此可见，生命教育和人文教育将成为新教育课程的核心。放开眼量，从人的发展与社会发展的双重逻辑关系来看，无论是国家的课程基准还是各个学习共同体的课程设计，都会进一步按照生命教育与真善美的方向整合。

2015年年底，在山西教育出版社的大力支持下，在原有的苏州市中小学生命教育研究与指导中心基础上，在新教育研究院的支持下，新生命教育研究所在苏州正式成立。

新生命教育研究所以专职研究力量为依托，以苏州市25所、全国150所生命教育基地学校为阵地，以子课题研究为抓手，承担起新教育人的殷切瞩望。

研究所成立之始，首当其冲的任务，就是要研发一套生命教育课程实验用书，该用书的总体框架，要以新教育关于"拓展生命的长宽高"的理念来设计。

当时，朱永新说了这样一句话："这套教材我们只做第一，不做第二。"这是要求，也是期待，字字千钧！这对常务副所长袁卫星和副所长卢锋来说可谓巨大考验。谈及压力时，袁卫星曾经不无玩笑色彩地说："如果你爱一个人，那你让他去编教材，这会让他极速成长；如果你恨一个人，也让他去编教材，这会让他痛苦万分。"

恰逢此时，朱永新请来了教育部长江学者，南京师范大学教授、博士生导师、道德教育研究所所长冯建军，由他担任新生命教育研究所所长，具体负责课题研究的推展。冯建军领衔主导新生命教育研究所，带来了学术思想和研究资源方面的巨大帮助。

课题开题之日，冯建军教授对开题报告现场点评，不留情面地逐条批判，使全所上下更加懂得学术规范，更加明晰研究方向，更加精选研究方法。

接下来就是日日夜夜的奋战，不停地修改，有时甚至是争吵，除了不定期集中研讨，平常几乎都是在晚上7点～10点进行语音讨论，通常是冯建军在江苏南京、袁卫星在广东深圳、卢锋在浙江温州，这三人乃是铁打的主心骨，另外就是邀请的编写委员会常委和全部144课的编写组成员不停地研讨，这样的强度和节奏让卢锋感受到了前所未有的压力和挑战，有时几个小时的语音讨论下来，他的耳塞都是烫的。

本课题组聘请新教育实验发起人、民进中央副主席朱永新，南京师范大学教科院副院长、博士生导师冯建军，中学语文特级教师、教授级中学高级教师袁卫星三位主编，联合包括港澳台在内的各地专家学者、全国几十所中小学校优秀教师，在借鉴国内外众多生命教育成果基础上，反复研讨修订，编写完成了《新生命教育》实验用书。实验用书贯穿小学一年级至高中三年级，每个学期1册，共计24册。目前全国已有300多所中小学校使用该书开展生命教育。

中国生命教育专业委员会理事长朱小蔓教授对此评价道："它的出版标志着内地生命教育发展到了一个新的阶段，势必带来生命教育课程、教师、学校三方面的大发展。"

《新生命教育》实验用书的问世只是万里长征第一步，一方面，教材本身要不断地修订；另一方面，课程资源库建设是一个只有开始没有结束的过程。

袁卫星曾许愿，要尽可能增加生命的宽度和高度。他以身悟道，以心传道。参与新教育期间，袁卫星参与过六届中华青少年生命教育论坛并发表演讲；他在北京、天津、上海等20个省（直辖市、自治区）作过100多场关于生命教育的讲座或报告；《中国青年报》《教师博览》《教书育人》《河南教育》等报刊以整版、专栏等形式,对他开展生命教育的实践进行了专题报道。

《新生命教育》新书发布会的现场

让每一个鲜活的生命如花绽放。在袁卫星的积极倡导下,新教育实验的部分学校开辟了生命教育陈列室,建立了心理咨询中心,开通了24小时生命求助热线,组建了生命教育领导小组,确定了各个层面生命教育的实施要点,逐步形成生命教育资源库;在他的努力推动下,这些学校的广大教师通过学科渗透、主题教学、综合实践等多种形式,促进学生保持身心健康,协助学生设计职业生涯,引导学生追求自我实现。

课题组以教材编写、试用、研讨、修订为依托,正在推动苏州市25所、全国150所生命教育基地学校开展生命教育的实践研究。课题组先后举办了两次生命教育课堂教学观摩研讨,并多次开展了深入学校一线的调研。

生命教育的大美,在于成熟与结晶、涅槃而重生。课题组撰写出版了《新生命教育论纲》《中小学生命教育地方课程标准及其解读》《生命教育实务手册》。依托山西教育出版社,课题组还将推出"新生命教育理论与实践丛书",介绍国内外生命教育,尤其是新生命教育理论与实践成果。

生命教育的大善,在于不断地积淀与重生、突破与竞长,课题组还倡导筹建了北川新生命教育馆、温州翔宇新生命教育馆,搭建起全国基地学校研学旅行基地,并在新教育基金会的支持和帮助下,定点在陕西安康,开展"让留守儿童生命起舞""为留守儿童生命点灯"等留守儿童生命教育公益活动。此外,新生命教育研究所帮助学校合理利用社区生命教育资源,与公安、消防、科协、体委、红十字会、医院等机构建立协作关系，不断积累生命教育的理论、个案资料、经验成果，开发生命教育文本资源库。

围绕着让知识具有生命的温度，围绕着拓展生命的长宽高，围绕着让人们幸福完整地成为最好的自己，新教育人以十多年的生命体悟和践行，奏响了热爱生命、珍惜生命、享受生命、优化生命、激扬生命的交响乐，而在乐章和谐完美展开、丝丝入扣地递进之中，淋漓尽致地演绎着生命的"完满"。

五

新科学教育研究所"学""悟"融合，让科学之光照亮求真创新之路。

据牛津大学预测，2035年，目前市场上60%的工作会被人工智能代替。

如此的未来，考验着当代教育人的灵魂——当下的教育要培养这样的人，一个快速适应变化，具有探索精神、创作力、学习力的人。

新教育实验一直关注着科学技术及其对教育的影响，也一直在努力研发适合未来社会的科学教育。新教育实验的十大行动，无不包含着科学教育的元素，催生着独特的行走方式。"营造书香校园"让科学教育潜入师生内心；"师生共写随笔"使得科学观察和科学实验在师生笔下总是那样细致入微，惟妙惟肖；"培养卓越口才"中不乏"科普小达人"和"科幻小剧目"；"建设数码社区"令计算机和智能机器人等受到特殊重视⋯⋯

未来教育的命题日益拷问新教育之时，2017年10月，新教育科学教育国际论坛在海门召开。此次论坛的主题为"播下科学的种子"，聚焦科学课程，旨在提升科学教育行动的品质、提高中小学生科学素养，为培养拔尖创新人才献计献策。

此次论坛，也激发了一位特殊嘉宾的热情，她就是南京师范大学教育科学学院教授、国家《小学科学课程标准》修订组副组长郝京华。

2017年年底，郝京华一行先是悉心考察了海门地区的科学教育，随后前往第十八届新教育年会举办地——成都武侯区考察、研讨，武侯区确定的5个分会场，分别展现科学教育研究的五大主题："科学阅读""非正式环境下的科学教育""传统文化基础上的STEM课程""理想科学课堂——国家课程的二次开发""数字化环境下的科学教育的研发"。

2018年，新科学教育研究所正式成立，郝京华就任所长一职。该所围绕真正提高学生的科学素养和科学教师的职业素养主题，旨在打造成科学教育的重镇。

诞生伊始，新科学教育研究所在郝京华、王伟群的带领下，挟带着新教育十余年的探索、郝京华数十年的学术经验，沿着"知行合一"的主线疾速前进，围绕着2018年科学教育的年会主题开展系列工作。

她们深度参与到2018年新教育年会主报告的写作之中，这是该研究所上半年工作的重点：2月讨论主报告提纲，2月中旬确定主报告提纲；4月上旬由王伟群完成稿子的初步撰写，4月中旬由郝京华修改，完成初稿，创造性地提出了"做中学，读中悟，写中思"的科学教育操作方式，成为年会报告借鉴的重要版本。

与此同时，郝京华连续作战，与副所长一道协助和推进各分会场展示工作。听取汇报，再次指导，特别是协助和推进了石室双楠实验学校的科学实验项目，使该学校的科学实验项目成为年会上展演的亮点。

2018年7月13日，数日来大雨滂沱的成都，随着一群新教育人的到来迎来了久违的阳光，全国新教育实验第十八届研讨会盛大开启。朱永新教授在主旨报告《科学之光照亮求真创新之路》中，对新教育中的科学教育做出了阐述：从"为了人的一切和为了一切的人"基本理念出发，新教育的科学教育不仅要思考科学教育对科学自身正确发展的意义，更要彰显科学教育在育人中对理性、创新的教育价值，也宣布了"做中学，读中悟，写中思"是新科学教育的行动方式。

可以说，2018年新教育年会，既是新科学教育研究所刚刚诞生的"洗礼"，也是它厚积薄发、光彩夺目的"成人礼"。

"未来几年，新教育将致力于研发新教育理念下的科学教育课程；致力于探索基于解决问题的项目式学习；致力于推进科学教师的专业化成长……"新教育实验《成都宣言》犹在耳畔，郝京华、王伟群两位教授即已展开新的行动，推动新科学教育在轨道上疾行。2018年11月29日至12月1日，郝京华、王伟群参加了海门新教育开放周暨"新科学教育专题研讨会"，对新科学教育的开展予以进一步的动员。

千锤百炼，引领示范。从宏观层面上，朱永新、郝京华教授和中国化工出版社社长张文虎等人一道，不断推敲《新科学教育论纲》一书。此书围绕我国科学教育面临的问题、新科学教育的目标、新科学教育的行动途径等方面展开，对中国当下科学教育存在的问题提出了具体的解决方法。从中观层面，郝京华、王伟群与张文虎社长一道，不断磨砺新教育年会所触发的思考，将年会中老师展示部分、武侯实验区的课例、主报告集合出版《新科学教育叙事集》，多次增删，形成了对新科学教育更全面、深刻的理解。

千淘万漉，成就经典。新科学教育研究所对科学类综合项目学习课程进行顶层设计，指导海门科学教师进行理论和实践，并已制订《传统文化中的STEM》等科普读物的研发计划，意在通过 App 的方式，让新科技教育之光更多地照进教育的现实空间。

为我国科学教育的研究和改革探路，是一项艰巨而卓绝、漫长而光荣的事业。新科学教育研究所正在为科学教育的研究提供本土化的教育经验，为新科学教育理论的建构提供奠基之石，进而全力打造国内科学教育的第一品牌。

六

新艺术教育研究院以未来为名，重建中国基础教育的艺术通识体系。

2019 年 7 月 18 日，"美·育未来"新少年国际艺术教育节在苏州高新区文体中心举行。会场成了艺术的海洋，手绘图画书展、偶戏节、新教育诗会、最美班歌展演四项艺术活动轮番上阵，15 场精彩纷呈、风格迥异的大师班、工作坊活动，在众场馆轮番上演；国内外艺术名家亲临现场，担纲大师班、工作坊的导师，为青少年提供跨文化的交流平台；中央美术学院、中央戏剧学院、南京艺术学院、苏州大学音乐学院、中国少年儿童文化艺术基金会、新教育基金会等院校相关专业和机构鼎力支持。

出版绘本逾百万册的日本作家宫西达也，在读者见面会及《跟着宫西达也画恐龙》的工作坊活动中，带领孩子们尝试绘本创作，分享创作中的有趣经历。日本绘本画家小林丰、"花婆婆"方素珍、国际木偶联合会研究委员会主席卡瑞德·阿斯特尔斯（Cariad Astles）、当代国际知名偶戏艺术家巴塔·丽塔（Bartal Rita）、中国布袋戏"非遗"传承人杨辉、青年作曲家田艺苗等嘉宾，以对各自领域的先锋理解和艺术态度，各展绝长。

"和美好相遇的过程,就是教育的过程。"艺术节组委会主席朱永新一语点破这场节日的题旨。该艺术节计划每年举办一届,搭建跨界交流的开放式公益平台。

新少年国际艺术教育节,专注于营造多元的艺术教育氛围。

梁启超说过:"感受美,爱美,是本能,是人人都有的,每个人都拥有感官,如果不常用,自己的感官就会麻木,一个人麻木,那人便成了没趣的人……无趣的人、无趣的民族一定会缺乏活力、创造力。"

2014年,新教育实验确定了研究课程方向之际,首先面对的就是艺术教育问题。这不仅因为艺术教育是新教育课程体系中的重要板块,更因为艺术教育在整个基础教育阶段的"奠基"作用,和它在各门类教育的实施过程中所起到的独一无二的"综合"作用。

从根本目标上,新教育的艺术教育,是围绕"过一种幸福完整的教育生活"这个根本指向而展开,是为了让师生拥有一个幸福人生而展开。只有经受了成功的艺术教育,一个人才可能幸福完整。让生活幸福完整,本身是一种生活的艺术;让生命价值永恒,本身是一种存在的艺术。实现二者,也就是实现了人生的最高境界。在这里,艺术教育作为成就人的"美"而出场。在这里,美就是幸福完整。

幸福完整,是新艺术教育的最高目标。特别是在当下,我们的生活被各种工具肢解成碎片化、弥散化的状态时,艺术对于丰富生活、完善生命就尤为重要。

艺术本身，意味着幸福完整。正是这样的共识，让新教育实验同著名景观规划与建筑设计师、美术教育专家王庚飞走到了一起。

"我希望通过自己的努力，让中国的每个孩子在基础教育阶段都能享受到良好的美术素养教育。"新图画公司创始人王庚飞的创业故事令人感动。

作为典型的 60 后创业者，也是中国顶尖的景观建筑设计师、资深的艺术指导和影像制作人，王庚飞有着强于他人的责任感、使命感。

看到各类美术培训机构的乱象，王庚飞一直在考虑做点什么，所以与中央美术学院蒋艳教授、互联网技术专家沈宇枫共同创建了新图画（北京）教育科技有限公司。不要培训班式的挣快钱之路，而是真真正正地践行美术素养教育，通过技术手段实现面向更广大学生的高质量美术素养教学，让更多的中国孩子掌握具有视觉开发创造力的"图画思维"。

他们本身曾经在中央美院附中与中央美院任教，他们希望，把自己在多年教学中摸索总结出来的美育成果，与国外同行交流时的心得，融淬在一处，应用到教育实践上，运用国内外美育精华，结合当今一流的软件，打造新艺术课程。

新图画公司还借助专家、评卷老师及电脑辅助手段，开发出以测试艺术思维能力为目标的"新图画测评系统"，通过学生在"新图画课"课堂完成作业的成绩，结合"过程性记录性式评价"和参与新图画组织的各项活动的奖励情况，形成全面、真实地反映学生美术素质及美术能力的综合多维成绩系统，这一成绩系统通过数据分析，可以对接国内、国外的不同评定系统，成为中国基础教育，诸如小升初、中考、高考考查学生综合素养的辅助手段。

这是一段探索前行、相互砥砺的行程，但几位创始人矢志不渝，他们相信现代技术可以改变未来的美术素养教育，实现他们自愿肩负的"让每个孩子享受良好的美术素养教育"的使命。

很快，他们的行程就不再孤单。2018 年，王庚飞受朱永新邀请，成立新艺术教育研究院，着手于艺术教育的整体推进。10 月 6 日，新艺术教育研究院与苏州高新文化集团联合宣布，从 2019 年开始，每年举办"新少年国际艺术教育节"，王庚飞担任艺术节艺术评审委员会主任。

2019 年 4 月，王庚飞等人抵达邢台新教育实验区，参加新少年国际艺术教育节辅导教师培训邢台站活动,对艺术节项目,以及新艺术教育研究院的艺术教育体系,进行概括性宣讲。新艺术教育研究院的使命,是将艺术教育推广到每位普通教师、普通班主任,让新艺术教育扎根新教育沃土,让艺术渗透到实验学校的每一个角落当中。

汲取新教育的艺术灵感,淬炼升华。王庚飞等人着手提取新教育的晨诵午读、读写绘、生命叙事、完美教室中的艺术要素,把它们转化为手绘图画书展、偶戏节、新教育诗会、最美班歌四大展演活动。展演活动吸引了全国各地10万名青少年报名,1万件作品参与评选,新艺术教育研究院与其他主办者一道,最终选择了1000余件作品亮相艺术节展演现场。

"画家、艺术教育家林风眠曾表达过一个观点,从五四以来,中国丧失了艺术教育。其中的偏差在于,长期以来,我们在用专业教育的方法代替通识艺术教育,只偏重于技法的训练,无视艺术思维的培养。我希望新艺术教育研究所,能够助力中国建设一个基础教育的艺术通识体系。"王庚飞表示。

王庚飞与新艺术教育研究院的人,都如是坦诚心语。培养艺术思维有多重要?他们认为,这关乎国人的审美力,中国人如果没有审美力,创造力也会匮乏,那么中国文化的未来也就难以走上坦途。

正因怀着改变中国艺术教育的炽热之心,王庚飞及其伙伴深深感到,与新教育相遇是何等的幸运,新的舞台是何等的不可辜负!新艺术教育研究中心急迫要做的,就是融合绘画、美术、摄影、电影等大美术叙事、戏剧叙事,向新教育实验的艺术化深处进发。

新教育对未来教育的展望、未来学校将被学习中心替代的构想,也引发了王庚飞及其伙伴的强烈共鸣。他们深信,未来的学习中心一定是个艺术空间,由教育家与艺术家共同造就。

"路漫漫其修远兮",新艺术的前景光华绚烂。王庚飞表示,他正在酝酿,用艺术化的建筑手法,科学化的设计,打造出新教育实验的第一个未来学习中心。这里将提供充足的信息资料与学习方法,与世界各地的学生进行互动,采用最现代的技术,让全世界最好的老师来教学生。

"迎接如此的未来,我们宁愿慢一点。"王庚飞解释说,"打造学习中心,要采取做工程的方法,先做结构方面的设计,这时候一定要慢要谨慎,等到推进起来，才会有加速度。"

七

新公民教育研究所立德树人，止于至善，绽放出人性芬芳。

2005 年 7 月 12 日下午，江苏扬州中学的历史教员王雄，走上成都市盐都外国语学校的讲台，一连将七个问号延展开来——"你参加过投票吗？""你参加过表决吗？""你参加过讨论吗？""你参加过游戏和体育活动吗？""在过去的这个学期，以上这些活动你大约参与过多少次？""你认为经常参与这些活动，与从来不参与这些活动，会有区别吗？""如果有学生被禁止参与这些活动，你认为合适吗？"

随后，他问学生们："你知道联合国《儿童权利公约》吗？"

没有学生举手。瞪大的双眼，茫然的眼神，显示出他们的新奇。他们从来没有上过这样的课。

新教育组织的这堂公开课，也被称为"七十年公民教育第一课"。石破天惊的不仅是这一堂课。新教育人还以"新德育、新公民"为主题，编辑出版了 8 册从小学到高中的《新公民读本》教材。

朱永新领衔的新公民教育曾经提出："一个全球化时代的中国人，不必是个血脉里流淌着'六经'的大写的人，但必须是一个有着现代公民素养的世界人，一个骨子里没有臣民意识的人，一个珍爱公平、自由、正义、平等精神的人。"

正因为如此，在编写《新公民读本》教材时，朱永新注意到教育在线论坛上倡导"新历史教育"的王雄，并且邀请他成为新公民读本的重要作者。朱永新特意邀他从扬州来到苏州，在编写教材时曾嘱咐：在维护《宪法》的前提下进行研究，一定要根据中国国情进行研究。

新教育实验推广的"新公民教育"，并非往日"公民教育"的回归，更吸取了诸多当下内容。《新公民读本》从道德基点出发，沿着公德与私德两条路线，逐渐拓展到法律、政治、伦理、社会等各个领域，兼容中国传统文化与西方现代文明。于民族国家层面，告诉学生们怎样去维护国家和民族的利益；于社会学校层面，让他们理解最基本的公民利益；于自身生命层面，让他们起码掌握生存、生活的基本理论与技能。

2019年11月，第九届新教育国际高峰论坛在洛阳举行，将新公民教育再次推向教育实验的主舞台。洛阳年会上，新公民教育研究所宣告成立，由山西省教育厅原副厅长、"中国教育三十人论坛"成员张卓玉出任所长，闽南师范大学副教授汪敏任副所长。

作为新教育中"新艺术教育""新人文教育""新科学教育"等课题中的最后一个重要课题，2020年新教育推出的"新公民教育"，将是这一系列年会的"封卷之作"。在当今经济全球化、政治多极化、社会信息化、价值多元化的时代，社会转型，文化激荡，学校德育面临许多新问题、新挑战。立足新时代，建设新德育，已成为落实立德树人的根本任务所需，成为新教育实验的一块"压舱之石"。

作为众多研究机构之一，新公民教育是未来学校的重要基石。在洛阳年会上，张卓玉向所有新教育实验校发出号召，该所将启动领导力课程实施计划（公民课程实施的初级阶段）和德育课程改革计划（立足于"道德与法治"课程），呼唤所有学校加入，宣告向新公民教育领域全面拓进。

在任时，张卓玉便远不同于一般的行政官员，他拥有非同一般的感召力、凝聚力与行动力，积淀着集哲学、教育学、文学于一身的知识底蕴。他在著名作品《第二次教育革命是否可能——人本主义的回答》中提出：我国基础教育面临着一场变革，而不仅仅是改革。这场变革关系到学校教育的培养目标、教育内容、学生的学习和成长方式、学生评价标准和评价机制等方面的变革。

张卓玉提出培养学生的领导力也是"第二次教育革命"的重要议题，他已在十年如一日地进行着教育实践。在他看来，新型领导者与被领导者的关系，是基于协商、契约的合作伙伴关系；一个有领导力有素养的公民的表现，可以概括为学会选择领导、服从规则、捍卫权利和承担责任，这是有教养的现代公民应该具备的素质。

副所长汪敏作为朱永新教授的博士研究生，长期致力于研究教育法学、教育领导力、公民教育和基础教育语文教学改革等领域，主持多场座谈会，联络全国优秀专家校长，助力搭建广阔的实践平台。

立德树人，久久方能为功。下一步，新公民教育研究所将研发一套比较完整的新公民教育卓越课程体系，从规则素养课程、领导力素养课程、模拟课程等新德育课程出发，形成一整套涵盖公民知识教育、道德教育、能力教育、责任教育等的课程系统，造就一套比较完善的公民教育课程评价体系，培养一批具有公民精神和教育情怀的公民教育卓越教师，建设一套高质量的公民教育课程资源库，组建一个公民教育专家资源库，为我国公民教育的实施和发展贡献力量。

人类进步史常有这样的现象，回头看的时候，是顺理成章的一小步，而历史当事者的所作所为，则是披荆斩棘的一大步。新公民教育的新模式，正在构建与笃行的艰难困苦、压力阻力之中孕育。"知"的积累与"行"的爆发，"行"的总结与"知"的突破，正在形成着新公民教育发展的"尺蠖效应"。

八

新人文教育研究所拓展大人文教育体系，助力新教育回归有教无类和因材施教的千年初心。

在新教育诞生之初，朱永新曾经写下过这样一句话：教育的根本目的应是使人"文化"进而"人化"。"重塑中国教育的人文精神"，正是新教育实验启动的重要原因。

2003年8月17日，朱永新到扬州开会时，与教育在线的多位版主——古船、小蜻蜓、亲近母语、刘兰、时金林、徐三公子展开一场酣畅淋漓的思想风暴，而当时的聚会中，网名为"古船"的江苏扬州中学的历史教员王雄，带来的是新教育实验中的新历史议题。

朱永新清晰地记得，上次两人在昆山会面中，谈到了新教育实验中新历史的"影"，这次在扬州谈了新教育实验中新历史的"神"。

当年初秋，王雄接到苏州副市长朱永新邀请他去苏州一叙的电话。那天是周末，他们约定会面的场所，是苏州市中心一间装饰考究的书店。与有着副市长头衔的朱永新相对而坐，作为一名青年教员的王雄，没有一点紧张局促的感觉，他更不会想到，此次见面竟然与新教育实验的新公民教育研究所、新人文教育研究院有关。

2005年8月，在成都召开的全国新教育大会上，朱永新畅谈了新教育的未来，提到了要开发诸多课程——如新父母、新公民、新语文、新生命等，在会议期间，王雄正式提出了新历史的课题，两人交谈中，大人文教育已初显轮廓。

在此次大会上，朱永新在主报告中明确提出，新教育实验要打造中国的新教育共同体，要重塑中国教育的人文精神。

点滴汇集，集腋成裘。在2019年7月召开的第十九届年会上，新教育人提出了成熟的新人文教育整体思想，从人文的含义以及教育的实践来看，包括三个方面的主要内容，即引导学生掌握人文知识、构筑人文精神和培育人文能力。

新人文教育，秉持新教育实验"过一种幸福完整的教育生活"的宗旨与理念，在此基础上，从整合学科知识、构建课程体系、探寻学习规律等多个角度，进行新人文教育方法与路径的研究和拓展。

新人文教育主张研发融语文、哲学、历史、地理等学科为一体的"大人文教育课程"。这样的课程从小学到中学一以贯之，按照人文学科的基本概念与原理来组织文本；以经典阅读为主要内容，深化"晨诵·午读·暮省"的新教育生活方式；推进"独立思考，自主合作，探究创造"的新人文学习模式……

直道是深谋，十年磨一剑。作为江苏省特级教师、阿福童教育学院院长、21世纪教育研究院副院长的王雄，一直以新公民教育、新历史教育、新哲学教育为根脉，在新人文教育领域深度耕耘。

2017年7月2日，由王雄主编的中国第一套原创儿童哲学童话丛书"酷思熊"在京首发。该套丛书由朱永新教授担任名誉主编，王雄表示："我们用了十年的时间，来研究人与自我、人与自然、人与社会三个系统中的重要概念，如仁爱、自律、宽容、诚信、简朴、求真，等等，并对挑选出的54个涉及儿童思维和品德发展的概念，进行梳理和分析，再用童话的方式生动地展现出来，为儿童提供一个可以自由思考的哲学花园。"

曾经，火是方向，让人类远离茹毛饮血的蒙昧，迈向文明；如今，火是希望，在科学的铜墙铁壁之中，给人温暖。我们欣喜地看到，新教育的人文之火正在聚拢新的生机，我们的生活将因此温暖，我们的生命将因此发光，我们的家园将因此幸福。

九

时代在变，教育也必须变革。

2015年联合国教科文组织出版的《反思教育：向"全球共同利益"的理念转变?》，对教育做出深刻思考：当前教育格局的变化，可以同19世纪出现的传统工业革命前教育模式向工厂模式的历史性过渡相提并论，互联网教育进化的基本要素框架和互联网教育进化的走势模型——共同构成了互联网促进教育变革的基本格局。

未来的学校干什么？世界教育创新峰会（WISE）发布了"2030年的学校"的调研报告，全球645名专家中半数以上认为：学校将成为一种协作学习的社交环境，技术和课程设计方面的创新，将彻底改变教师的角色，如是，学习也就从根本上得到重塑。

当下，中国的新教育人已经站在未来学校的门槛上，跨过去就是一番新的天地，教师、学生、学校都会发生极大的变化。

横看成岭侧成峰，无限风光在险峰。以上的新教育研究机构，如同正在耸立的连绵峰峦，每一峰一峦都在抱团雄起，且拥有几大共同特性。

第一大特性：发源于《我的教育理想》《新教育之梦》，发展成为有机的生命体。

这几家研究机构不是凭空而出、随性而为，而是从新教育诞生、发展、壮大的历史中，逐渐涌现、渐渐成型，进而产生巨大的推动力。

在新教育理论酝酿之际，朱永新在2002年出版《新教育之梦》，提出了"理想的德育""理想的智育""理想的体育""理想的美育""理想的劳动技术教育"，孕育出这几家研究机构的雏形。

2010年9月，新阅读研究所成立。新阅读研究所是支撑"书香校园"项目的重要科研单位，通过发布阅读书目、导读手册、儿童阶梯阅读项目，发挥阅读在新教育实验中的作用。

进入实验深化期，以《未来教育》出版为标志，新教育实验已经进入未来教育研究的崭新领域中。正是在这个背景下，新教育逐渐推出了人文、科学、生命、艺术等内容与课程，构建出各大研究机构，形成了未来教育研究的基本形态。

向上承接新教育之梦的宏观构想，下揽未来教育的不尽江河，各大研究机构正在搭建起现代的组织机制。这里的新教育人平凡而伟大，普通又独特，默默工作却创造着神奇。他们耗心血，挖潜能，拼生命，用无穷无尽的创造力，奉献出在常人看来不可思议的教育成果。

第二大特性：上通国内最顶尖的研究，下接最基层的实践，形成学科研究的金字塔。

作为母体，新教育研究院逐一推动这些研究机构落地，协助建立责权对等、分工明确、民主协调，对投资人、受益人诸方负责的管理机制。

上接中国最顶尖的研究，使新教育的相关研究与世界同步，领中国风潮。领衔者或者是国内相关领域中的翘楚，或者是相关领域的先行者、开拓者，正是他们把新教育实验相关领域的发展梦想，转化为抓铁有痕的耕耘盛景。

中接权威、活跃的出版机构、研究机构，共同构建一座座学术高峰，形成成果推广的一波波浪潮。新生命教育研究所与山西出版社一道，研发出中国第一套系统的按照三个维度构建的生命教育体系；新科学教育研究所与化学工业出版社一起，开发出中国新科学教育的第一批教程；新家庭教育研究院与中南出版传媒集团等一道，联手推出国内知名的新家庭教育文化节……

下接众多学校丰富的实践，使各类课程研究根植中国土壤。新教育几大研究机构首先扎根于海门实验区的厚土，继而从海门到苏州，从金堂到北京，开辟一块块实验田，与一个个名师工作室开展合作，在一处处实验区试验推广。

第三大特性：拥有国内一流的专家队伍，研究机构内部配合无间，共同推升知行高峰。

《论语·八佾》有云："子曰：'夏礼，吾能言之，杞不足征也。殷礼，吾能言之，宋不足征也。文献不足故也。足，则吾能征之矣。'"这里的"文"指典籍，"献"指贤人，"文""献"合一，即能形成对历史文化的真实呈现。

新教育几大研究机构的核心使命，首先是完成新生命教育、新家庭教育、新科学教育、新公民教育等典籍。这些研究所（院）的负责人，都是国内有影响、本领域顶级的大学教授，执行所（院）长大多数是朱永新教授的学生或者新教育核心团队的专家。这些贤人在研究中博采众长，孜孜以求地打造经典的文本。

如是，几个研究机构占据了国内教育实验的高峰——从理论到实践的研究环环相扣，大处着手，细处着眼，由根到梢，由本到末；从顶层设计到基层实施，一以贯之，一贯到底；且从实践中提出，置实践中检验，在实践中提纯与丰富，具有多重的系统性，形成了聚沙成塔的理论积累、实践检验、行知突破。

第四大特性：在活动中展现，在互相配合中成长，共同扮靓新教育实验的舞台。

边思考边行动，边行动边思考，在实践中不断地进行自我修复、自我改组和自我完善，这是新教育课题组一直倡导的工作作风，亦是新教育几大研究机构的重要特征。它们宛如一株蓊蓊郁郁大树上的枝干，都是不可或缺的一枝，既有特立独行、独当一面的风光，又返身自照，融入到波澜壮阔的新教育实验当中，推动新教育实践的碧波涌起。

新教育实验的根本目的在于倡导一种"新教育"的理想和行动，而非验证一套无懈可击的理论体系或教改方案。理想的蓝图、行动的收获，需要共同在场的交流展示。除了几大年度会议外，还有新教育开放周、新教育元旦发展论坛、全国新教育实验区工作会议、新教育网师大讲堂、新教育萤火虫义工群等提供这样的场域。几大研究机构往返其间，或沉浸科研，与国内顶尖专家共同研究推动；或走向实践，独立撑起一片知行合一的天空；或相互配合，联袂出演一幕幕精彩的好戏。

第十七节
各领风骚,百年老店的中流砥柱

一

2006年元旦,朱永新带领新教育创业初始的同仁,来到苏州一中校园里的一株千年古藤树下开会。这株古藤被誉为"中华第一藤",树干周长2.9米,高5米,主干分9枝,树冠遮阴达234.93平方米,春来紫花串串,绿叶婆娑,宛如绿波荡漾。

朱永新郑重地说:"千年紫藤打样作证,再过一千年后,企望我们新教育将与古藤俱在……"以古藤为参照的新教育坐标系就此确立。

一个人的教育梦牵出一个"方面军"的出征图,书斋里的思维心曲连接神州教坛的雷鸣风吼,何以如此?《石头汤》的美妙故事为谜底解扣:一大锅美味源于众人拾柴、群贤捧心,新教育大厦仰仗八方才俊砥柱中流。

2016年的一次访谈中,笔者问朱永新"您怎么评价自己在新教育中的作用"时,他几乎不假思索地回答:"我一直渴望进入'后朱永新时代'……新教育如果没有理论的先进是走不远的,这个先进不是指现代性,而是要与时俱进,去引领大家的新思想、新智慧;管理方面,在2007年,我把它交给了卢志文,形成了'三军统帅',后来又让许新海参与管理,利用海门本身很大的资源,但毕竟都是兼职的,未来的长远发展,要从PC走向App,要建立自己的新教育学校……"

"我们正做这两件事:用大气力研发课程,目前基本完成新教育课程体系,课程站住了,新教育就站住了,希望它传递下去;吸引优秀人才,组建专业化团队,把新教育事业做下去,这是关键事情。新父母研究所、新生命研究所、新艺术研究所……这些机构要永远存在下去。这两件事推动得快,就进入了'后朱永新时代'。"

历史委重投艰，时人众望所归，朱永新重任在肩，凭着睿智和运筹，他全力推动新教育决策机制向集体领导体制加速转型。

2017年1月7日至8日，在同济大学同济大厦2208室举行的新教育第四届常务理事会第一次会议上，成立新教育第四届理事会，许新海和李镇西分别担任新教育理事会理事长和新教育研究院院长。无疑，这又是大眼光的一招新棋。

本节记叙了部分新教育的领军人物，堪称新教育脊梁，他们开犁播种，鹰击长空，正在全面肩负起新教育发展之重，撑起新教育实验的新格局。

二

"弄潮儿向涛头立，手把红旗旗不湿。"（潘阆，《酒泉子》）

在新教育之梦最初绽放的时候，朱永新意识到，若想使美梦成真，落地生根，首先急需助手和一群人，四方传播新教育思想，将新教育团队搭建起来。

这样的助手，当既有崇高的教育理想，又有扎实的苦干精神；既有教书育人的丰富经验，又有凝聚调理的突出才干；既具勤恳精细的作风，又有广开人脉资源的能力。

朱永新的第一位追随者、实地"操盘"助手，应时地出现了。

他就是江苏昆山市教育局教科室副主任储昌楼。储昌楼原为南通市高中语文名师，被苏州昆山市引进。他为人率真，理事妥洽，秉性爽直，思维缜密，责任感极强。在江苏省教科研颁奖会上，他的论文常常斩获一等奖。这为他成为新教育运动早期的重要功臣，厚积了底蕴。

2001年9月的一天，储昌楼接到好友李镇西的电话，李镇西向他详细介绍了朱永新的新教育理想，并问他可否协助新教育的事业时，他那根沉潜已久的梦想的引信，顷刻被点燃，遂在心空飞迸出奇美的火花。9月底的一天，储昌楼应约在苏州会议中心与朱永新第一次见面，便话语契合，深觉见之恨晚。

起初，储昌楼以新教育实验的学术秘书、教育在线网站的新教育实验论坛主持人身份出现。不久，新教育实验被确定为全国教育科学"十五"规划重点课题，新教育实验总课题组设立秘书处，储昌楼成了负责总课题组的秘书长。于是，他将新教育的宣传、调研、联络、指导、组织、审核等理念播种、牵线架桥、导演唱戏数项重担一肩挑,且在八小时本职工作以外,割舍了全部业余时间,心甘情愿做不取一分钱的义工。

有一种追随叫创造,引得天雨流芳。

多少次披星戴月,他走进朱永新主持的沙龙,与其博士生及秘书处其他同事一道,悉心地研究新教育科研课题,计议新教育几大行动,按动新教育实验的快进之键。

多少个无眠之夜,他循着发起人的意图,为新教育实验起草计划、方案、通告、报告,撰写文章,掌管网上论坛,答复基层问题。他将自己的教育理念、管理章法、育人智慧,也一并融入其中。

多少个双休日,他陪同新教育引领者,南来北往,东奔西走,开展座谈会摸清底细,察看现场发现下情,参加大会把脉全局,一心把新教育的事儿办好。

他伴随朱永新,应邀去四方讲学——传播新教育实验的理论构想与实际行动,自己更深得精髓,聆听越多,感受越深,理解越透。他写就一篇篇文章,深入解读新教育的原理和深意。2006年3月13日,华南师范大学教授黄甫全《致苏州市副市长朱永新博士的公开信》发表不到一周,一篇两万字、题为"呼吁理性的学术的批评——答黄甫全先生对朱永新先生的'批评'"的文章,便从他的电脑前走向众多媒体,有理有据,掷地有声。据说,他用一个通宵写就。创业者就这样拼着命发掘自己,拼到每一条神经、每一个细胞。

有一种宣传叫播种,让心儿开枝散叶。这种播种,当时有一群人做,也有时孑然一人前往,他却浑然不觉孤独。各地的新教育人都记得,实验之初,储昌楼利用假日、周末深入到下面调研、解说新教育的情景,就像一头老黄牛,默默地,匆匆地,他也像一架播种机,走到哪里,就将新教育的种子播撒到哪里。

海门市实验小学记载:2003年6月26日,储昌楼先生,这位新教育的使者来到了海门市实验小学。对新近申请加盟新教育的我校进行现场考察。到校后,他首先和"实小"的部分青年教师围绕新教育作了问询与讨论,从十二点半做到两点,他还为我们做了一次精彩的演讲。全体老师聚集在阶梯教室里,认真地倾听,时不时地进行记录。讲座结束后,与会的老师还就感兴趣的问题向储老师现场提问……

绛县记载：我们一直很感激储昌楼。……因为他是到绛县传播新教育的第一人。2005年严冬，他一个人背着一个大旅行包，来绛县调研，做专题报告，绛县留下了他为新教育实验匆匆来去的身影……

有一种劳作叫耕耘，唤来金风飘香。新教育上路之初，急切需要"招兵买马"造就势头，急切需要揭示真谛展示路径，急切需要验证出台的举措、开展的行动、推出的理念是否正确……所有的需求如千条线，都急需通过储昌楼这一根针。他如绣女绣花一样聚精会神。

为打造新教育一方气候，储昌楼独自走访苏北姜堰、苏南太仓，北赴河北石家庄、河南安阳，南下浙江苍南，西去新疆奎屯，东进山东威海……光姜堰市，他从宣传、指导到研究就去了7次之多。他作了多场精彩的报告，厘清"新教育"的概念，梳理新教育的发展历程及目的特点，解说当时新教育实验的课题规划、操作与实施方式，有针对性地提出了一系列建设性的意见，展示了早期实验区的可喜成果，为各地实验提供镜鉴。

储昌楼

有一种谢幕叫完美，止于连续剧的继续上演。人在旅途，要紧的是勇于担当，忠于职守，倾囊倒箧，尽发光热，不稍懈走神，以完成天命。这样，当适时将接力棒交接给他人时，才会拥有奥斯特洛夫斯基所言的无愧无悔。储昌楼做新教育实验牵头人的五六年里，就是如此一位竭尽全力、无愧无悔的奋进者。

在朱永新的直接领导下，储昌楼顺应时势，助推新教育由虚到实，从小到大，到2006年7月，新教育实验区已在大江南北的江苏、浙江、山西、河北、山东等省建起 16 个"根据地",拥有百万规模的新教育团队。这些实验区,储昌楼一一去考察、指导、审批,前六届新教育年会,他都具体参与策划、准备、雕琢中。

2006 年 7 月 13 日,新教育第六届年会报到。作为主持人,这是他最后一次参加年会。新教育转型以后,卢志文以首任新教育研究院院长的身份,成为扛鼎人物,对此,储昌楼理解并愉快接受了这个决策。此前,他还曾向朱永新举荐卢志文,很有几分古代的禅让情怀。

谢幕不等于卸妆,退下不等同躺下。这以后,储昌楼还在新教育理事会工作,负责昆山区的新教育实验,主动担任千灯中心小学校长,很快就把该校办成新教育实验的"一盏灯"。朱永新为他的专著《教育点亮人生》作序说:"一灯一世界。昌楼其实就是一盏灯,一盏照亮千灯小学的灯。"

筚路蓝缕的默默拓荒,东西南北的东风化雨,一城一地的精播细耘,呕心沥血的倾力奉献,这就是"一盏灯"储昌楼——新教育实验初期领军人物的历史雕像。

三

好雨知时节,暗夜亮明星。

教育时空,风云际会,气象万千,俊采星驰。连续剧的舞台总会因时因势呼唤出新的人物,给予新的使命、新的承担,使其在连续推进中再建奇功,自领风骚。

2006 年的新教育时空,嬗变出许多拐点时期的情态,进入了第一次转型的历史时节。

团队越来越大,实验区越来越多,新教育运动的气势方兴未艾,内涵发展上出现的疑窦、瓶颈也更为突出,发展乏力、管理松散、行动懒散等现象,已显露出来。

公益性的改革实验,没有拨款,又不收学校、教师一分钱,实验的资金一直靠民间的小额捐赠,以及"朱永新教育作品"的版税维持正常运转,常常出现捉襟见肘的尴尬状态。

新教育的发展亟待突破羁绊走得更远,新教育实验急需有如是素质的操盘手；要有一双审视问题的眼睛；要能立于更高的境界透视新教育；要将原已建起的团队改造成一个系统；要撑起一以贯之的精神文化旗帜；要引来多个教育集团、慈善单位给新教育施以援手。

一句话，急需经验更丰实、能量更超强的人。经过慎重选择，这个人就是全国知名教育专家、翔宇教育集团总校长卢志文。他将新教育理事会理事长、新教育研究院院长、新教育基金会理事长一肩挑起来。

卢志文对新教育接触早，体认深，理解透。他最早以"心教育""欣教育""行教育""醒教育""省教育""信教育""星教育"的命题开拓对新教育的解读，也以"乐于分享，善于沟通，服膺真理，勇于承担，敢于创新"二十字词语对新教育人的核心品格予以定位。

于朱永新而言，卢志文作为名师，成了获奖专业户的骄人履历早就娴记于心；作为"卢志文在线"版主，其出色耕耘也已历历在目；作为学校掌门人，"出五关""掌十校"的非凡经历更是令人感慨唏嘘。"从容，淡定，坚韧，讲大局，识大体，明大理"，这是他眼中的卢志文。精干、灵活、真挚、智慧、幽默，这是他心里的卢志文。

志文兄是我一直敬佩的朋友。他虽然小我几岁，但是他的睿智，他的大局观，他的财富观，经常让我视他为兄长。在事务繁忙的情况下，他接受了新教育团队的重托，当起了这个不好当的家。①

这次年会是新教育转型以后的第一次会议，新的掌门人卢志文已经成为真正的灵魂人物。在火车上，我给志文发了短信："你是不拿薪水还要付出心血，让我非常不安。"志文说："这是我的幸运。永远无怨无悔，唯时时担心有负重托，还望不断鞭策！"转型至此，悬心稍放，前路虽艰，信心倍增！②

后来的七度春华秋实，卢志文没有让朱永新和新教育人失望。在朱永新绘制的新教育宏大坐标轴上，卢志文带领新教育整个团队，上上下下一起叫劲，东南西北同时驱动，用双手更用心灵，用激情更用睿智，做大团队，夯实管理，厚聚文化之功，广发洪荒之力，使得新教育的杏坛，春色秀美，呈现出千红万

---

① 朱永新2006年5月4日博客：《读卢志文》。
② 朱永新2006年7月16日博客。

紫争芳斗艳的景观。

卢志文带领的团队，沿着新教育的既定目标，革旧鼎新，快马加鞭，至少在以下三大方向上取得了重大突破。

其一，依据科学管理思想和管理艺术，让新教育团队走上机制化的运行道路。

2006年之夏，卢志文眼前的事业千头万绪，但他觉得最要紧的，是让这个偌大团队步调整齐，脉动一致，成就起风雨中不散不倒的"百年老店"，因而，必须建起一套完善的适切的规章制度和组织架构。

卢志文指挥新教育实验日常运行的同时，指导研究院的有关同志日夜兼程，座谈、起草、讨论、征求意见，几次修改，下发到各实验区商议，提交新教育理事会审定，再修订润色，到2007年9月29日，在杭州市萧山区召开的新教育实验区工作会议上，《新教育实验区（2007—2010）三年发展规划》《新教育研究院访问教师制度》《新教育实验个体、实验共同体及实验区域共同体管理办法》《新教育实验课题管理制度》推出后备受称赞。

如此这般，实验学校的授牌，实验区整体加盟，实验校、区的定位与考核，研究院的管理职责，实验课题的管理，新教育研究院访问教师的若干事宜，事事有了章法，宗宗立了规矩，犹如让四溢之水入了渠，夜行的人有了路，功效之大一目了然。

在此新教育实验的转型期，卢志文谈及新教育、新教育实验时，贯穿以深邃的哲学思考，如一道闪电，映照人们的心空。

新教育是有待生成的，不是预设的，需要每一个参与者的探索和创造；

它是一种过程，是不断完善的，逐步深入的，永无止境的探索过程，不能故步自封，一成不变；

新教育是在继承的基础上发展的，不能朝秦暮楚，飘忽不定，或者不断地另起炉灶；

新教育更是整体的，整合的，有机的，不是零散的，割裂的，项目的简单堆砌不是新教育……

卢志文还提出，推进新教育，必须坚持"面"和"点"的结合，"量"和"质"的结合，"管"和"理"的结合，"培"和"评"的结合，"官"与"民"的结合，"专"与"兼"的结合，这些观点，在管理层面上，践行和丰富了朱永新的新教育思想。

卢志文率领新教育团队，推进机制化的运行，有章法，有举措，有行动，有硕果。他指挥着的庞大团队，循着哲思的脉象，饱含文化的诗情，融入新教育人富于创意的想象，涌流成新教育的雄浑交响。

其二，给团队注入大量文化理念，将文化精神的生产力变成了文化物质的生产力。

卢志文眼盯着、心想着、手做着团队文化。尤其当新教育实验有了比较完整的理念和理论体系之时，新教育共同体成员急剧增加，他更痛感加强新教育团队文化建设迫在眉睫，形同救火。

他做的团队文化，内化深化着朱永新阐发的新教育四种精神，给予了新教育人丰厚的精神财富，把引领未来的线索牢牢握在手中。

卢志文

自2006年7月第六届年会，他的有声有色的演讲，至2012年7月第十二届年会，他发表《梦想，在路上》等许多场发人深省的叙述。其间，他主持制定了一个个章程，助力一所所基层学校，莫不浸透了文化的丰饶营养。2007年1月1日，在"梦之旅·新教育实验论坛"上，卢志文推出了《新教育团队文化手册》，系统地阐述了他的文化思想。

新教育团队文化是什么？他明晰地告诉新教育同仁。

新教育团队文化因何重要？他深邃地昭示新教育朋友。

新教育团队文化靠谁来做？他直接回答：靠你！他强调了每一个新教育人都是创造的主体。

新教育团队文化怎么做？他呼吁行动起来，"高扬理想主义，勇于探索"是新教育者执着寻找教育支点的脚步。

他统领的团队为新教育打造了一个文化杰作——新教育团队文化建设纲要。此纲要于2007年运城年会前提出，经多轮修改，日臻完善。这凝聚了新教育人的智慧、心血的纲要，是新教育文化化人、文化立校、文化建队的传家宝，是一个高屋建瓴的历史性贡献。

阅览此纲要，新教育团队文化的目的和意义、新教育团队价值链、文化建设的逻辑起点和归属、团队核心追求、团队宗旨和精神、团队发展观和生存方式、团队组织原则、团队成员的品格特征、团队的人才观、团队文化的积累和建设等，尽在其中，且言简意赅，意蕴丰厚。

其三，成立、主导了新教育基金会，使新教育陡增了造血机能，告别了运行靠别人施舍过日子的窘境。

如果说，急切实施新教育的机制化建设是为新教育的大进军寻到了突破口，久久聚焦文化建设是为保鲜新教育的生命力打一场持久的攻坚战，那么，成立新教育基金会，则是为新教育的前方火线，准备了必备的粮草。

切莫小觑建立基金会，其功之大难以估量，创建之苦难以想象。当时，国家政策对此尚未放开，民间创办基金会鲜有先例。一切全靠创与闯。打报告，写说明，申宗旨，道缘由，述根据，通人脉；讲述，争取，论辩，迂回，跟进，表白；一次次走进政府大门，一番番与相关机构协商，一道道关卡的突破，不禁让人生发"敢问路在何方"之叹。人累瘦了，心揉碎了，门踏破了，章终于盖全了。说起这段苦旅，卢志文至今不堪回首，常常叹息着说道："办学，建校，扩展，办过那么多事，没有一件事比办基金会更难！"其酸甜苦辣，局外人很难知晓。

2010年2月21日，由朱永新、王海波、卢志文发起，江苏省民政厅批文核准的江苏昌明教育基金会宣告成立，该基金会业务主管机关是江苏省教育厅。

至此，标志着新教育有了属于自己的支撑实验发展的筹资造血机构。基金会以促进师生"过一种幸福完整的教育生活"为宗旨，援助教师专业成长，服务学校发展，传播新教育理念，推广新教育实验成果。

龙腾瑞气，燕舞春风。2011年1月16日晚，新教育基金会启业仪式暨慈善晚宴在上海隆重举行，捐助给新教育基金会的25件拍品全部成交，共募集善款130多万元。2012年10月5日，基金会又举办了佛教高僧大德义捐的140余幅书画作品义展义卖。所筹款项，除了奖励新教育实验的各类标兵，捐助建起数个"新教育童书馆"等公益项目外，还与中国教育报刊社等单位联手，发起了"党和人民满意的好老师"推送和评奖活动，走向了"己欲达而达人"的仁者境界。

自2006年7月在京召开的新教育年会起，到2013年7月在浙江萧山举办的新教育年会，卢志文领衔指导的新教育团队发力疾行，业绩积累也越发厚实。加盟新教育的实验区达到40个，实验学校达1764所，参加实验的师生有160多万。从这些数字里，你可以静悄悄地谛听新教育运动的铿锵足音。

走笔至此，笔者觉得有必要对这位新教育的思想者、践行者，予以写意式描述。

一是人格魅力：睿智、幽默。

他的思路畅达，想象超迈，应变快捷，箴言迭出："宽心容物，虚心受善，平心论事，潜心观理，定心应变。""有舞台就好好地演一个角色，没有舞台就静静地做一名观众。很多人的失败在于——处于舞台的中央，却做起了观众；或者人在观众席上，却把自己当个角色。"

不知是睿智产生幽默，还是幽默激活睿智，当幽默濡染了睿智的光焰，睿智辉映出幽默的色彩时，睿智与幽默得以双双激活。

二是博雅活力：才艺、灵感。

卢志文本是教化学的理科教师，却不乏艺术细胞。他娴于灯谜，精于篆刻，善于诗文，工于书法，甚至还巧于发明。据朱永新披露，卢志文的书法篆刻被地方政府作为礼品送给外宾，许多朋友也都为拥有他治的印章而自豪。翔宇学校的书法、灯谜、昆虫、贝壳四大博物馆，成为灵魂洗礼的教堂，让学子观天人于须臾，抚古今于一瞬。校长有如此宏阔的心胸，方造就出如此大气的翔宇！

不知是才艺激发灵感,还是灵感引爆才艺,当才艺借助灵感的翅膀,灵感搭就才艺的天梯,方展示出令人艳羡的美的综合。

三是情感张力:深沉、炽烈。

卢志文为翔宇教育集团十校之长,新教育的掌门人,拼命奔波属常态。2011年春季的一天,他约好与朱永新商量新教育的事宜,乘晚10点飞机赴京,赶到朱家开会至凌晨3点,再连忙赶奔机场,一早又飞回南京,再乘车回校继续新一天的学校工作。如此往返历经多次。

此人重情重义。2010年7月11日下午,新教育诞生十周年的年会。卢志文作工作报告将结束时说:"最后,我们还特别要感谢一个人……大家说我会感谢哪个人?(台下喊:朱老师)是的!朱老师付出的努力,是我们难以想象的。我们被朱老师感动得走进新教育,不离不弃新教育,永远在新教育的路上走下去,走下去……"全场长时间的掌声,许多人心动泪涌,竟感染得朱永新也热泪长流……

不知是深沉催化炽烈,还是炽烈连动深沉,当深沉驾着炽热升腾,炽热依仗深沉燃烧时,深沉和炽热才融为一体,获取山高水长的魅力。

2012年末,卸下新教育理事会理事长、新教育研究院院长的卢志文,还肩负新教育理事会副理事长、新教育基金会理事长的重担,加上翔宇教育集团总校长,仍属全负荷,挑大梁,拉满弓。

风格即人。卢志文留给新教育人以君子的儒雅、学问家的睿智、志士的炽烈,代表了新教育文化的神韵与风采,亦是受其感化者的人生财富。

四

"请君莫奏前朝曲,听唱新翻杨柳枝。"当历史车轮驶至2012年的岁尾,新教育的运行,又面临着形势变化而引起担纲人更变的接口。

是时,伴随实验区增多提速,实验的广度、深度迅疾扩展,第二次转型期的运作,急需作为执行新教育理事会决策的新教育研究院,将诸项工作进一步优化、细化、实化。正所谓"繁枝容易纷纷落,嫩蕊商量细细开"。

新教育犹如一个新生儿,历经了问世之初蒙昧、稚嫩的爬行,少年时节鲜活、勇敢的行走,如今已到了青春光景,当有矫健有力的跳跃。新教育进程每一个阶段的新变化，都急切需要新的应变和调整。

新教育实验早已从以一所所学校为基点，发展到以学校和实验区并行为基点的实验态势。建立起一个或几个标准化的公信力极强的实验区在前领飞，更有利于牢固实验网络，推助实验情势，创造各实验区共进齐飞的格局。

上述局势，亟须实验的担纲者，工作目标更专一，精力投入更增大，责与权的运用须在更大范围、更广群体里，落得实而又实，说了算，定了干，有人力和财力的坚实支撑，能够栽树见果，推广高效。

在历史的节点上，新教育实验理智地选中了许新海担任新教育研究院院长。

许新海，1967年生。朱永新门下的博士生，海门市教育局党组书记、局长。

这是一个嗜书如命、凭借思想引擎探路闯关的人，一个心中有梦肯于拓荒的人，一个管理精细到每一角落每一枝节且"让问题不过夜"的人，一个从来不畏难、不服输、敢开顶风船去创造神奇的人。

人生的路，每一步都是走出来的，而他，由于脚步迅疾得像飞，因而也做出了大量别人不敢想、不能做、不会做的大事，奇迹就是这么缔造出来的。

1992年，年仅25岁的许新海，毅然扛起草创中的东洲小学的旗帜，让这所位于城郊荒凉地带、没有操场、只有4间平房和7名教职员工的空壳小学，经过几年时光，竟神话般变成响当当的省级实验小学。

1995年年底，他又"异想天开"地提出学校要办少年宫。是时，海门市还不见少年宫的踪影呢。他发动全校教职员工每人集资5000元，凑上了50万元的启动资金。没有上级投入，这个年轻人凭着非凡的眼光和洞见，说服了建筑方的老总投入数百万元，一幢靓丽的少年宫居然真的在平地上崛起！

2000年年底，善于筑梦为实的许新海，提出了在小学建教育大厦的设想。他又采取由教职员工集资的办法，于2002年春——东洲小学建校十周年之际，总投资1200多万元、11层3万多平方米的教育大厦拔地雄起，傲视苍穹。

许新海被人视为能人、奇人、高人！

他曾多次出国考察教育，次次带着问题前去，满载收获而归。1997年他赴美国一个月，回国后即写出《美国小学教育考察》的书稿。2004年，他赴澳大利亚做了一年的访问学者，采用现场观察、访谈、文献、比较等多元研究方法，走访学校、听课、记录、摄录音像资料，获得了对域外教育的深刻体验，结晶了颇有参照价值的近34万字佳作《澳洲课程故事》。回国后，许新海即全面启动了"让每一个师生热爱阅读，热爱运动，热爱艺术，热爱实践，热爱生命"为行动纲领的"新生活教育行动"研究。这在本质上乃是与新教育的一次美丽相遇。

许新海走上全国新教育大舞台，是从做实做强做精海门的新教育开始的。他的思想雄厚有力地指引着海门新教育实验，他本人亦成为海门新教育的灵魂人物。

在采访、阅读、沉思许新海的新教育创业史中，笔者发现，许新海创下的赫然业绩，再次印证这样的道理：凡当大任者，必有非凡的际遇，非凡的际遇又皆因独到的底蕴。有此独到底蕴，方能应天时，得地利，促人和，成气象。那么，许新海的独到底蕴是什么呢？

许氏底蕴之一：理念超迈，感应迅疾，视界高远，行动快捷。

2003年4月2日，江苏省第三届新世纪园丁征文颁奖活动在海门举行。朱永新应邀作新教育实验的学术报告。"一语惊醒梦中人"，许新海听得心潮澎湃，视野大敞，心门洞开——这不就是自己多年来苦苦寻找与追求的教育之梦吗！是夜，他为朱永新细细地整理报告稿。那思维的脉动，语言的泉流，理论的光耀，逻辑的磁力，又给他的精神世界以深刻与明晰的触动。

2004年，还是东洲小学校长的许新海，便带领学校在海门率先加入新教育实验。2005年9月，他调任海门市教育局副局长，率领海门区域加入了新教育实验。同时，他考取了朱永新的博士生，成了新教育项目的总负责人。他以强烈兴趣和探究精神，入迷地阅读了大量的教育前沿书籍，并将阅读后内化的素养与新教育的实践相对接，追寻教育理想，探索教育本真，教育思想飞跃式提升。

2012年5月，做了海门市教育局局长的他，提出了"强毅力行，追求卓越"的海门教育精神，引领周围的人一起沐浴书香成长。一次，许新海买了100本苏霍姆林斯基的《帕夫雷什中学》，召集全市校长，利用半日时间，共读该书中论述阅读的章节。许新海用读书，扬起了海门教育人的思想风帆。

2015年12月17日，在海门的开放周上，笔者倾听了许新海《新教育卓越课程的理念演进和实践探索》的讲座。讲座立于中外教育理念的峰峦，穿插着海门新教育人一串串鲜活多彩的例证，深入浅出地解说了课程研发的基本方法。他的语调平和，词句率直，然内在丝丝入扣的逻辑力量，形成了强大的磁场。理论之树在抽枝展叶，践行之花在吐蕊飘香，文化之气在氤氲弥漫。各地教育同仁如沐春风，如见朝霞，心眼骤亮，很有几分混沌乍开、醍醐灌顶的愉悦。

许氏底蕴之二：夯实运营，抓住龙头，推进全局，机制跟进。

新教育实验破冰前行，需要创造性的思维与突破式行动。许新海的突出长处恰是：不仅以前沿理论为导航，更能在紧接地气的打拼中拓进。

他以行动项目作为新教育实验的主抓手，带领海门新教育人营造书香校园，让每一个师生丰富精神的底色，让每一个学生形成良好的人格素养，让每一节课焕发生命的活力，让每一位教师获得成长的平台，让每一所学校拥有不同的跑道、怀有独特的气质，让每一间教室成为幸福的源泉，让每一位学生享受适切的课业，让每一位家长掌握科学的家教之道。

全局统抓，集团推进，是许新海抓好海门新教育很高明的一步棋。这也是其他许多区域无法相比，不敢运作的。在有"素质教育雷区"之称的高中，有谁敢贸然地点燃新教育之火？许新海却做到了。从2005年海门所有小学同行，到2010年小、初、幼、特（特殊教育）齐进，再到2012年9所高中（中专）悉数卷入，遂形成一种浪潮，一个趋势，一种气候，新教育在海门遍地开花，成了各学段学校共同的亮点。

改革深处是机制，机制背后是文化。让文化强校，文化育人，文化立魂。

海门教育人用一句话表述机制：局长率领，基教科、研修中心、培训中心等各部门整体联动，市、集团、校（园）三级全员参与。若将该机制比作一座塔，站在塔尖上的是许新海和他所率领的海门市教育局党组、局长室；塔身，从横向看是基教科、研修中心、培训中心等各部门，从纵向看是市教育局、教育管理集团（城乡幼儿园共同体）、学校（幼儿园）三级各单位。

许氏底蕴之三：灵魂芳馨，信仰高洁，睿智运作，夙兴夜寐。

许新海在多个场合，不止一次地表达心曲：教育工作成了他的志业，新教育是他的终身信仰。智慧孕于细节，才干来自勤奋。他为新教育实验不辞辛劳，不遗余力，千方百计，没有假日，放弃休息，投身田野，每事躬亲，像士兵一样苦干，让灵魂与育人共融，令精神与崇高共鸣。

许新海

  十余年的艰辛探索,许新海和海门新教育人一道,收获了探索者风雨兼程的超迈,享受了生命不断成长的福祉,成就了恢宏事业和壮丽人生的幅幅画卷。

  率直、刚毅、大气——这三根支柱支撑起许新海的性格气质。

  率直带来主张果断,做事干练,举措行为敢作敢当。此乃鲁迅推崇的品格:"敢作敢当,也是不可不有的精神。"许新海向来有话就说,想好就干,快刀斩乱麻。面对笔者访谈,谈及海门新教育取得的系列成果时,他直截了当地讲了四个原因:自身努力、强大团队、能干的校长,还有一个是"我不怀疑我的作用",绝不藏着掖着,扭捏作态。

  刚毅成于刻苦,趋于卓绝,投足出手敢为天下先。2007年4月10日晚7点,新教育研究室"相约星期二"沙龙。许新海主讲新教育每月一事的活动设计。上周五晚朱永新与他谈的设想,他马上接手,几天后就变成了内容丰富的整整7页的文稿。他把"让我们走出校园去踏青"这个主题,具体化为"春之诵——文化阅读篇""春之乐——拥抱自然篇""春之思——研究学习篇"和"春之悟——交流展示篇"。内容新颖,设计巧妙,文案非常仔细。大家的讨论也非常热烈。他极强的执行力可见一斑。

  大气源起胸怀,成于酷爱。对于新教育实验,从接触的"知",到考察的"识",到践行的"信",他始终将新教育视为疗治中国教育病症的良药,用新教育的理念诊断、分析提升海门的教育品质和格调。在朱永新的帮助下,他在海门成立面向全国的新教育培训中心,培训新教育的教师、校长,给全国新教育人示范,其气魄盖莫大焉。

有多大的胸怀,成就多大的格局。有多大的格局,利用多大的资源,发挥多大的能量。

作为新教育实验当下的导航者,许新海全面启动了新生活教育研究,通过新生活来启蒙儿童,关注孩子们的生存状态、生活方式、生活质量和未来成长。对当前教育发展状况和社会发展方向剖析之后,将新生活教育中的"新",运作成对原有"生活教育"的一种融合和重组,引向素质教育的理想家园。他出版了《守望新教育》《做新教育的行者》《一生有用的十二个好习惯》等著作,展示了深邃的理论探索。

从行动上,2005 年 9 月考取朱永新的博士之后,他就成了新教育几乎阵阵落不下的义工,新教育项目的总统筹人,江苏省教育学会新教育研究专业委员会理事长,新教育研究院副院长、院长,直至接过了新教育理事会理事长的重担。

对于许新海,朱永新一向流露出欣慰糅欣赏的眼光和评价:

实验区本身是创新的过程,许新海做了一个区域新教育共同体的模型,尽管还是雏形。他不仅仅把新教育理念做进去,还把教育行政部门纵向管理与实验学校之间横向联合结合起来,这不仅仅是做新教育,同时也是推进区域教育均衡发展。(2006 年 11 月 11 日秀洲新教育实验区工作会议上的讲话)

这一次会议,背后的一个重要人物是许新海博士。他领导的海门新教育实验区不仅承担了 2009 年第九届新教育大会,而且每年接待上千人参观考察新教育,他的团队还负责与新教育实验区和实验学校进行日常的联系。这次会议的总协调,就是许新海博士。在短短的时间,会议能够完满召开,他付出了辛勤劳动。而召集博士生参加论坛,并且主持昨天晚上的工作坊,也是他的创意。(2011 年 7 月 11 日新教育理论研讨会闭幕式上的讲话)

如果说 2006 年的海门实验区,还只是许新海做出了一个雏形,几度春秋之后,海门实验区则成了朱永新所称道的"新教育的重镇"。

这里正演绎着教育人所憧憬的幸福完整的教育生活:每一个孩子拥有相似的阅读背景,每一名教师拥有共同的精神家园,每一所学校拥有自己的发展跑道。

这里正成长着一个强大的教育团队。实验培训网络牵出许多个名师工作室，崛起一批高水准的名师，校长俱乐部成批量培养出研究型的知名校长。

这里正成为五湖四海新教育人向往的家园。来此观览、探求、深造、攀升、打磨自己的教育之剑，斩去蒙昧、迂腐、迷茫的荒草蒿莱。

这里正变作新教育实验的梦工场。多种前沿实验在此展开，多项深度改革在此尝试，多个专题研讨在此定调。在这里，各所学校给新教育的前行探路，海门教育人为新教育的运作打样，诸种教研行动为新教育的持续发展注入源头活水。与此同时，这里又连同各实验区，引导着诸多实验项目。犹如一张渔网，网之纲在海门。

这里正演化为新教育气息最为浓厚的教育福地。新教育的精彩引发了海门市委市政府的极大关注，打破常规给予15个编制，专门设立了一个正科级的单位——新教育培训中心，建起新教育培训中心大楼，该中心与海门市教师研修中心一道，将教师培训、教育科研和面向全国新教育人的培训合在一起，成了全国新教育项目研究、项目实施和项目培训的中心。

海门新教育实验区，是新教育的一座丰碑。

历史将永远记下这一笔：海门实验区作为较为完备精良的实验场，丰饶稳定的根据地，为新教育运动树起了足可借鉴和参照的示范性标杆。

许新海大刀阔斧的作风，势如破竹的突破，"咬定青山"的坚韧，极能代表新教育人的生命气象和精神气质，正是此种顽强奋进的情态，舍我其谁的精神，强力助推着新教育的巨舰乘风破浪、昂扬前行。

五

在新教育的天宇，有一颗光焰四射的星辰——李镇西。

这个名字听来刚烈威猛，颇有将军范儿，像是镇守西部边陲的一员大将。实则在中国教坛，他岂止镇西，何尝没有光耀南北东中？

这位大智若愚的人物，是新教育实验幕后的扛鼎人物，缔造者之一。笔者如是勾勒他的形象：

智慧、幽深、邃密，情真、心美、境高。把自己的教育人生，做成新教育的一块实验田，时时以亲身运作和综合观察的所思所悟，为实验提供必需的营养素，释放自己的优势；同时用历史审视者的警醒眼光观照新教育运动的态势，寻找瑕疵与隐患，及时敲击警钟，进而从更高的层面上，让个人命运与新教育的命运融通一体，辉映成趣，水涨船高。

2015年5月21日下午，在新疆奎屯市召开的全国新教育实验区工作会上，他的演讲回眸了新教育始发的影像：

……此刻，站在这里，我想到了十五年前，在苏州大学老校区一幢旧教学楼二楼的办公室，我作为朱老师的学生帮他校对《我的教育理想》的书稿的情景。那时我刚考上朱老师的博士生，朱老师正在写一组文章：《我心目中理想的学校》《我心目中理想的教师》《我心目中理想的学生》，还有"理想的德育""理想的智育""理想的体育""理想的美育"等。这些文章汇集成册，便是《我的教育理想》。这一系列"理想教育"，就是后来新教育最初的萌芽……

李镇西是幸福的，亲见了当下新教育发展的汩汩源头，最先闻到了清水润禾的芬芳。而他也最早投身其中，助推新教育的波峰浪谷，并在这硕大的能量场里，迸发出独特力道。

力道之一：搭就平台，开疆拓土。

2002年4月16日晚，朱永新请李镇西等吃饭，李镇西则在袁卫星、焦晓骏配合下，成功劝说朱永新建立网站。经一番紧锣密鼓地筹备，朱永新挂帅的教育在线网站正式开通，他还不由分说，将"教育在线论坛总版主"的令牌，径直发给了李镇西。

建起网上的教育在线，对于刚起炉灶的民间草根性质的小集体来说，可绝非一桩小事，这是虚功实做，为新教育人筑出一个家，建起一个心灵共鸣所，搭就一个偌大的教育平台，新教育实验自此在这里传播主张，开掘航道，展示才智，碰撞思想，遴选新锐，广集人才，历练队伍……

李镇西的卓越贡献，在于以超前的眼光，超前的构想为新教育开疆拓土。一经得到朱永新的认同，他又像躬耕农夫，手扶犁铧，足踏荒原，目视远方，竭思尽智地开垦着第一块处女地，并吸引南北东西的同仁志士一道开拓，春播夏耘，夙兴夜寐，收获大喜过望的斑斓秋光。

力道之二：做足自己，引领一线。

李镇西以身作则，为新教育人树起一面旗帜。

他把新教育做实于一堂堂课上、一次次活动中、一个个日子里、一句句话语及著述中。在教海涛头击水，浪遏飞舟；在育人的高境运作，风生水起；在人性化兴校里探路，以文化人。有道是杏坛超人多粉丝，天下谁人不识君？

新教育力倡专业阅读，李镇西可为标兵。自少年至青年，他大量阅读古今中外的作品。从教后阅读兴趣更浓。苏霍姆林斯基、陶行知等大师的著作，他反复阅读数遍，书上画满了红杠杠，记下的体悟密密麻麻。1982年9月第一次读完《给教师的建议》后，便心驰神往地追随并"用整个心灵"拥抱苏霍姆林斯基，后来终于荣获乌克兰教育科学院颁发的"学习和运用苏霍姆林斯基教育思想特别奖"。阅读给了他智山的厚重与思泉的明澈。

新教育的专业写作，李镇西更是头雁。他每晚都以3000字教育随笔记录心得。自20世纪90年代中期起，他已出版了几十本专著，字字句句情真意挚。尤其是那部从教育日记、教育手记中采撷而成的《爱心与教育》，更是吹皱了中国教育的一池春水，可以视为风靡世界的教育文学名著《爱的教育》的"中国版本"。那些春雨润怀的、洪波激魂的、热风沁心的教育故事，将"爱"演绎得淋漓尽致。

以新教育引导教师敬业，李镇西堪称样板。他将敬业提升到"把怎样的公民奉献给未来的中国"的维度，情深意远。

作为语文教师，他的课堂意境通幽，才华涌动，激情流淌，思想激荡，氤氲着民主、科学与个性的气场，让语文大家钱梦龙生出"清水出芙蓉，天然去雕饰"的感觉，说他的课像一道山间的泉水，从高处一路自由自在地流泻下来，曲曲折折，琮琮琤琤，随物赋形，无羁无碍，犹进空灵之境。

作为班主任，他积20多年的经验，总结出思想引领、亲自示范、培养徒弟、倡导读书、排忧解难、个别谈心、调整心态、推出榜样、能说会写的"九大秘诀"，用心灵赢得心灵，以人格塑造人格。

作为一校之长，他结晶出"以人为本，以人为善，以身作则，以规治校，关心老师，民主决策"二十四字箴言。他让这所大多农民和农民工孩子的学校，有一个"满是故事的校园"。

力道之三：战略谋划，望长见远。

他为新教育事业进行了多方面的战略谋划、战术盘点，以及形而上之道与形而下之器的磨合打造。

李镇西

剖析新教育的本质，他极为推崇朱永新原创的对"新"的阐释，认为"说得最到位"，即"当一些理念渐被遗忘，复又提起的时候，它就是新的……"他进而发挥道："我的理解并不是前所未有的'横空出世'，而是归真返璞和与时俱进，也就是说，今天所进行的'新教育实验'，是让教育回到起点，将过去无数教育家所憧憬的教育理想变成现实。"

毫无疑问，他的深入肯綮的理解，是地道的不刊之论。

李镇西善于观察新教育实验脉动中的每一次变异，某一点征兆，并在第一时间做出反应。他了解到，一线老师最愁那么多的阅读与活动，包括排演生命叙事剧"时间不够用"，一些人把新教育实验当作正常教育教学之外的事，出现"两张皮"的现象。他痛感实验应该走向常态，将新教育的理念与实践整合进课堂，融进教室，浸润进师生的生活，与学校、班级的日常生活自然融为一体，将新教育课程与教育发展过程有机融合。为此，他做了大量的实践探索。

人无远虑，必有近忧；事预则立，不预则废。李镇西就是为新教育深虑远眺的谋划者，他在实践和理论两个层面上，谋划着新教育的发展版图。

力道之四：提炼思想，注入活力。

自云"缺乏强有力的行政能力"的李镇西，常常流露做新教育的愧疚之感。

其实"术业有专攻",发力自在场。他的特长是以精深的思想,不懈地给新教育的发展注入活力。

在成都至洛阳的飞机上他陷入沉思,众多学校加入了新教育实验,实验伊始该从哪里起步呢?他出了四步高招:以开展新教育生活为底色,以培养种子教师为引导,以缔造完美教室为抓手,以研发卓越课程为生命……

走在路上他反复叩问:为什么最好的医院收的病人都是疑难杂症,都是不好治的,为什么最好的学校招收的学生却都是优秀的学生?新教育的学校该怎样向"最好的医院"学习?

他向教师们忠告,把新教育实验当作自己的生活方式和成长方式:第一是有行动,第二是有创新,第三是有成果,第四是有理想。朴素最美关注人性做真教育,幸福至上享受童心当好老师。

夜半心静,思路敞亮。他于静夜里精心撰写近万言的《新教育十问十答》。

他在师生生命的河流里观赏,倾心导引教师走进孩子的故事,让连续不断的故事如河流一样波飞浪涌,每一天都展现全新的风景——或令人欣慰,或令人惊叹。他相信故事的原创是孩子,但编辑则是教师,教师帮助孩子"把信心与成功写入故事中""帮助作者实现一个完美结局"。

力道之五:察于端倪,夕惕若厉。

"知我者谓我心忧,不知我者谓我何求。"李镇西的眼里总有几丝忧思的神色。这是忧国忧民的他为新教育之困之艰之缺之弊而焦虑。

他发现新教育的势态是,偏远薄弱地区比繁华发达地区搞得好,越是没有名气越是底子薄的地区和学校,新教育实验越容易出彩;蓬蓬勃勃的新教育学校绝大多数是小学,初中只是少数,高中则为个别。因此他很是焦灼。

他感觉新教育阅读过于偏重文学、诗歌、童话,就积极主张读科学、科技和科幻这"三科",培养学生的科学精神、创造能力和想象力,让孩子更聪明。

他得知外界很多人误以为新教育实验就是语文教学的延伸,推出的榜样教师,开发的课程,给人的印象也是文学、道德、浪漫……而少有科学的、数理的、逻辑的因素。他一直期盼并发掘理科方面的新教育榜样教师。

他亲见十年前一批激情澎湃的新教育追随者,已销声匿迹;一些用新教育实验招牌装潢门面的学校也与新教育渐行渐远。于是想,如何能让每一个被新教育点燃激情与理想的人，一直用行动燃烧到自己教育生涯的终点？如何使新教育精神、理念和行动在实验校扎下根子，当成财富，从"随着做"到"真要做"？

他看到有一些新教育年会呈现艳丽、奢华的气味，虽一时产生张艺谋大片似的轰动效应，却有异于新教育的草根本色、田野精神和沉静真实的风格，就马上提出了"让新教育年会更加朴素"的议题，且在成都武侯区召开的第十八届年会上，他力主办出了一届没有文艺表演、朴素而成功的研讨会。

力道之六：做实做真，且行且歌。

他以最成都最李镇西的姿势做着新教育。在武侯实验中学，教师们每日践行"五个一工程"：上好一堂课，至少找一位学生谈心或书面交流，思考一个教育或社会问题，每天读书不少于一万字，写一篇教育日记。几年间，全校老师写教育随笔达13000多篇。专业发展扎扎实实，"构筑理想课堂"的研究与实践也有根有叶。

2015年7月，李镇西卸任校长职务，被聘为武侯区新教育实验区主任。他常常背着双肩包徒步走访一所所学校，去调研，搞座谈，做培训，老师们亲切地称赞他"以搞传销的精神在传播新教育"。他出谋划策，指点迷津，种树结果，点石成金，使得一大批年轻的新教育教师迅速成长，实验学校业务精进。

2018年，在新教育第十八届年会上，武侯给了新教育实验一个实在的惊喜，兑现了当年李镇西向朱永新立下的军令状：武侯区的教育现代化发展水平总达成度、教育国际化发展水平均位列全市第一；公共服务满意度达89%，在成都5个城区排名第一；教育教学质量逐年提升，一大批优秀教师在全国崭露头角。武侯区新教育建设办公室成立了由榜样教师和优秀校长组成的新教育宣讲团，直接带动了周边众多学校和区县整体加盟新教育实验。

写到此处，笔者想起法国一位诗人的话：假如巴黎这座城市没有100个科学家，没有100个作家，没有100个诗人，没有100个艺术家，这座城市将充满着腐朽的尸臭，它就是一座没有生气的棺材。借此意象，笔者想说，千水横流显砥柱，万山磅礴望主峰。新教育实验正是由于有朱永新、李镇西、卢志文、许新海、储昌楼、陈东强、童喜喜、严文蕃、张荣伟、袁卫星、张硕果、郭明晓、刘恩樵等十几位乃至上百位思想家、教育家、作家、名师的加盟和联袂努力，才拥有了深厚的文化与底蕴，焕发出"星汉灿烂，若出其里"的壮阔气象。

六

2005 年 7 月 11 日，从山西运城驶向成都的列车。一节车厢内有 30 多名中青年旅客与众不同，人手一册地阅读着《新教育之梦》，时而沉思，时而交谈，眼里溢出期盼而炽热的光彩。

动情时，他们唱起时下流行的歌曲《牵手》：因为爱着你的爱，因为梦着你的梦……歌声虽不高亢，但很是鲜亮；并不激昂，却发自心窝；没人指挥，仍显和谐；先是一人领唱，后是一群人唱和。这个团队的领头人叫陈东强。此行，他带领教育同仁三十余人，走上寻梦之旅。

2002 年 12 月 23 日，陈东强通过竞聘，在诸多高手的竞争中，以理念新颖、思路开阔、人品实诚而高票当选绛县教育局局长，从此转入教育界。绛县教育正值低谷，厌学厌教现象时有发生，好教师好学生纷纷远走高飞，教育人的颜面颇为尴尬。

突围之路在哪里？陈东强上下求索，内外寻觅，苦苦筹划。2004 年春天，忽在一份材料中发现，运城市人民路学校的新教育做得不错。仔细阅读，他知道了朱永新与新教育的渊源。他打开"百度"，搜索"朱永新"和"新教育"，越看越激动，朱永新的教育观、新教育实验的价值取向、四大目标、六大行动、新教育实验和教育在线渐渐地融入他的生命里。后来阅读《朱永新教育文集》，他与新教育产生了深深的共鸣。

2005 年 5 月，他获悉第四届新教育实验年会将在成都召开。7 月 10 日，他便带领绛县教育局的决策者、教研室人员和学校实际做事的校长组成的考察团，踏上了学习探究之路。

在成都，经过调研、交流和探讨，绛县教育人认可了新教育的理念和做法。陈东强郑重地对朱永新说："新教育是好教育，真教育，绛县希望以特殊的方式加入新教育实验——做得好，肯定是缘于新教育的引领，我们为新教育添一份彩；做得不好，是我们的能力问题，我们不会给新教育留下遗憾。"

陈东强待人真诚，干事笃实，承诺如板上钉钉，认准的路一走到底。寻梦路上唱出的"没有岁月可回头"，成了破釜沉舟的宣言，开启了绛县新教育实实在在的行动。

素养和特色齐升，学子同师长互动，内涵共形象并扬。陈东强带头的绛县教育团队，与时俱进地推进一系列教育改革，获得了省内外和全县教育人的认可。灵魂人物陈东强，因而两次被县人大常委会授予"优秀人民公仆"称号，先后荣获了"中国 2011 年度推动读书十大人物"、中国教师报"2012 年度十大最具思想力教育局长""中国教育改革创新奖"等诸多殊荣。

对于绛县教育的逆境突围，朱永新如是评价："新教育在绛县的耕耘，在村小的探索，我们可以把它称为'绛县模式'。在这个发展模式中，我们能看到中国未来农村教育的希望和曙光……绛县教育的领军人物是陈东强局长，他以他的行动告诉我们，一个智慧而坚毅的行政领导人，可以把一个区域的教育带到多远。"

《山东教育》原总编辑陶继新评论陈东强："当初，在我的博客上交谈，我认为他就是一线教师，后来才知道他是一位教育局局长。这令我很是惊诧！一位局长，竟然守持住了一个平常人的平常心怀，竟然对一些教育现象的剖析如此深刻尖锐，竟然对万事万物有着深厚的悲天悯人的情结！"

全国区域课程改革现场会、全省及全市的课程改革现场会先后在绛县召开。凤凰卫视制作了近半个小时的绛县新教育专题片，在凤凰卫视黄金时段播出，颇具影响。

陈东强很少参与聚餐、应酬等场合，而把更多时间用在"想大问题，做小事情"，谋划落实好长期规划上：每周关注一件大事或做好一件实事，每月在全县一所中小学举办教学现场研讨会，每年深入 36 所中小学搞调研……

德不孤，必有邻。陈东强对全局上下的凝聚力、身先士卒的亲和力、知行合一的行动力，极大地影响了绛县新教育人。2013 年 7 月，陈东强退居二线后，新教育的管理层极力邀请他担任新教育研究院常务副院长。他谢绝了诸多部门好友的盛情邀请、高薪诱惑，毅然决然地选择与新教育携手同行。

陈东强十分低调，对那些冲他来的采访者，总是竭力婉言拒绝。笔者此番写作，陈东强依然如故："新教育有太多美好的人和事，我只不过是一个新教育的认同者、爱好者、服务者，真的不值一提。"笔者五次欲采访他，五次遭婉拒。

在新教育核心团队内部，每位成员都有其性格魅力与精彩言行，笔者看到的陈东强，低调现身，大德特立，儒雅独行。

服行人前，甘居人后；缄默人前，操劳人后。在新教育的舞台上罕见他的风光，在实际运转中却无法忽视他的存在。他以行动的朴素，演绎着另类的激情；他用踏实的脚步，实现着梦想的高远。

陈东强

笔者也只能透过简单质朴的几页材料，和与他数年交往的印象，勉强为他描绘一幅写意"画像"。

登高自卑、兢兢业业；行远自迩，扎扎实实；居功内敛，孜孜矻矻。作为新教育核心团队成员，他参与了新教育重要决策和相关规则的制定。在"耳顺"之境时，他更是不抱残守缺，不怨天尤人，不随波逐流，务实而低调地劳作，在新教育这片希望的田野上，埋头躬身，耕耘不息。

这几年，是新教育飞速发展壮大的几年，也是新教育版本升级、革故鼎新的几年。在这个特殊的历史阶段，有八方贤士涌来，因种种原因，新教育团队树大分支，也有人从新教育研究中心离开。

先存诸己，而后存诸人。凭借着宽厚、理解、容忍与博爱，陈东强和所有新教育成员都有着良好的个人关系，他深知新教育局面的开创来之不易，发展过程不易，实践成果不易，他尽最大努力，为新教育大团队的和谐与团结贡献着全部心力。

下面是一位当事人撰写的有关他的真实故事。

2015年2月，我在一次聚会中表示对朱老师过去的一个不当决定非常不满，不仅当面指责了朱老师,而且在散会后和陈院长同路时,又喋喋不休地向陈院长抱怨朱老师。

陈院长突然正色问我:"你别说别人,你说说自己。那件事发生时,你想到后来的结果了吗?你自己是怎么做的?"

当时我一下子张口结舌。想了想,我争辩道:"我也是没有想到啊,但是……我是我,他是朱老师啊!"

陈院长仍然非常严肃地追问:"为什么他是朱老师就应该想到?为什么他就必须有先见之明?为什么他就不能犯了错之后再去改正?"

我彻底哑巴了。

然后,陈院长才恢复平时正常的模样,又笑眯眯地说起平时常说的,诸如"改正错误是不容易的,我们都是老同志了,要相信我们,也要有耐心"之类的话。

陈院长向来比朱老师更温和,他从来没有这样严肃地、毫不客气地、直言不讳地跟我说过任何事。在那儿之前没有,在那儿之后没有。

……从这一次受到教育开始,我越来越能够正常和朱老师相处,也渡过了心理上自我认同的危机。

新教育的升级嬗变,亟须建章立制。如何规范散落在全国各地的新教育人,实现心理同构,如何使新教育人的共识凝聚、创造力不至于消减等,都是难题。

陈东强凭借多年基层工作的经验,对社会生活的洞察,对新教育思想的熟识,对教育规律的把握,参与了新教育团队规则和制度的制定建设。《新教育理事会决策规则》《新教育实验会议规则》《新教育实验区校发展性指导评估框架》《新教育实验学校标准》……一连串饱含陈东强等同仁心血的新教育理事会、研究院的制度建设,昭示着智者的聪慧、理性的邃远、规矩的冷峻,为新教育实验的顺畅运行提供了重要保障,成为新教育大厦的重要基石。

近些年实验区发展迅猛,陈东强以全部心力为实验区、校服务。他"守正笃实,久久为功",南征北战,沟通协调,足迹丈量着大江南北,悉心考察了新教育的绝大部分实验区。

他紧盯教育实验区的问题，向各实验区传经送宝。他讲得最多的是：新教育是什么？新教育为什么？新教育有什么？新教育怎么样？新教育怎么做？新教育成败在何处？

甘做燃灯者，点亮心之光。如何做好新教育，陈东强最大的体会是六个关键词：相信、学习、结合、开放、专注、坚持。他说，相遇是一种缘分，相信是一种力量，学习是一种能力，结合是一种必然，开放是一种境界，专注是一种智慧，坚持是一种秘密。

他所到之处，人们感受得到他做事的踏实，由此体味新教育的质朴亲切；感受他思维的缜密性，产生美好的期冀；感受他知行合一的求索力，愿心悦诚服地跟随他上路。

拥有如此性格，使他和实验区的局长、校长、老师们结下了很深的友谊。他关注种子教师项目，关注新教育区域工作会议，还牵头建立了新教育优秀校长微信群，频频与几百个校长借助微信长谈，推动新教育思想在广袤的实验区扎下深根。

讷于言，敏于行，他始终以自己的低调，助推着新教育事业的昂然前行。

作为一个无怨无悔的行者，新教育各界对他寄予厚望，先后给予他副理事长、秘书长、常务副院长等职位。这些责任与荣誉，更令陈东强自谦，他经常在不同的场合表示："首先声明，我不是专家，我只是一个新教育的追随者，准确讲，我就是新教育的一个常务服务员。"

2013年以来，他几乎参与策划、设计、统筹了新教育所有的重大会议，以及面向全国的新教育开放周，每一次都是他与新教育研究院办公室主任杜涛等人事先踩点、到场彩排、反复推敲、咀嚼细节。

会议之前，他运筹帷幄，当仁不当，而当会议开幕，他则退到聚光灯背后，为专家服务。他乐意做一个在路边为英雄鼓掌的人，心甘情愿地为新教育一台台大戏充当配角。新教育这些年的会议还算圆满，这是最让他感到欣慰的。

守望岁月，不忘初心。当微信兴起，陈东强及时创办"守望新教育"微信公众号，为此夙兴夜寐、精心运筹，风雨坚守。

"守望新教育"是目前新教育实验诸多平台中最受关注的一个，已成为众多新教育人喜欢的信息源。日点击量达几万人次，少时也有几千人次。

该平台建立伊始,陈东强就开宗明义——"守望新教育,守望真善美。守望新教育,聆听大师的教育智慧,分享高人的教育心得,汇聚田野的教育创造,助力有缘的教育梦想……"该平台因时制宜,不断摘要推送新教育的文章,已形成诸多名牌栏目:"新教育的理论与实践""新教育实验百问百答""大师论教育""新教育一线的故事"……

许多人问,有多少人运作"守望新教育"?因为这个平台传达着炽热理想,像有一群生机勃勃的年轻人操盘。各专栏抓人心魂,似有一群知识丰富、头脑鲜活的青年才俊承担。当众人得知,如此内容博大、视野旷大的自媒体平台只有陈东强一人主持时,无不错愕,这哪是60多岁的人做的事啊?

利用这个平台,他及时推送了实验区校需要的文章,回答实验区校老师的咨询,加强了和实验区校的联系,也加深了新教育人与外界朋友的沟通。他呵护着大江南北热土上的每一粒新教育种子,看着它生根、发芽、开花、结果。天道酬勤,地道酬诚。他得到了诸多新教育实验区领导、校长、老师无数美好的鼓励鞭策,收获了太多与他们相关的美好故事,这对于一位守望者,是莫大的感动。

孔子曾有"默而识之,学而不厌,诲人不倦,何有于我哉"的自勉之语。在这句圣贤之词的背后,可以读懂陈东强的内敛与谦虚。专职从事新教育伊始,他对自己就有个明确的定位:聆听,发现,分享,服务。

桃李不言,下自成蹊。陈东强越要做成新教育的普通一员,便越会折射出极不普通的光谱。在新教育全局运营中,他踏踏实实地想,想出锦囊妙计;兢兢业业地做,做得精益求精;他守望新教育,探寻真善美,聆听窗外声音,致力本土行动,紧握世界的手,犁好自己的田,给新教育运动的每一天注入坚实、美善、强健和灵动。

陈东强非常喜欢名为《在路上》的歌儿:"在路上,用我心灵的呼声,在路上,是我生命的远行……"他的理想在路上、快乐在路上、幸福在路上,因此,会一直追寻在路上,收获也在路上。

七

在藏龙卧虎的新教育军团里,有一位"具有强大的想象力、持续的创作激情、思维诡异、风格百变的'80后'女生作家"。她参加了2009年7月的新教育海门年会，3天里被感动得多次泪流满面。继而，她一边为新教育喝彩，一边又著文，抛出对年会"新里搀旧"的六大诤言，发出局外人对新教育人的六点建议：能否与官方更好接轨，同时更彰显民间立场？能否在严格中保留宽容？能否借媒体之力飞得更高？能否为传承中国文化做得更多？……

褒贬是买主，叫好是路人，六大建议实为从心而入的六大问题。

自新教育年会这座精神殿堂，这名"女生作家"发现了帮国人强健心灵的新教育之新，发现了朱永新之心！她被新教育教育了。"我想做个新的孩子，做个新教育的孩子……"随即，她向新教育研究院捐了两万元稿费。一年以后的11月29日，她以单纯义工的身份从家乡湖北来到北京，与朱永新讨论一番后，一言说定做起为新教育培育种子教师的项目来。

她就是后来被任命为新教育研究院副院长的童喜喜。

笔者为写她采访数人，读了几十万字她写的和写她的文字，品读这位灵魂美若春花的才女，一位激情若沸创造力井喷的儿童作家，一位饱含着孱弱者的泪又挺起抗争者脊梁的强者。

笔者曾久久凝思她结缘新教育的动因，她转身的意涵，她心性的底蕴，她人生的态势，最终归结她的几大特点。

"东篱把酒黄昏后，有暗香盈袖。"饱含暗香盈袖般的淳厚大爱，为其第一大特点。

2003年，她用笔记本电脑写作的《嘭嘭嘭》一书，稿费5万元，她全部捐给春蕾助学活动，帮助30名失学孩子重返校园，由湖北省妇联在十堰成立了一个"童喜喜春蕾班"。她回到久别的家中得知，爸爸妈妈下岗后到农村养的鱼，大量被偷，竟欠债近10万元……

2004年8月，她放弃优渥的生活，与好友李西西同赴神农架支脉下全校仅16名学生的卡子村小学支教。其间，深受山区孩子贫瘠精神生活的震撼，支教结束后，她与李西西开始自费购买各种课外书，赠送给贫困的儿童。三年中，陆续赠书数千册。

据新教育教师时朝莉回忆，2012年1月，她被借调赴京，与李西西一起协助童喜喜做萤火虫项目，租住在朝阳区一户顶楼的一间小屋子。

做种子教师培训和萤火虫项目，童喜喜和李西西的稿费成了主要经济来源，再不够，童喜喜把武汉的住房卖了。她走进新教育后每本书的首印费都捐给了新教育。

自己拮据不眯，亲人遭难没帮，倾囊倒箧而捐，这是浓得化不开的大爱，天然而理智的博爱！这种爱，浸染了人性的美，人品的善，人格的真。

"桐花万里丹山路，雏凤清于老凤声。"翩翩而涌的创新性思维，为其第二大特点。

作为6天写一本儿童文学畅销书《嘭嘭嘭》的作家，敏锐的观察力给了她创新的时空，超常的想象力给了她创新的翅膀。加之新教育实验的生态环境为她的创新活力大开绿灯，她做起新教育的事儿，总能上下联通，左右逢源，藏曲径通幽之法，见无中生有之妙。

就拿培育种子教师的项目说吧。开头时两手空空，双目蒙蒙，一个教育门外人，真真有些天狗吃月一时无从下口之感。

但灵动的创造力是她的禀赋之一。她首先对种子计划定位为：为有成长渴望的老师，提供对外学习的机会。童喜喜最初请她最信任的新教育骨干投票，选定6名种子教师，每人写一份开展新教育的承诺书。

行动让计划落地生根。当发现某地需要举办学习培训时，童喜喜就告知种子教师，种子教师可以自己选择去或不去。如果要去，又有困难，她就资助，平时还向种子教师资助一点经费购书。她发展种子教师有不成文的"三无"政策：无时间限制，何时加入都可；无资助计划——随便你要多少钱，都由童喜喜自掏腰包；无任何要求——自己冒烟儿冒火想成长的就成。

童喜喜将种子教师培训视作成长的基地，引领大家互相支持着抱团成长。第一次培训，在2010年初冬，她领种子教师去了中央教育科学研究所的附属学校——深圳南山央校。校长李庆明支持新教育，免费提供吃住，免费培训。童喜喜则要求接受培训的种子教师，每人每天须写一万字的心得记录。砥砺前行，要听得到生命成长的拔节声。

童喜喜看到，做得很好的新教育网络师范学院将网师定位于"精英"，注定了人数不会多。而想做新教育的散兵游勇的老师，才是最坚定的，总得想法子把他们聚起来。她遂采取了门户敞开的举措，让种子教师多起来。然而，又出现了新问题：众多种子教师，谁都不认识谁，不知道该怎么分班。2012年冬日，有人想出了用"冬春夏秋"四季给种子教师编号的主意，令童喜喜惊喜不已。于是，就用生命的成长历程，根据加入的先后，给种子教师编号，从冬季"种子"开始，处于凝聚力量阶段，再晋级到萌芽期的春季"种子"阶段，再发展到旺盛生长的夏季阶段，后成长为五彩斑斓的秋季阶段。如此编号，既方便管理，又使种子教师关注自己的成长进步，太奇妙了。

童喜喜先是为实验者提供理论学习的平台，继而让"种子"扎根，为实验者提供践行的必要支持，之后让种子教师在推广与研发两个团队里各取所需，大显身手。种子教师由此从当初的6人扩展到后来的621人……

"咬定青山不放松……任尔东西南北风。"愈挫愈奋的坚韧意志，为其第三大特点。

个儿不高，形体瘦削，体重竟一度不足80斤。你无论如何都不会相信，这么一个小女子，有那么大的能量，担起那么重的担子。她先是组建种子教师团队，为新教育积攒了一批骨干力量；继而又拉起萤火虫团队，为新教育凝聚了家庭教育的中坚；从2014年6月1日起，到2015年5月20日，以她为主角的"新孩子乡村阅读公益行动"——用一年时间，在全国范围内，选百所最渴望阅读的乡村学校，做免费讲座、赠书、培训阅读推广人。一场闻所未闻的一个人的文化长征，升华了她的精神境界。

行动者童喜喜只身一人，拖着行李，日夜兼程走进中国各省的100所乡村学校，免费为学生父母作了100场亲子共读讲座——《共读共行新孩子》，免费为乡村教师作了96场师生共读讲座——《喜阅读出好孩子》，听众共7万多人。童喜喜每天平均睡眠5个多小时，行程15万多公里，相当月亮绕地球4圈。为此，她经常乘车十几个小时到乡村，一天做两场活动，演讲5个小时，赶往三个城市。

本来体质就弱，2014年下半年她腰伤严重，坐立两难，热水袋不离身……冬至那天，在群山怀抱中，一场讲座开始了。童喜喜站在高台上，在楼房的阴影里，尽管加穿了一位女老师借给她的毛衣，还是冷得直打寒战。两个小时下来，她只觉得头盖骨都冻得硬邦邦地疼，脖子后方又冷又痛又硬，嘴巴无法正常地张合。

长期劳累透支，免疫力下降。有好几次，她哭着走出家门，一张脸因为睡眠太少哭泣太多而变肿，她还是擦着眼泪走上征途。尽管非常小心地避免生病，还是感冒了，一咳嗽就是半个月。但她一想到新孩子项目组的全力组织，幕后协调，新教育研究院、新教育基金会同仁的全力支持，她还是一场场进行着教育突围、文化远征。虽然每天两场演讲下来，人就像散了架子一样，面色苍白，四肢乏力，连吃饭的劲儿都没有了，然而翌日她一走上讲台，人立时全变了！她的声调高亢，精神抖擞，不时有力地挥动手臂，带几分嘶哑的嗓音充满了理性的自信。这是生命的呐喊，这是用生命解读新教育，这是用智慧的理论，向着梦想挺进，发起对愚昧和贫困的冲锋！

当地球绕着太阳转了一圈时，童喜喜也结束了西起新疆伊宁，东到黑龙江林口，北自内蒙古满洲里，南至海南保亭的100所学校的行程，画出了一个完满的圆。

"接天莲叶无穷碧，映日荷花别样红。"

对过程和结果的完美追求，为其第四大特点。

童喜喜是追求过程和结果尽善尽美的人。无论做项目还是做事情，她一心想做到晶明洞彻，故往往举轻若重，唯恐想不周全，做不到位。为追求完美，她常直言挑刺，有时发无名火，还为做事不如意暗自哭泣，让苦泄了，火发了，愁去了，气顺了，擦擦眼泪再干。近几年来，新教育重要资料的搜集整理，多次会议高效的统筹运行，一些重大文案的构创与修改，新教育书库的策划、编辑与出版，都有她的悉心付出。

笔蘸江河，才贯云霞，文思泉涌，其代表作《影之翼》五年磨成。这部以儿童视角反思南京大屠杀的童书，被许多小学选为师生共读书。她的好友告诉笔者，童喜喜夜晚常常写着写着，抱着电脑睡下，半夜里忽然想起什么，立即将稍纵即逝的思悟打出来。一大早，又赶忙敲击键盘，处理邮件，修改文章。《那些新教育的花儿》和《这一群有种的教师》等为新教育人立传的作品，就是这样的心血之卷。

"莫愁前路无知己，天下谁人不识君。"

人际之间无以言表的心灵亲和，为其第五大特点。

她的亲和，源于她的率直、朗润、幽默、敏感的人格魅力，也源于她的才高不骄、居功不傲的品格磁力，还源于她的悲天悯人、助人为乐的心性内力。

获得她赠书后，灰扑扑的小脸突然明亮起来的山里孩子，友善地与她合影。

听了她的精彩讲座，明白了家教道理的家长们，簇拥着她，提出一串串如何教子成才的疑问。

由她点燃的全国数十个城市的新教育"萤火虫"分站，数万网络直接参与者，有感于她"疯狂"阅读推广的价值，一颗颗心儿飞向了她。

唠起童喜喜，新教育种子教师们话语滔滔。

河南的宋新菊，给笔者讲起2015年去山东日照参加的新教育"萤火虫之夏"。喜喜在午饭、晚饭间给一个个种子教师面对面辅导。她端着盛着稀饭的一次性杯子顾不上吃，争分夺秒地为种子教师的个性演讲细细指点……

山东的王芳，说起2016年4月在宜宾参加种子教师研训营的事儿：

我被新教育义工童喜喜深深打动了。她穿着一条牛仔裤、一件简单的白上衣，没有任何装饰的黑色头绳随意地绑着头发。会议间隙播放了她的新孩子公益行活动，让我泪流满面。我找到喜喜所写的总结《生如萤火》，一遍一遍地读，真正地体会到其中的苦辣酸甜。生如萤火，点亮自己，照亮他人……

"长风破浪会有时，直挂云帆济沧海。"

事业与心境同步攀高的势头，为其第六大特点。

岁月奔驰，人生也在前驰。事业走高，境界也在登高。童喜喜对新教育及新教育人的认识，已从感性层面飞升到理性层面。做新教育项目，她也从摸着石头过河到能够左右逢源，和众同仁一道，聚精会神地解答当初她所提出的六大问题，让新教育和新教育人行得更远。

她自身呢，也从儿童作家向教育家的行列逼近。她已从在外围做新教育项目，晋身为核心层的智囊成员，从对教育不甚了了的门外人，变成新教育主报告研发团队的主力队员。从当初"孤帆一片"的窘境，演化成"潮平两岸阔，风正一帆悬"的明丽前景。

她完成了人生事业迅疾而华美的转身。

童喜喜本是儿童作家，写作是她的主业。上了新教育的战车，她便马不停蹄，焚膏继晷，周旋于各个项目之中，奔走在一座座校园之间，吃苦，受累，克难，攻坚，青春挑战困境，生命挺立潮头。她努力改变别人的生命存在状态，别人也改变着她的生命存在状态。渐渐地，新教育将她打磨成了另外一个人。

童喜喜成了新教育的一条鲶鱼。她又像上方赏赐新教育的一位天使，挟来明媚春光、鲜活思想和蓬勃气象。

新教育呢，也成了童喜喜心中的一泓大海。新教育回赠给童喜喜的，是广袤丰腴的生活之野，喷涌不息的生命之泉，有魂有力的生存之柱，如胶似漆的生涯之场。正如她在寄语第十七届年会的文章中袒露："这些年，从文学走进教育，一路遭遇惊奇，也一路发现美好。每一点美好的发现，就像拥有了一星萤火，照亮着我。"

第十八节
探路领跑，新教育大历史的地平线

一

新教育历史时空的景深恢宏悠远，它首先置身于中国教育源远流长的大背景之下。

黄河九曲，夭矫如龙，先是昂首北上，接着俯冲南下，然后迤逦向东，倾注大海，带走了万仞黄土，铺散在千里平原，遂让天玄地黄成为中国的本色。

将中国教育比喻成九曲黄河，活画出中国教育之苦、之艰、之激荡澎湃、之巨浪滔天的现状，笔者以为甚是贴切。教育既要引领一个民族，自然会遇到千头万绪的困境。

民族崛起，中华复兴，中国梦，绝不只是单向度的经济上"崛起"，而只有完成文化和政治转型之后，中国才能实现真正的崛起。如果被市场繁荣、数据喜人蒙住双眼，只能加速传统文化的消失，民族会陷入新的磋叹。

古贤有言："求木之长者，必固其根本，欲流之远者，必浚其泉源。"（魏征，《谏太宗十思疏》）。历史是现实的源头。新教育的源头在哪里？它有怎样的理性开拓与践行映照？

2014年4月21日，笔者首次采访朱永新时，在他那间字画甚雅、空间略狭的办公室里，就从这个话题问起。

他略微沉思一下，便娓娓道来，像穿越时光隧道，拾起远方的点点火光。

欧洲"新教育运动"肇端于19世纪末的英国，以后扩展到了德国、法国、瑞士、比利时、荷兰和奥地利等国。从19世纪末到20世纪50年代，西方教育界占据主导地位的便是新教育思想，其代表人物即是被称为"新教育之父"的英国教育家雷迪。1889年，雷迪在英国的德比郡一个小镇上，建立了一所新教育学校——艾伯茨霍姆学校。

这样一所小小的学校，后来成了影响整个欧洲新教育运动的一个起点，引发了影响整个世界特别是美国的进步主义思潮，甚至也成了影响中国上世纪二十年代、三十年代教育改革的一个重要哲学起源……

如数家珍，朱永新的话语不紧不慢，恰似叮咚的山泉，迎面流淌而来。

以雷迪创办的艾伯茨霍姆学校为标志的"新教育运动"，其精神和传统一直没有中断过，我们向往的许多伟大的学校，都是与新教育运动有着密切联系的，如夏山学校是新教育的一个代表人物尼尔创立的，巴学园是日本的新教育学家小林宗作创办的。教育史上许多响当当的人物都是和新教育有关的，从罗素到佩西·能，从蒙台梭利到皮亚杰，从怀特海到杜威，一百多年来，我们敬仰的那些最有影响力的教育家，许多都与新教育有关……

杜威 (1859—1952)　　怀特海 (1861—1947)　　罗素 (1872—1970)　　蒙台梭利 (1870—1952)　　皮亚杰 (1896—1980)

黄炎培 (1878—1965)　　梁漱溟 (1893—1988)　　陶行知 (1891—1946)　　晏阳初 (1890—1990)

新教育运动从兴起到昌盛已达百余年，涌现出诸多令人景仰的前辈大师，形成了学派林立的学术高峰。21世纪开启的中国新教育实验，正在为这场影响全球的教育运动谱写新的华章。

19世纪末20世纪初，当欧洲新教育实验蓬勃发展的时候，美国掀起了一场"进步主义"教育实验运动。不久，美国的实验主义教育家杜威成了它的灵魂人物。杜威在"进步教育之父"帕克的影响下，1896年于芝加哥创立了实验学校，并把这所实验学校作为"实验室"，以验证他的实用主义哲学思想。在这里他搞了六年实验，写作出版了《我的教育信条》《学校与社会》《儿童与课程》等论著，表明他的实用主义教育思想体系已经形成……

在他浑厚而富有张力的语音里，时空斗转星移，历史起承转合，伟大的教育人物，接力似的前赴后继，领航教育艨艟，助推社会巨轮。一个个教育事件，在百余年流光里翩翩再现，重演着流逝的影像。他好像亲历者，解说着眼前景观，细数起同仁辉煌。

20世纪二三十年代，以陶行知、黄炎培、梁漱溟、晏阳初为代表的教育家，对当时的中国教育问题进行了深入的探讨和反思，在借鉴和运用西方教育理论的基础上发展创新，投入到教育改革实验中去，分别创立了具有中国特色的"生活教育理论""职业教育理论""乡村教育理论"和"平民教育理论"。他们的活动方式和留下来的这些理论，是中国教育的无价之宝啊，也是当前新教育实验的重要思想资源……

话头一转，聚焦中国。学术认祖，尊崇前贤。朱永新的面容崇敬中略带几分忧郁，说道："先辈们适逢一个动荡不安的时代，没赶上相对稳定的阶段，制约了他们研究实验……"

中外教育史的长河大流，旋起一排排滔天巨浪；融合着先哲们生命的教育理论与教育实验，筑起一座座峭拔的峰峦，让人咏叹，使人神往，发人深省。这一切，都涌动在朱永新娴熟讲述和冷静剖析里。一部人类教育史就铭刻在他的心中。

常有人向新教育人发问："你们搞的是新教育，我们是旧教育？"的确，应该对新教育有一个终极阐述。

对此，朱永新有清醒反思与审视：新教育是在新教育实验学校或者实验区里吗？他先用"是的"，略加论说，又马上转用"但是"后说道："我们能够拿出诸如杜威的芝加哥实验学校这样纯粹的实验学校吗？我们拥有像苏霍姆林斯基的帕夫雷什学校一样经典的课程吗？我们遍及各地的实验学校，能够像在全球散落的华德福学校一样拥有一个明确的共同理念和教育色彩吗？"

当前的新教育——新教育实验——新教育运动，出现于千载难逢的历史关节，与中华民族复兴的使命默契相合，自觉呼应，承担起传承中华文化根系、优化民族基因的大任，以其开放性、行动性和创造性的显著标识，和"文化兴衰，责任在我"的主角身份，自加压力，自强不息，积极参与中华文化的这一次突破，新一轮的教育文化选编。这从新教育人的襟怀、眼光、纲领、作为、绩效上都可以洞察得一清二楚。

2016年2月27日，《朱永新教育作品》16卷英文版全球首发式现场。

二

新教育实验，从某种意义上是有后现代倾向的实验，向着不确定性开放，向着无限的未知开放，向着大真大善大美开放。

新教育有自己的路径，有自己的学术方法，强调对话，强调以实践为核心不断地丰富调整甚至不断地自我否定，更强调不断地创造。这实际上也是一种实用主义的路径。因此，新教育永远不会也不应该划定一个圈子圈住自己。

这种开放性决定了包容性。

这种行动性奠定了发展性。

这种创造性注定了精彩性。

正如一千个人心中有一千个哈姆雷特，不少教育大家、学者、哲人、名师对新教育实验也别开洞见，笔者对大家的看法进行了一番整理。

聚焦之一：新教育之新

著名教育家顾明远为《朱永新教育作品》所作的序中说："新教育的理想和梦想在哪里呢？一句话，就是要改变传统教育的陈旧观念，克服当前教育的弊端，回归教育的本真。教育就是学生幸福成长的活动，也是教师专业成长的舞台，不应该像现在这样戴着脚镣跳舞，痛苦不堪。"

儿童文学作家李东华在题为"行动的和理性主义的——一个家长眼中的朱永新和他的《新教育》"的文章中说："新教育最大特点是去功利化。朱先生是个理想主义者，他把培养一个完整的人作为教育的立足点。这是最根本的问题。"

新东方创始人俞敏洪在评价《未来教育》一书时说："朱永新老师的眼光，已经越过了对于教育的功利追求，远达历史深处中国对于未来真正的人才的需求。"

英国剑桥大学国王学院终身院士艾伦·麦克法兰则表示："朱永新教授是我见到的在世界范围内并不多见的知行合一的教育家，他对于未来教育的变革有着系统深入的思考，并且朝着他设计的未来教育蓝图孜孜不倦地前行。他的理论高度和实践深度，在当今世界都是出类拔萃的。"

笔者：新眼光、新理念、新价值、新举措、新行动，推陈重构，革旧鼎新，交汇成新教育壮美画卷的经丝纬线。

聚焦之二：新教育的真谛

《人民教育》记者梁伟国、李帆的文章《教育随笔：改变教师的行走方式》，介绍了江苏的张向阳、陈惠芳、吴樱花等一批教师，如何在不到两年的时间内通过参加新教育、写随笔反思"搭上了成长的快车道"，在教师队伍中脱颖而出的生动事例。

中央电视台《新闻调查》播出长达 45 分钟的专题节目，记者柴静在《心灵的教育》中说："相对以分数为主要导向的应试教育，新教育注重与人类的崇高精神对话，强调一个人的精神发育史就是他的阅读史，并且通过'晨诵·午读·暮省'的儿童生活方式，让学生拥有一个博爱而敏感的心灵，重塑他们的精神世界的蓝图。"

日本东京大学大学院教育学研究科教授牧野笃评价朱永新的著作《未来学校》时说:"(该书)对于未来学习中心的构想,对于打破传统学校的年级、班级、学校的组织形式的设计,对于'互联网＋教育'的运用,以及对于大科学、大人文、大艺术等新型课程的研发,对于我们日本的教育改革极具参考借鉴价值。"

笔者:人的开发、心的再塑、灵的点燃,和崇高结伴,与博爱同行,此乃新教育的内核与本质。

聚焦之三:新教育的价值

著名儿童教育家、中国教育学会副会长李吉林说:"朱永新先生在'新教育'中,从教育的终极目的出发提出的让教师和学生享受'幸福完整的教育',引起了我极大的共鸣,唤起我对教育更多的美好的憧憬,深感'幸福完整的教育'是顺应人性的,是对教育本质的一种高度概括……'新教育'鲜明地提出的'幸福完整'切中当代教育时弊。正是教育的不完整,成为国家一直想推行素质教育的极大障碍。因此,我禁不住要鼓呼、赞美'新教育',它是解放学生、解放老师的教育,是真正的'新教育'。"

河南省焦作市环城南路第一小学特级教师常瑞霞说:"接触新教育,走进新教育,我们就过上了一种全新的幸福完整的教育生活。从晨诵,到午读,再到暮省,没有了往日的埋怨,没有了今日的唠叨,没有了以后的忧虑,只有对现在教育生活的把握。一切繁杂,我们都让它归于平静;一切匆忙,我们都让它归于安宁。静静地做着一份让自己沉醉的教育工作,是我们现在最大的幸福。"

郑州航空港区中心学校教师时朝莉说:"千川映月。新教育的核心理念是'过一种幸福完整的教育生活',就我个人而言,新教育赋予了我职业尊严、人格尊严,让我享受到了教育的幸福、体验到了人生的价值。这,就是我的新教育实验。"[①]

笔者:造就引领潮头的新师新生,开拓适应未来的素质素养,"价值连城"一词也无法表明新教育的价值。

---

① 寄给笔者的信,2015年6月29日。

聚焦之四：新教育的品质

中国陶行知研究会会长朱小蔓评价说："事实证明，这种开放性、公益性的教育实验改革与我国学校发展的实际以及师生所处的生存状态极其符合，切实促进了学校以及师生的真实生动的发展。"[①]

北京理工大学教授、21世纪教育研究院院长杨东平说："与一些洋化、'学术化'的理论相比，新教育是不玄奥、不复杂的，难以写成许多可供核心期刊发表的论文；然而，就改变教育现实、解决实际问题而言，新教育却是大为可观、魅力无限的。"

其实，教育的真理古今中外相通，大致是质朴无华、晓畅明朗、直抵人心的。新教育的诚实、朴实、感性、动人，也许正是一种好的教育理论所需的基本品质。

清华大学附属小学校长、全国模范教师窦桂梅在《构一道新的教育航海线》中写道："对于网络，我曾充满鄙夷，没想到一走进'教育在线'就'一见钟情'。这里的教育智慧，这里的教育故事，这里的人文气息，这里的人物魅力，让你兴奋、痴情，甚至于让你发疯。你会像那初恋的少女，体验'激情燃烧的岁月'，甚至半夜里还在这里徜徉行走，流连忘返，以至爱得'死去活来'。就是怀着这样的激情，每一天必须上网几次，而且每一次只要踏上'教育在线'的船只，就可以尽情地阅读这本厚重的网络大书，欣赏着'新教育'海上日出一样的风景，陶醉着'朱永新小品'的表演，品尝着'李镇西之家'的风味特色，感受着'小学教育论坛'的习习海风。"

笔者：扎根泥土，用心栽培，知行互促；朴朴素素，实实在在，蓬蓬勃勃，这就是新教育的品行质地。

聚焦之五：新教育前瞻

美国波士顿麻省大学教育领导系主任、国际比较研究院院长、中美领导力研究中心主任严文蕃教授专意为笔者撰写这段话：英国有新教育实验，美国有杜威的实验学校，朱永新引领的中国新教育实验，无论从实验的规模（参与的学校和受影响的学生）和实验的内容（完美教室、卓越课

[①] 新教育第十一届年会，2011年9月17日。

程和理想课堂等）都是前所未有的，它的影响将超越中国，产生深远的国际影响。"

亚太地区联合国教科文组织协会联合会主席、中国教育学会副会长陶西平在全国教育科学"十五"规划重点课题"新教育理论的实践及推广研究"开题会上说："中国教育的困惑在于怎么看过去的教育，怎么对未来的教育进行设想，怎么来推动未来的发展。朱永新提出的新教育实验，是对过去教育的完善和发展，其观点性、针对性、操作性都很强，如一条鲇鱼放进了鱼缸，将中国教育这一缸水都搅动起来！"

《中国教育报》刊发的陶继新的文章《朱永新和他的"新教育实验"》中写道："'生于毫末'的新教育实验虽然尚未成就'合抱之木'，却已成为当今中国教育改革的一枝奇葩。"

笔者：今日正兴旺，明天更美好。这句寻常而实在的祝语，送给新教育实验，也许不失为贴切。

三

人间世上，变是永恒的常态，不变的主题。

比如在未来的世界里，因为网上"微学校"的存在，未来的学生可能在家里学习，而到学校去主要是为了交流、答疑、活动，当下学校的运作模式可能面临着某种颠覆。

作为在中国教育史上发轫于民间，极为宏大、甚为成功的教育实验——新教育实验，在世界教育的大震荡、大变革中，会出现怎样的态势，也面临有可能的颠覆之虞吗？

答案是否定的。

这源于新教育永恒的密码。新教育是以文化变革为灵魂的立体多维的教育科学实验，它立足于修复中国教育的基因，进而优化中华民族生存发展的基因，其价值远不只是推动眼前的教学绩效，而定位于对教育本质的追索，和对教育立人达人的通透洞悉。

2019年，朱永新与苹果公司首任教育掌门人约翰·库奇就学习的升级展开对话。

当然，笔者毫不怀疑，当前教育的基本形态会发生天翻地覆的变化，当前的名师方法、教学模式、教改经验等，都会随着时间的流逝而失去原有鲜活的形态，甚至会在岁月的淘洗中渐渐消逝。

而新教育的若干元素，却是提取于几千载的教育精华，跳出了一时、一势的拘泥。其开拓的"营造书香校园"等十大创意行动，"晨诵·午读·暮省"的生活方式，以及说听读写绘、生命叙事剧等创新课程，提供了立人塑魂的精神营养，会以自己不断创新完善的方式继续存在下去。

再比如，中国教育曾经长期裹挟于时代动荡里自顾不暇，继而又跟在他国教育理论家身后亦步亦趋，如今中国的新教育实验，能担当得起领跑中国乃至世界教育的重大使命吗？

回答是肯定的。

如果说，衰颓的经济难撑衰落的教育，那么，昌盛的经济必然托起上扬的教育。

关山风景此最好，万事俱备看吾侪。在世界教育争渡的大赛上，早有了思想准备、理论武装、精神陶冶、践行演练的新教育的龙舟健儿，正信心满满、竭智尽力地击水涛头，浪遏飞舟，和着咚咚鼙鼓，伴以旌旗猎猎。

幸福学习，身心舒畅，完整生活，生命绽放。这正是新教育人的精魂。

抱团取暖，捏指成拳，披荆斩棘，以身许教。这正是新教育人的风采。

巍巍华夏，悠悠文明，化人以文，扬我以新。这正是新教育人的体悟。

红日初升，其道大光，河出伏流，一泻汪洋。这正是新教育人的气魄。

此境界展现在朱永新那里，则是更加平和隽永的风光，正如同他在《新教育》第五版修订后记中所说：

行动，就有收获。这是新教育人信奉的精神。这本书的修订，正好是这句话的最佳注脚。这些年来，这本书随着新教育的发展，不断丰富着，反复修订着。

我一直说，新教育不是我一个人的，而是属于全体新教育人，属于每个需要新教育的人……这是我的天命，也是我的幸运。

磊磊襟怀，落落心态，其诚可见，其切可感。这就是朱永新对《新教育》这本书、对新教育乃至对人生的态度和操守。

四

从黄河下游回望上游，是"万里写入胸怀间"的浩瀚。

新教育运动挟着这股冲天的气势，时而在幽深的峡谷中穿行，时而经过开阔的原野，时而又在鸟语花香中片刻回眸反思，但始终未曾停下脚步，依然呼啸又沉思着前行。

从对中国教育的修补、治病，到成体系的悄然改变，形成自己的话语体系，拿出臻于完善的解决方案，开启自己的大历史。

这是一场成百上千人合力塑造的浩瀚运动，是成千上万学子们跟随探索的行动，是一场激动人心的动员，是一次耐得住寂寞的坚守，如切如割、如琢如磨，把人类文明中的优秀部分本国化、本土化，乃至本校化。

十年磨一剑，二十年出神入化。到如今，新教育实验进行了无数轮次的新陈代谢、化识成智，正自信审辨、通达大气地与中华文明、世界文明对话。

从黄河上游看下游，是"九曲黄河万里沙，浪淘风簸自天涯"的曲折。

新教育人视教育生涯为最珍贵的财富，把为国储材的教育作为生命中最重要的修行方式。

望其象，可辨析中国教育的世纪走势；查其势，可洞彻新教育实验的庐山之相；理其脉，可远眺中国教育于世界杏林崛起之大观。

观象新教育，它从最初的石头汤，共其志而合其力，到敏于学而勤于行，水为善下方为海；它迎得源头活水，清澈如许，自有民族深处的灵动与中西交融的妙境；它百折而东，上下求索，而有月入大荒流的壮阔；最终成就万涓成水，君不见黄河之水天上来的奔腾气势。

五

子在川上曰：逝者如斯夫。掩卷之时，中国当下的新教育团队站在万里黄河之源的形象立足卷中，正奋力拓展出新时代教育的崭新地平线。

附录　新教育实验发展时间轴

1999年，朱永新读《管理大师德鲁克》一书，被其中一句话打动，大意为：靠理论流芳百世是不够的，除非你能改变和影响人们的生活。而后他走出书斋，走进江苏湖塘桥中心小学讲学带徒。

2000年，朱永新出版《我的教育理想》一书，提出新教育实验最初的理念与思想。

2002年初，经反复讨论酝酿，教育实验名称由"理想教育实验"改为"新教育实验"。

6月，《我的教育理想》修订为《新教育之梦》一书出版。

6月18日，新教育官方网站教育在线创办，李镇西任总版主。

10月，昆山市玉峰实验学校举办挂牌仪式，成为第一所正式挂牌的新教育实验学校。

2003年7月，首届新教育实验研讨会在苏州昆山市玉峰实验学校召开。

11月，新教育实验研究中心在玉峰实验学校成立，实行秘书处管理制，由储昌楼担任秘书长负责总体协调，副秘书长许新海、张荣伟负责理论，袁卫星负责宣传，周建华负责学校事务。

12月，"新教育理论的实践及推广研究"成为全国教育科学"十五"规划重点课题。

2004年9月，江苏姜堰市和河北石家庄桥西区率先建立第一批新教育实验区。

10月，新教育实验围绕"六大行动"组建"6+1"项目组，并完善组织机构：总课题组仍然实行秘书处管理制，由储昌楼担任秘书长；项目组主要成员为"六大行动"和新父母学校项目的负责人；总课题组的理论部单列为新教育研究中心，负责理论研究工作，由张荣伟担任研究中心主任。

2005年7月，新教育实验第四届研讨会在四川成都举行，主题为新公民和新生命教育。《与理想同行——"新教育实验"指导手册》一书出版。

2006年上半年，魏智渊、干国祥等人加入新教育研究中心，由干国祥担任研究中心主任。

4月，卢志文加入管理团队，筹建新的管理机构。

7月，新教育实验第六届研讨会在清华大学召开，提出新教育实验的核心价值追求——"过一种幸福完整的教育生活"。《与理想同行——"新教育实验"指导手册·修订版》出版。

2007年7月，新教育实验第七届研讨会在山西运城召开，提出"共读、共写、共生活"的主张。

9月，在浙江杭州萧山召开的新教育实验区工作会议上，宣布成立新教育研究院，由卢志文担任院长。

11月，新教育研究会——江苏省教育学会新教育实验研究专业委员会在海门成立，由许新海担任会长。

2008年7月，新教育实验第八届研讨会在浙江省温州苍南县召开，主题为"知识、生活与生命深刻共鸣"。

2009年7月，新教育实验第九届研讨会在江苏海门召开，主题为"书写教师的生命传奇"。推出"新教育文库"《一生有用的十二个好习惯——新教育实验"每月一事"项目操作手册》等5本实验用书。

9月，新教育实验网络师范学院成立，由朱永新担任院长，干国祥担任执行院长。

2010年2月，江苏昌明教育基金会（即新教育基金会）注册成立，卢志文担任理事长。

7月，新教育实验第十届研讨会在石家庄桥西区召开，主题为"文化，为学校立魂"。

9月，新阅读研究所成立。

2011年7月，在江苏常州召开首届新教育国际高峰论坛。

9月，新教育实验第十一届研讨会在内蒙古鄂尔多斯市东胜区召开，主题为"活出中国文化的根本精神"。

11月，童喜喜启动萤火虫亲子共读公益项目，成立新教育亲子共读研究中心，后更名为新父母研究所。

2012年7月，新教育实验第十二届研讨会在山东临淄举行，主题为"缔造完美教室"。

10月，第二届新教育国际高峰论坛在浙江宁波举行。新教育实验的"六大行动"扩展为"十大行动"。

2013年1月，新教育理事会换届，许新海担任新教育研究院院长，卢志文担任新教育基金会理事长。

7月，新教育实验第十三届研讨会在浙江萧山举行，主题为"研发卓越课程"，提出新教育的课程体系框架，即在新生命教育的基础上，建构新公民教育、新艺术教育、新智识教育和个性特色教育。

2013年4月，海门新教育培训中心成立。

11月，第三届新教育国际高峰论坛在成都举办。

2014年7月，第十四届新教育实验研讨会在苏州举行，主题为"艺术教育成人之美"。"新教育文库"出版《新教育年度主报告》《这一群有种的教师》等图书十多部。

11月，第四届新教育国际高峰论坛在山东日照举办。

2015年4月，新教育实验学术委员会成立。

5月，新教育实验区工作会议在新疆奎屯召开，在会议期间正式成立中国陶行知研究会新教育分会。

7月，第十五届新教育实验研讨会在四川金堂举行，主题为"拓展生命的长宽高"。"新教育文库"出版《致教师》《守望新教育》等书。

9月，新教育实验网络师范学院换届，由朱永新担任院长，李镇西担任常务副院长。

11月，第五届新教育国际高峰论坛在河南郑州举办，围绕"研发卓越课程"深入探讨。

2016年7月，第十六届新教育实验区研讨会在山东诸城举行，主题为"习惯养成第二天性"。

"新教育文库"出版《养成一生有用的好习惯——新教育实验》。

2017年,"新教育实验未来学校形态研究"项目被确立为中国教育学会"十三五"教育规划重点课题。新教育实验发起人朱永新荣获新浪2017教育盛典"中国教育改革先锋"奖。

1月7日,新教育理事会产生新一届领导机构,许新海任新教育理事会理事长,卢志文任新教育基金会理事长,李镇西任新教育研究院院长。

4月,以"新北川 新生命 新教育"为主题的2017年全国新教育实验区工作会议在北川举行,来自全国20多个省、自治区,100多个新教育实验区的700余名代表相聚北川。

5月,蒙古国教育代表团新教育考察培训班在江苏海门举办。这是加强两国人文教育交流合作、推动"一带一路"发展的一次教育交流活动。

7月,全国新教育实验第十七届研讨会在南京栖霞开幕。新教育研究院发布年度实验报告《家校合作激活教育磁场》。

9月28—29日,2017领读者大会在北京外国语大学国际大厦举行,来自全国各地的近八百位阅读推广人齐聚北京。

11月18日,2017新教育国际高峰论坛在海门市开幕,来自国内外的教育专家、学者、教师1000多人共赴盛会。

2018年4月,全国新教育实验区工作会议在江苏如东召开。

7月,全国新教育实验第十八届研讨会在成都市武侯区举行。新教育研究院发布年度实验报告《科学教育照亮求真创新之路》。

9月28日,"2018领读者大会暨CBBY阅读年会"在北京外国语大学开幕。

10月6日,新教育研究院成立新艺术教育研究所,宣布从2019年开始,每年举办"新少年国际艺术教育节"暨新艺术教育节。

2018基础教育国家级教学成果奖名单出炉,新教育实验入围2018基础教育国家级教学成果一等奖。

2019年1月21日,由新阅读研究所组织评选的第六届中国童书榜在国家图书馆揭晓。

4月22日,新教育实验区工作会议在江苏新沂市举行。新教育山东日照、甘肃兰州开放周圆满举办。

5月25日,由北京师范大学中国教育创新研究院指导,新教育研究院主办,以"面向未来的学校变革"为主题的智慧校长领导力高峰论坛在江苏昆山举办。

7月13—14日,全国新教育实验第十九届研讨会在姜堰举行,来自全国各地的2000多名教师代表参加了会议。

7月18日,新少年国际艺术教育节开幕式暨国际艺术教育论坛在苏州高新区文体中心启幕,新艺术教育课程研发全面展开。

9月10日,在人民大会堂举行的教师节表彰大会上,许新海代表新教育同仁接受国家领导人接见奖励,新教育实验获得教育部基础教育教学成果一等奖;在第五届中国教育创新成果公益博览会上,新教育实验荣获最高荣誉"serve奖";新教育实验成为首次进入一等奖前五名的中国团队。

11月17日,以"儿童阅读与世界未来"为主题的"2019领读者大会"在西安举行,会上启动了"中国阅读三十人论坛"。"基础阅读书目系列"之《大学生阅读推荐书目》和《领导干部(公务员)阅读推荐书目》发布,至此,新教育新阅读系列推荐书目之幼儿系列、小学系列、初中生系列、高中生系列、大学生系列、父母系列、教师系列、企业家系列、公务员系列全部研制完毕。

2020年5月31日,斯坦福大学第十任校长约翰·汉尼斯与新教育实验发起人朱永新线上对话,探讨教育创新和未来教育的要领。

10月24—25日,全国新教育实验第二十届研讨会在江苏省盐城市大丰区举行,朱永新作主报告《明德至善绽放人性芬芳》。

8月29日,朱永新走进央视《开讲啦》节目,与全国观众分享教育理念,探讨未来教育将走向何方。

后记

回首向来"新教育"

在我迄今为止的全部著作中,《探路者——新教育实验流金岁月》堪为耗时最长、心力花费最大的一部。说不尽的滋味,常回忆、入梦中。

回首向来,唯有在卸下写作修改的重担、看到稿件交付之后,始能追忆一路走来的酸甜苦辣,重温这风雨兼程中的吟啸与徐行。

美丽邂逅,不觉间"忘路之远近"

我与新教育美丽的相遇是偶然中的必然,无意中却带着幸运,不觉间"忘路远近",渐入佳境而越发陶醉。

说必然,是因为新教育实验为破解中国基础教育积重难返的种种问题探路,是我写作生涯中千寻万觅的题材。

说偶然,是因为我接触到这个题材缘于偶然。

2011年9月中旬,在鄂尔多斯东胜区新教育实验第十一届年会上,我第一次受到了新教育强烈的冲击,灵魂震撼,精神感奋,忍不住击节叫好:这才是有生命力有灵魂的教育,才堪称深化教育改革的探路尖兵、开路先锋、领路向导。

灵感,似醍醐灌顶。当晚我记下心得:观象新教育,是对中国当代教育前锋的观礼;鸟瞰新教育,是对中外上百年教育浪潮的回顾;探索新教育,是对古今中外教育精华的观照。

似乎心有灵犀,那天晚上,一位德高望重的友人向笔者发出邀请,能否以独立作者的角度观察新教育,以第三方的眼光描绘新教育?我本能地感到:写作此书是为中国前沿教育呐喊作传,很有价值,创作也极具挑战的魅力。

是时，我正全身心投入到构创《教育大乾坤》一书中，已不可转移战场。但是，新教育已纳入了我的核心视界，每每观察、思考，有意无意地阅读大量相关资料。直至《教育大乾坤》出版后的2014春节，那位友人重提写作新教育的事儿。刹那，似乎是捡回至宝！我当即欣然同意，开始了创作准备。

首先，开动家庭创作团队：我与身兼记者、作家的二子淞巍、淞岩一起，开始了大阅读、大交流、大讨论。做足此番功课之后，我们赶赴北京，对新教育发起人朱永新进行访谈，研究资料，调查人物，做计划。

其次，建起庞大的新教育智库，对写作主体产生了如下共识：

新教育实验对教师展示了一条从弱向强的行动轨迹，描绘了一幅教育改革从虚向实的精神图谱，体现了一派蓬勃强劲的生命气象，透视了由低向高的人生坐标，挖掘了一种无比崇高、美好的师者价值。

新教育人是朝气蓬勃投入新生活的人；是把知和行、过去和当代、当代和未来连在一起的人；是疯狂阅读、竭力工作、奋勇开拓的人；是把生命和教育的价值开拓到极限的人；是给中国教育注入了高尚而美丽的灵魂的人；是自己肩起沉重的闸门，将下一代放到光明、美好的前方的人；是为万千教育同仁的传道授业解惑、治学立德树人领跑的人。

发起和引领新教育实验的朱永新先生，是自陶行知后知行统一的著名教育家……

经丝纬线，俯仰"庐山"而感悟"新教育"之魂

新教育实验势如破竹波澜壮阔，规模恢宏百花齐放，其人物众多，上下贯穿；线索纷繁，纵横穿插；流变迅疾，意态万千；创意四射，多姿多彩，实在难以把握。

曾想到写作此书很难，但到实际写作之时，发现要比原先预料的难上几倍。

一是资料把握难。材料似海，围绕新教育的大量文章、书籍、博客，检索到上万条信息，我与两个儿子阅读不下两三千万字，建立中外新教育人物、事件、思想、作为、运行轨迹、历史坐标等包括音像在内的庞大的信息资料库。大量准备于前，"功夫在诗外"。

二是人事采访难。新教育实验的参与者包括五百万学生，几十万教师，长河三千，取其几勺。几年下来，访谈、电话、信箱、微信、索取书与资料……

采访了200余名新教育的相关人物和一线教师，不厌其烦地核实每一个细节，追问每一处疑窦。我的那部八开大记录本，密密麻麻地记录了数百页访谈。也会遇到不愿意宣传的新教育人，自己年逾七十，面对小我几十岁却多次回绝的采访对象，气氛很尴尬，内心尤郁闷。

三是通透考量难。对人物、事件，对新教育所建树的众多理论、理念，都须一一思考、审视、定位。如对新教育实验诞生过程的追溯，看似简单，却事关学脉、思路、理路等多重线索，类似问题在家庭团队写作探讨中，都反复进行探讨和论证。

四是框架构思难。架构设计了几个月，反反复复推敲，大纲终于得以完成。全书三卷十八节，尽量体现深度、新度和锐度。全书力求节节融通、环环相扣，逐一展开了新教育实验五彩斑斓的恢弘画卷。

五是修改润色难。一节、一段、一句、一字、引文……都推敲再三。多次于夜里梦中突生一个想法，连忙开灯到书房记录下来。从写作到完稿，创作、采访和研讨一直贯穿着修改。修改的原则是厘清事实，精准历史，记全人物，深索意义，提炼语言，精益求精。向冗杂要纯净，向通识要深刻，向浅陋要精彩……

烟雨一蓑，愿与新教育呼啸同行

大凡写作者沉入到醉心的题材，总有"衣带渐宽"的痴迷、"望断天涯"的视野与"灯火阑珊"中的顿悟。

在写作过程中，家庭团队对此书的目标定位很高：力争写成中国新教育人的必读书，检索新教育来龙去脉的书；关照新教育攻坚克难历程的书，追索新教育精神之光的书。

为聚力攻坚，我心无旁骛，推去杂事，婉谢讲学盛邀，没有节假日，每每却能甘之如饴；不去计较得与失、苦与乐，一门心思踏入新教育实验的天地，渐渐领悟新教育之真髓境界。不敢想精思博会，却偶有灵感叩门。就这样，当神情专注、朝思暮想之时，似乎能与新教育大潮合而为一，感受到它碧波涌起的律动。

从此定位出发，笔者特别注重20年时空的真实纹路。事事据实，人人抓准，遣词敲定，落笔如钉，丝毫马虎不得，不敢字走悬空。写人求准，叙事求真,索理求深,人云亦云不云,老生常谈免谈。做到从前到后,从面到点,不同阶段,不同层面,时间、地点、人物、事情准确而充分、全面而客观地记载,对了解新教育注入正本清源的价值。

从此定位出发,笔者务求匠心。全书努力追求清词丽句,雅韵新声,构成一般传记文学少见的人物长廊,传其人必准,状其事必真,阐其史必深,让作品成为一幅浓妆淡抹、妙笔生辉的丹青长卷。在这幅丹青长卷的写法上,不拘成法,当叙则叙,当议则议,常常在一段叙事以后,或是点睛评说几句,或是条分缕析,不厌其烦,力图揭示事物的底蕴。

从此定位出发,笔者着意于文法。新教育实验,以格调高、时空广、人员多、成效大、影响深而磅礴于世。其背景宽宏幽深,理念高远精湛,行动卓绝群伦,气场强大无比,为了表现这一项巨型工程,我们力争做到有面有点,有叙有评,前后呼应,上下一体,有大场面,有小细节,有高端构想,有底层运营,有理论突破的甘苦,更有践行拓进的辛劳……与此同时,我们力争做到精准观察、清醒分析、质朴叙述。

当书稿即将完工之时,笔者最想说的是,感谢朱永新先生和新教育团队的每一位同仁,是你们的倾心奉献,架构了新教育大厦的一柱一石,也为笔者这部 20 多万字的长卷提供了深邃的思想之光、绚丽的行动之旅。可以说,这部传记不是笔者三人完成,而是由所有新教育人用生命用行动,借着日光蘸着月光更点燃心光,借助笔者的笔书写而成的!

君子不器,乾乾日新。新教育实验方兴未艾,自有其生生不息之气象。笔者幸运地做了一个旁观者,久久凝视这支实验大军的行动,自己也愿意坚持行动至上,把这部书一直修改下去,跟随着新教育的脚步止于至善。

傅东缨

图书在版编目（CIP）数据

探路者：新教育实验流金岁月 / 傅东缨，傅淞巍，傅淞岩著．—上海：华东师范大学出版社，2021
 ISBN 978-7-5760-1425-9

Ⅰ.①探… Ⅱ.①傅…②傅…③傅… Ⅲ.①教育工作—文集 Ⅳ.①G4-53

中国版本图书馆 CIP 数据核字（2021）第 043398 号

大夏书系·新教育实验文丛

探路者
——新教育实验流金岁月

著　　者	傅东缨　傅淞巍　傅淞岩
策划编辑	李永梅
责任编辑	万丽丽
责任校对	杨　坤
封面设计	奇文云海·设计顾问
出版发行	华东师范大学出版社
社　　址	上海市中山北路3663号　邮编　200062
网　　址	www.ecnupress.com.cn
电　　话	021-60821666　行政传真　021-62572105
客服电话	021-62865537
邮购电话	021-62869887　地址　上海市中山北路3663号华东师范大学校内先锋路口
网　　店	http://hdsdcbs.tmall.com
印 刷 者	北京季蜂印刷有限公司
开　　本	700×1000　16开
插　　页	1
印　　张	23
字　　数	341千字
版　　次	2021年5月第一版
印　　次	2021年5月第一次
印　　数	4 100
书　　号	ISBN 978-7-5760-1425-9
定　　价	59.80元
出 版 人	王　焰

（如发现本版图书有印订质量问题，请寄回本社市场部调换或电话021-62865537联系）